本书为国家自然科学基金面上项目"地方政府公共政策执行行为选择机制的演化博弈分析"（72174155）、国家社会科学基金重点项目"提高政策效能与地方政府公共政策执行力研究"（11AZZ004）的研究成果

基层综合行政执法的博弈分析

一个公共政策执行的理论视角

丁煌　李雪松　著

中国社会科学出版社

图书在版编目（CIP）数据

基层综合行政执法的博弈分析：一个公共政策执行的理论视角 / 丁煌，李雪松著. -- 北京：中国社会科学出版社, 2025. 7. -- ISBN 978-7-5227-4605-0

Ⅰ. D922.114

中国国家版本馆 CIP 数据核字第 2024K30X56 号

出 版 人	季为民	
责任编辑	许　琳	
责任校对	苏　颖	
责任印制	郝美娜	

出　　版	中国社会科学出版社	
社　　址	北京鼓楼西大街甲 158 号	
邮　　编	100720	
网　　址	http://www.csspw.cn	
发 行 部	010-84083685	
门 市 部	010-84029450	
经　　销	新华书店及其他书店	

印刷装订	北京君升印刷有限公司
版　　次	2025 年 7 月第 1 版
印　　次	2025 年 7 月第 1 次印刷

开　　本	710×1000　1/16
印　　张	19.25
插　　页	2
字　　数	268 千字
定　　价	108.00 元

凡购买中国社会科学出版社图书，如有质量问题请与本社营销中心联系调换
电话：010-84083683
版权所有　侵权必究

前　　言

　　公共政策是现代政府实施公共管理最主要的工具和手段，它本质上是一种权威性的社会利益分配方案。公共政策执行是政府行政管理工作最主要的内容，政府对社会公共事务的管理基本上都是通过其对相关公共政策的有效执行来实现的。然而，尽管公共政策的表现形式多种多样，但是其执行都是一个涉及众多参量和因素的十分复杂的过程，本质上是相关政策主体间基于利益得失的考虑而进行的一种利益博弈过程，政策目标的实现程度从根本上取决于博弈参与者的策略选择。同理，从本质上讲，作为一种典型的公共政策执行活动，基层综合行政执法也是不同利益相关者之间基于利益得失的考虑而进行的一种利益博弈的过程。所以，不深入了解基层综合行政执法这种公共政策执行活动中的利益博弈，我们就无法准确地把握基层综合行政执法这种公共政策执行活动的内在机理，更难以找到正确疏解基层综合行政执法这种公共政策执行活动阻滞的有效对策。为此，本书力图坚持规范研究与实证研究、理论研究与政策研究有机结合的基本原则，遵循"提出问题-理论建构-分析问题-解决问题"的研究思路，从公共政策执行的理论视角，运用现代博弈论的思想和方法，为准确理解基层综合行政执法的一般规律而建构一个"初始条件-博弈关系-博弈机理-利益均衡"的理论分析框架，并基于典型案例的经验证据，客观描述利益生成，准确界定利益相关者，全面分析博弈关系类型，深刻揭示利益相关者之间利益博弈的行为机理，进而系统地探寻基层综合行政执法的优化路径。

本书是由我与李雪松博士共同完成的，李雪松博士自多年前考入我门下攻读硕士学位研究生以来一直跟着我从事公共政策执行方面的研究，在政策执行研究领域有较好的学术积累，他先是在我主持的国家社会科学基金重点项目"提高政策效能与地方政府公共政策执行力研究"课题组参与相关研究工作，后来进入博士研究生学习阶段又加入到我主持的国家自然科学基金面上项目"地方政府公共政策执行行为选择机制的演化博弈分析"课题组作为核心成员对公共政策执行的相关议题做更为深入、系统的研究，本书正是我所主持的这个国家自然科学基金项目的阶段性研究成果。

最后应当指出的是，本书是笔者力图突破公共政策执行研究的传统视角桎梏而运用现代博弈论的思想和方法对基层综合行政执法这种典型的公共政策执行活动开展专题研究的一次初步尝试，书中既有自己的探索，更有对他人成果的借鉴，特别是方兴教授为本书稿的统改和校对做了大量工作，至于本书写作过程中参考和引用的文献资料，笔者尽可能以脚注的形式或在书后参考文献中列出，但仍难免有所遗漏，在此也向所有被参考和引用文献资料的作者和译者一并表示衷心的感谢。同时，由于时间关系，再加之笔者的水平有限，书中讹误之处仍恐难以避免，亦敬请读者不吝赐教。

丁 煌

2024 年 12 月 30 日

目录 Contents

绪 论 …………………………………………………………（1）
 第一节 研究背景及意义 ………………………………（2）
 第二节 文献回顾与研究述评 …………………………（7）
 第三节 研究目标与主要内容 …………………………（58）
 第四节 研究思路与基本方法 …………………………（60）
 第五节 研究重难点与创新点 …………………………（65）

第一章 相关概念界定和理论分析框架 ………………（68）
 第一节 相关概念界定 …………………………………（68）
 第二节 基层综合行政执法的理论分析框架 ……………（77）
 第三节 分析框架之于基层综合行政执法研究的适切性 ……（107）
 第四节 本章小结 ………………………………………（109）

第二章 初始条件：基层综合行政执法中的利益生成 …………（111）
 第一节 基层综合行政执法中利益的内涵及体现 …………（111）
 第二节 基层综合行政执法中的利益生成情境 ……………（115）
 第三节 基层综合行政执法中利益生成的历史演化与
     基本特征 ………………………………………（121）
 第四节 本章小结 ………………………………………（134）

· 1 ·

第三章 博弈关系：基层综合行政执法中的利益相关者及博弈关系 …………………………………………………（136）
  第一节 基层综合行政执法中利益相关者的界定和分类 ……（137）
  第二节 基层综合行政执法中利益相关者的利益诉求及行动偏好 ……………………………………………………（149）
  第三节 基层综合行政执法中博弈关系的类型学分析 ………（163）
  第四节 本章小结 …………………………………………（172）

第四章 博弈机理：基层综合行政执法中利益博弈的行为机理 …………………………………………………（174）
  第一节 基层综合行政执法主体横向利益博弈的行为机理 …（174）
  第二节 基层综合行政执法主体纵向利益博弈的行为机理 …（189）
  第三节 基层综合行政执法中主—客体利益博弈的行为机理 ………………………………………………………（203）
  第四节 本章小结 …………………………………………（218）

第五章 利益均衡之经验借鉴：不同基层试点地区的综合行政执法模式 ……………………………………（219）
  第一节 滕州市综合行政执法的经验做法及启示 ………（220）
  第二节 昆山市综合行政执法的经验做法及启示 ………（223）
  第三节 新乐市综合行政执法的经验及启示 ……………（226）
  第四节 耒阳市综合行政执法的经验及启示 ……………（229）
  第五节 本章小节 …………………………………………（232）

第六章 利益均衡之实现方略：基层综合行政执法的优化路径 …………………………………………………（233）
  第一节 增进基层综合行政执法的价值认同 ……………（234）

第二节　优化基层综合行政执法的制度设计 …………（238）
第三节　推进基层综合行政执法的主体建设 …………（245）
第四节　加强基层综合行政执法的组织协调 …………（251）
第五节　本章小结 ………………………………………（258）

研究结论与未来展望 ……………………………………（259）

参考文献 …………………………………………………（262）

附录　访谈提纲 …………………………………………（298）

绪　　论

　　推进基层综合行政执法是深化综合行政执法改革的核心内容，也是推进国家治理体系和治理能力现代化的基本要求。在党和国家机构改革的契机下，经由顶层设计自上而下推动综合行政执法改革之后，基层综合行政执法经历了从"碎片化"向"整体性"的转变，探索出了"大综合、全覆盖、一支队伍管执法"的执法模式。在推动执法重心下移过程中，实现了1大于"1+N"的执法效果，综合行政执法体制的优势逐渐凸显。作为基层政策执行能力的集中体现，基层综合行政执法呈现出许多新情况和新面貌，为我们提供了一种观察基层执法的新形态。基层综合行政执法中涵盖了诸多利益相关者的复杂博弈关系，固有的结构位置必然存在一定的结构关系和相对地位。在新的博弈关系中，只有推动基层综合行政执法中的良性博弈，才能有效化解利益矛盾或冲突。这既是一个重要的执法实践问题，又是一项新的研究议题。

　　基层综合行政执法是在城市管理执法基础之上整合不同行政主管部门行政执法权之后形成的一种新模式，发挥了集不同行政执法权于一体的综合执法优势。从公共政策的研究视域来看，基层综合行政执法是一种公共政策的执行行为，嵌入社会关系中并受到其影响和形塑。这一执法模式涉及不同的执法主体和行政相对人，特别是执法主体的变迁积聚了基层治理的改革智慧，也影响到现阶段执法活动的行为方式。基层综合行政执法从根本上受利益驱动，利益矛盾或冲突的客观必然性决定了执法阻滞现象发生的现实可能性。因此，通过推进基层综合行政执法的进一步优化来化解利益矛盾或冲突，是讲述当代中国"法的故事"的必然选择。为回应这一学术关切，本书以基层综合行政执法为研究对象，基于全国综合行政执法体制改革的县级试点 W 市[①]的经验证据，从经验现象中把握其行为逻辑。本书选题依托国家自然科学基金面上项目"地方政府公共政策执行行为选择机制的演化博弈分析"，旨在以利益相关者理论以及博弈论的思想和方法为理论基础，在探究基层综合行政执法中利益生成的前提下，界定执法中的利益相关者，厘清不同利益相关者之间的博弈关系，深度刻画不同的利益博弈行为机理，并针对存在的问题提出优化路径，从而为行政执法效能的提升提供智力支持。

第一节 研究背景及意义

基层综合行政执法是优化政府职责体系、转变政府职能、完善基层执法体系的必由之路。这一模式有助于执法资源的优化配置，但是不同的利益相关者凭借自身的判断和偏好作出行为选择，可能会使执法结果偏离政策目标，难以形成执法合力。面对基层综合行政执法中利益博弈遭遇梗阻的现象，需要修正体制机制上的问题，推进基层综合行政执法的进一步优化。

---

① 2015 年 4 月，中央机构编制委员会办公室确立 W 市为全国综合行政执法体制改革的县级试点。W 市地处中部地区，是 H 省 C 市下辖代管的一个县级市，是长江中游港口城市，素有"三省七县通衢"之称，1987 年经国务院批准，撤县建市。全市版图面积 1246 平方公里，辖 12 镇街、342 个村（社区），户籍总人口 82.34 万人，属于中部县域经济百强县市，也是 C 市唯一一家争进百强的县市，这一勇于改革创新的城市书写了"现代港城、创新强市、城乡一体、生态城市"的科学发展之路，先后被评为中国绿化模范市、中国科技先进市、中国油菜之乡、H 省园林城市、H 省卫生城市、H 省文明城市。本书案例中相关内容均源于访谈资料、执法卷宗及相关改革文本。本书对案例中所涉及的人名、地名进行了匿名处理。

一　研究背景

基层综合行政执法是政府治理的重要组成部分，也是现代政府承担基层治理任务的主要方式之一。这一执法模式的起源最早可追溯到1996年《行政处罚法》颁布实施后进行的相对集中行政处罚权试点工作，至今已有26年的历史。在这之前，由于行政立法是按管理领域授予执法主体执法权，"碎片化"的基层行政执法体系导致博弈无序化，衍生出多头多层重复执法现象。很多执法事项只有多个政府部门配合才能开展，各部门之间因而展开激烈博弈，部门合作难以实现。然而，改革是一个渐进的过程，改革之后执法体系的"碎片化"仍然一定程度存在，消耗了大量执法资源，折射出我国当前基层行政执法权的配置方式亟待优化。基层综合行政执法是一种消解行政执法中呈现出的执法密集地带过度执法与执法空白地带执法缺位、总体机构林立与个体机构单薄、"七八顶大盖帽管不好一顶小草帽"等执法悖论的整体性执法模式。值得注意的是，2015年4月，中央编办印发了《中央编办关于开展综合行政执法体制改革试点工作的意见》，确定在全国22个省（自治区、直辖市）的138个试点城市开展综合行政执法体制改革试点工作，基层综合行政执法开始在全国范围内推进。这一集不同行政主管部门行政执法权于一体的综合执法模式，既弥合了多部门分散执法的空隙，又推动行政执法权和执法资源向镇街延伸，在很大程度上解决了基层执法中面临的"看得见的管不着、管得着的看不见"的执法难题。

2019年10月，党的十九届四中全会通过了《中共中央关于坚持和完善中国特色社会主义制度、推进国家治理体系和治理能力现代化若干重大问题的决定》，其中的第二板块聚焦于坚持和完善支撑中国特色社会主义制度的根本制度、基本制度、重要制度，安排了13个部分，而"坚持和完善中国特色社会主义行政体制，构建职责明确、依法行政的政府治理体系"是其中的一部分，明确指出，"进一步整合行政执法队伍,继续探索实行跨领域跨部门综合执法,推动执法重心下移,提高行政执法能力水平"。① 2021 年 4 月,《中共中央 国务院关于加强基层治理体系和治理能力现代化建设的意见》明确指出,"根据本地实际情况,依法赋予乡镇(街道)行政执法权,整合现有执法力量和资源"。② 2021 年 8 月,中共中央、国务院印发的《法治政府建设实施纲要》(2021—2025)指出,"完善权责清晰、运转顺畅、保障有力、廉洁高效的行政执法体制机制,大力提高执法执行力和公信力。加强综合执法、联合执法、协作执法的组织指挥和统筹协调"。③ 这些顶层设计层面的公共政策,既对基层综合行政执法提出了更高要求,也为改革的进一步深化提供了根本遵循。在推动执法重心下移和执法效能提升的因果链条中,不同的利益相关者在共生互动状态下相互作用,体现了执法行为的本质规律。这一过程有着厚重的理论意境,是一项需要进行深刻探索的研究议题。

在基层综合行政执法中,由于目标群体范围广阔,执法主体多元,执法行为离不开相互合作。为了达成既定执法目标,就要科学整合执法资源和执法力量,由于重构后的不同利益相关者之间仍然存在利益博弈,为此,需要在法律规定范围内进行利益协调以提升行政执法效能。在现实运作之中,无论是否有层级关联和隶属关系的不同执法主体之间,抑或执法主体与行政相对人之间,在实现各自利益最大化过程中展开利益博弈,对各种有形和无形资源展开竞争和激烈争夺。从某种意义上讲,可以将不同利益相关者视为执法中的"碎片",在将一块块"碎片"缝制成为一件完整的"金缕玉衣"的过程中,联络各"碎片"之间的"金线"是不同利益相关者之间通过博弈达成的一种均衡解。只

---

① 《中共中央关于坚持和完善中国特色社会主义制度 推进国家治理体系和治理能力现代化若干重大问题的决定》,《人民日报》2019 年 11 月 6 日第 1 版。
② 《中共中央 国务院关于加强基层治理体系和治理能力现代化建设的意见》,《人民日报》2021 年 7 月 12 日第 1 版。
③ 《中共中央 国务院印发〈法治政府建设实施纲要(2021—2025)〉》,2021 年 8 月 11 日,http://www.gov.cn/xinwen/2021-08/11/content_5630802.htm。

有正确认识和处理不同利益相关者的功能定位及其相互之间的博弈关系，才能最大限度地接近或实现这一执法模式的创制目的。对此，亟待提及的问题是，不同执法主体之间以及执法主体与行政相对人之间存在何种利益博弈的行为逻辑？又该如何推进基层综合行政执法的优化以提升行政执法效能？只有科学、全面、深入地剖析基层综合行政中利益博弈的行为逻辑，揭示其症结所在，才能解决"不和谐博弈"所带来的问题。本书基于全国综合行政执法体制改革的县级试点 W 市的经验证据，以基层综合行政执法为研究对象，基于公共政策执行的理论视角，深度刻画不同利益相关者之间的博弈关系及其行为机理，并提出基层综合行政执法的优化路径。

二 研究意义

推进基层综合行政执法表明了综合行政执法改革的推进方向，同时也对执法职能的履行带来了新的机遇。作为综合行政执法改革的突出重点，如何理解基层综合行政执法中利益博弈的行为逻辑，成为行政执法效能提升中必须面对的现实问题。因此，本书以基层综合行政执法中的博弈关系及其行为机理为关注点，尝试提出基层综合行政执法的优化路径，有着理论与实践的双重考量。

（一）理论意义

其一，本书的研究有利于充分掌握现阶段基层综合行政执法的话语模式，并形成分析中国政府与政治运行特征的理论逻辑。本书在梳理学界研究动态和主流观点的前提下，系统探索、总结基层综合行政执法的运行规律，并且基于利益相关者理论以及博弈论的思想和方法，建构起"初始条件—博弈关系—博弈机理—利益均衡"的理论分析框架，分析现阶段基层综合行政执法中利益博弈的行为逻辑。值得注意的是，这一分析框架揭示了不同利益博弈行为的基本样态，有助于科学地分析基层综合行政执法的运行规律，对其他分析模型有着补充作用。这在为基层综合行政执法注入新的研究思维的同时，有助于进一步深化对基层综合行政执法的理论研究，为提升治理效能提供理论参照。

其二，本书的研究有利于为利益相关者理论以及博弈论的思想和方法研究提供思路上的借鉴，并推动这两种理论在本土情境下的发展。公共行政学、公共政策学面临本土化的任务，意味着理论研究必须凸显中国特色，利益相关者理论以及博弈论的思想和方法的本土化拓展还应继续加强。本书基于公共政策执行的博弈分析视角，依托相关理论将利益博弈的行为逻辑纳入理论研究领域进行深入探讨，通过对现有执法体系予以调整以适应执法情境的新变化。这一研究有助于理解公共政策研究视域下相关理论的发展路径，形成理论创新的自觉。同时，本书立足于现阶段的基层综合行政执法实践，能够拓展理论研究的思路，推动其本土化应用和发展，有利于建构起与中国情境相适应的知识基础。

（二）实践意义

其一，本书的研究可以为贯彻落实党的十八大以来历次全会精神，为推进国家治理体系和治理能力现代化提供理论支持。尤其是，落实党的二十大报告提出的"坚持法治国家、法治政府、法治社会一体建设"和党的二十届三中全会提出的"全面推进国家各方面工作法治化"的战略目标，亟须对基层综合行政执法这一议题进行深度剖析，为进一步深化改革提供依据。作为推进国家治理体系和治理能力现代化总目标之下综合行政执法领域的基层探索，基层综合行政执法既是基层社会经济发展的结果和动力，又是政治和经济体制改革的结合部和突破口，并且成为现代政府面临的一项特别重要而又非常紧迫的时代课题。这一研究不仅为我们提供了一个观察和理解执法行为的着力点，也成为推进执法重心下移过程中纠正执法梗阻的借鉴。

其二，本书的研究为优化基层综合行政执法中的利益博弈行为提供对策建议，旨在形塑良性的利益博弈状态。基层综合行政执法是中央政府在总结基层经验做法基础上提出的执法模式，这一研究有利于弥补基层行政执法的不足和缺憾。但在我国基层治理的复杂性条件下，综合行政执法是一项艰巨而复杂的系统工程，不同利益相关者之间利益博弈均衡状态的实现是一项重要命题，完成这一任务，需要从实践层面出发，分析利益博弈的现实困境和影响因素，并提出基层综合行政执法的优化路径。只有通过剖析不同执法主体之间以及执法主体与行政相对人之间的博弈关系及其行为机理，审视利益博弈中存在的问题，才能找到深层次根源，从而促进行政执法效能的提升。

第二节 文献回顾与研究述评

本部分在系统梳理已有文献的基础上，甄别筛选出科学问题和研究内容作为研究基础，并且探寻和判断可能存在的研究不足与空白。由于"基层综合行政执法"是我国现行行政执法体制下的特殊产物，国外具有一定关联性的学术成果主要集中于"街头官僚"（Street-level Bureaucrats）领域。结合本书的选题以及相应的研究途径，本部分进行文献回顾和梳理的目的，一是分析相关研究的总体进展，二是通过对基层综合行政执法的基本理论与价值、博弈关系、运行现状、改革进路四个方面的梳理，充分把握当前国内外学界关于基层综合行政执法的研究现状。随后，通过深入的研究述评，在对现有研究进行系统评估的前提下，为本书寻找后续研究的空间。

一 基层综合行政执法相关研究的总体进展

在前期文献阅读和综合考虑文献数量及质量的基础上，本书的文献收集限定在中国知网（CNKI）数据库，通过"高级检索"的方式，以"综合行政执法"为主题，对CSSCI期刊论文、博硕论文、会议论文进行检索，时间跨度为1996—2022年（首篇出现在1996年，检索时间截止日期为2022年1月16日）。检索论文数量为691篇（见表0-1）。

表 0-1　"综合行政执法"为主题检索论文数量及种类分布

文献总数	CSSCI 期刊论文	博硕论文	会议论文
691	102	571	18

表格来源：笔者自制（2022）。

数据来源：中国知网数据库。

"任何知识图谱绘制的科学性都源于数据基础，即如何精准全面地检索到所要研究主题的全部文献是关键问题。"[①] 本书选取的来源数据库是目前国内文献储纳量最大且更新速度最快的"中国知网基础设施工程"（China National Knowledge Infrastructure）数据库（简称 CNKI），其中，CSSCI 数据库收录中文社会科学高质量期刊，反映学术前沿和研究热点。本书选择以中国知网为统计源获取数据信息，将检索词设置为"综合执法"与"基层行政执法"。在检索样本文献时通过设定"主题"或"关键词"相结合的高级检索方式，并将文献来源的类别限定为"期刊"，将期刊类别限定为 CSSCI（中国社会科学索引）和核心期刊数据库。为了减少研究误差以提升研究精度，本书进行了数据清洗，经初始检索和对比筛选，去除重复文献、综述、评论、报告等类型文献，最终获得 510 篇相关文献，时间跨度为 1993 年 3 月至 2022 年 1 月。

本书选取高频关键词共现图谱来解读基层综合行政执法的研究路径，文章中的关键词是对主旨的高度概括与凝练表达，知识图谱中的关键节点代表该领域的研究热点。把握关键词共现是理解各热点主题之间转化关系的关键，该领域知识结构的变化需要在此基础上进行解析，本书绘制出了"基层综合行政执法"研究的关键词共现知识图谱（见图 0-1）。该知识图谱的知识网络由各个高频关键词之间的密集连线组合而成，图中每一个关键词对应一个节点，节点大小与关键词出现频次呈

---

① 陈悦等：《引文空间分析原理与应用：CiteSpace 实用指南》，科学出版社 2014 年版，第 22 页。

正相关，节点之间的连线代表关键词的共现关系。借助图谱中反映的信息，我们可以对当前国内学界对基层综合行政执法研究的现状作出初步判断，对其热点进行整体上的把握。由高频词汇表（见表0-2）可知，"综合执法"的频次和中心性均为最高，这与将其作为主题词进行文献检索有关。此外，出现频次和中心性较高的关键词有"综合行政执法""行政执法""城市管理""城管执法""执法队伍""城市管理综合执法"等。这些关键词是基层综合行政执法研究领域中使用最多且最具代表性的专业词汇。从关键词知识图谱中可以看出，这些热点主要集中于基层综合行政执法的特色表述，当前该领域的研究热点表现为各关键词节点之间的关联性，即对基层综合行政执法的研究内容和范围相当广泛。作为与基层综合行政执法密切相关的综合执法、综合行政执法、行政执法、城市管理、城管执法、城市管理综合执法、综合执法体制等词汇，都彰显了学术研究的热度，学者们对基层综合行政执法的研究不断深化。

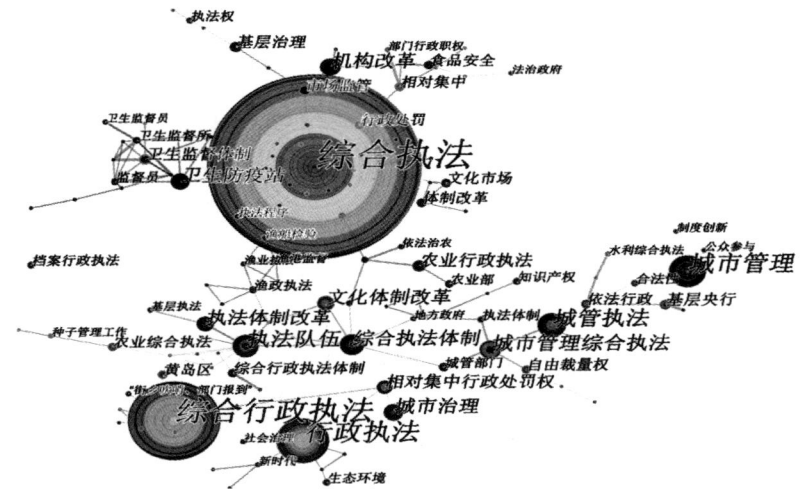

图 0-1　基层综合行政执法高频关键词共现知识图谱

图片来源：笔者自制（2022）。

表 0-2 基层综合行政执法研究中关键词的频次和中心性分布情况（前30位）

排序	频次	中心性	关键词	年份
1	101	1.08	综合执法	1993
2	44	0.33	综合行政执法	2005
3	26	0.27	行政执法	2003
4	19	0.29	城市管理	2008
5	14	0.18	城管执法	2006
6	13	0.37	执法队伍	1998
7	11	0.02	城市管理综合执法	2018
8	10	0.03	机构改革	2000
9	10	0.21	综合执法体制	2013
10	10	0.05	城市治理	1993
11	9	0	卫生防疫站	2015
12	9	013	执法体制改革	2003
13	9	0.04	文化体制改革	2004
14	7	0.04	农业行政执法	1998
15	7	0.06	相对集中行政处罚权	2003
16	6	0.03	基层央行	2000
17	6	0.14	卫生监督体制	1993
18	6	0.03	基层治理	2015
19	5	0.02	文化市场	2006
20	5	0	相对集中	2004
21	5	0.05	自由裁量权	2010
22	5	0.02	食品安全	2013
23	5	0.05	市场监管	2018

绪 论

续表

排序	频次	中心性	关键词	年份
24	5	0.12	行政处罚	2003
25	5	0.01	黄岛区	2015
26	5	0.05	农业综合执法	2003
27	5	0.05	综合行政执法体制	2016
28	5	0.06	依法行政	2008
29	5	0.02	体制改革	2018
30	4	0.2	渔政执法	1999

表格来源：笔者自制（2022）。

数据来源：中国知网数据库。

主题词和关键词是文献主要研究内容的反映，在某种意义上讲，针对特定领域的关键词词频进行分析，能够呈现该领域不同时期的热点主题和发展趋势，高频关键词的时空分布显示了基层综合行政执法研究中各阶段的发展态势。在 Citespace 文献计量分析软件中导入样本文献并设置相关参数，以 Timezone（时区）模式导出运行结果，从而得到相关研究的主题时区图（见图 0-2）。在主题时区图中，不断涌现的新词汇，直观地反映出基层综合行政执法研究的递进式发展过程，推进基层综合行政执法是综合行政执法体制改革的一个组成部分。整个时区图直观展示出基层综合行政执法研究的知识周期及其不同阶段的发展轨迹，参考该时区图，我们将基层综合行政执法研究的主题变迁过程归纳如下：第一阶段是 1993—2002 年，这一阶段为基层综合行政执法研究的初始和发展阶段，研究文献的数量逐年增加，并且出现了"综合执法""城市管理综合执法"等新的研究词汇；第二阶段是 2003—2012 年，这一阶段新的研究主题不断涌现，"综合行政执法""相对集中行政处罚权""城管执法""行政处罚""部门行政职权""城市管理"等词汇出现在基层综合行政执法研究领域，值得注意的是，这些重点词汇都与综合行政执法有着密切联系；第三阶段是党的十八大以来，关于基层综合行政执法研究领域中加强了对综合行政执法体制改革、法治政府与制度创新、机构改革等方面的探索。

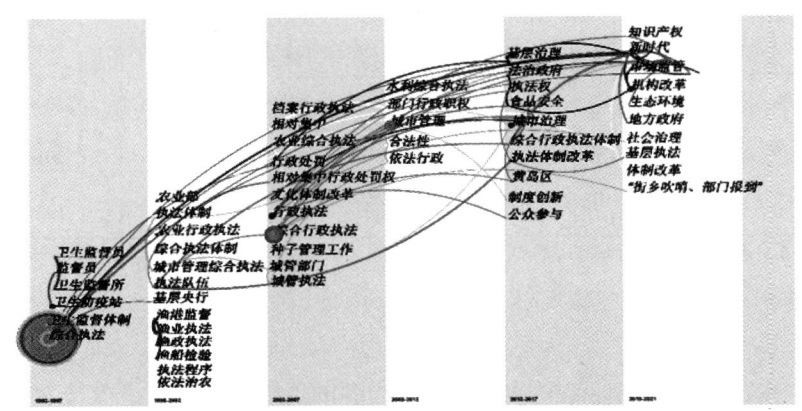

图 0-2　基层综合行政执法关键词共现时区视图

图片来源：笔者自制（2022）。

由于国家制度体系的差异，国外学者专门研究基层综合行政执法的文献较少，为进一步探究国外学者对相关主题的总体研究趋势和进展，本书通过 WOS 核心合集（含 SCIE、SSCI、A&HCI、CPCI 数据库），以"Street-level Bureaucrats"为主题进行英文文献检索，通过剔除会议论文共得到 627 篇文献，时间跨度为 2000 年 1 月至 2021 年 12 月，并借助 Citespace 文献计量分析软件绘制英文关键词共现知识图谱（如图 0-3）和高频词汇表（如表 0-3）。

由英文关键词知识图谱信息可知，共现图谱中的"policy""management""implementation""street-level bureaucrat""discretion"等词汇，是国外街头官僚研究的热点关键词。共现图谱大致勾勒出了既有的

绪 论

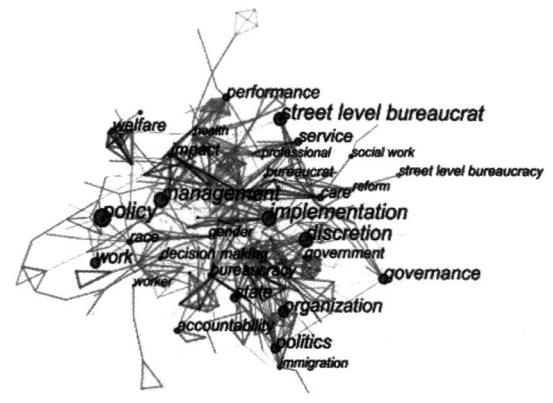

图 0-3 "Street-level Bureaucrats" 高频关键词共现知识图谱

图片来源：笔者自制（2021）。

表 0-3 "Street-level Bureaucrats" 研究中关键词的频次和
中心性分布情况（前 20 位）

排序	频次	中心性	关键词	年份
1	72	0.03	policy	2006
2	64	0.07	management	2002
3	64	0.14	implementation	2004
4	60	0.03	street-level bureaucrat	2007
5	57	0.08	discretion	2009
6	40	0.09	governance	2009
7	38	0.1	politics	2008
8	37	0.04	organization	2011
9	35	0	work	2006
10	32	0.02	state	2003
11	29	0.11	service	2006

续表

排序	频次	中心性	关键词	年份
12	27	0.77	welfare	2007
13	27	0.14	performance	2006
14	24	0.17	impact	2006
15	23	0.08	accountability	2010
16	21	0.23	care	2007
17	21	0.28	bureaucracy	2010
18	19	0.06	decision making	2002
19	18	0.11	race	2006
20	17	0.05	government	2003

表格来源：笔者自制（2021）。

数据来源：WOS 核心合集（含 SCIE、SSCI、A&HCI、CPCI 数据库）。

研究版图，由此不难看出，国外学界关于这一议题的探讨，绕不开政策、管理等议题。总体而言，对街头官僚的研究较为丰富，强调具体详细的执法研究，但研究的聚焦程度有待进一步加强。

二 关于基层综合行政执法的相关研究

"基层综合行政执法"是我国的专属称谓，并且设置监管与执法分离的行政执法机关亦为我国首创，这一实践在很大程度上消除了一级政府下属执法主体横纵交叉、功能重叠的问题，是立足基层执法需求、精准厘定行政权力、推动综合行政执法改革的体现。当前学界从不同的理论视角作出了系统阐述，对本书研究具有重要的理论借鉴价值。

（一）关于基层综合行政执法基本理论与价值的研究

国外学界聚焦的街头官僚理论是与考察国内学界基层综合行政执法相对应的理论基础。从基层执法研究的起源上看，基层执法现象最初为街头官僚研究所关注,① "街头官僚" 这一语词最早见于美国行政学者迈克尔·利普斯基发表的《建立一个街头官僚理论》一文,街道层官僚包括了公职教师、警察及其他执法人员、法官、公职律师、司法官员以及其他有权核准政府计划适用对象和执行相应公共服务的诸多公共雇员。② 到1980年,他又在出版的著作《街头官僚:公共服务中个人的困惑》一书中,明确界定了街头官僚的概念,"街头官僚" 是指处于基层、同时也是最前线的政府工作人员,他们是政府雇员中直接和公民打交道的公务员。典型的街头官僚包括警察、公立学校的教师、社会工作者、公共福利机构的工作人员、收税员等,他们直接决定着对公民的惩罚(如警察的决定)和奖励(如福利机构接受福利申请的决策)。③ 学界往往以此作为街头官僚理论正式建立的标志,街头官僚开始成为一个重要的公共行政研究领域。按照斯科特·帕特里克的归纳逻辑,④ 国外学界关于街头官僚理论的研究主要分为三类:其一,以米勒·乔治(Miller George, 1967)⑤ 为代表的个人特征如何影响街头官僚决策的研究;其二,以瓦斯曼·哈利⑥为代表的组织特征如何影响街头官僚决策的研究;其三,以古德塞尔·查尔斯⑦为代表的顾客特征如何影响街头官僚决策的研究。由于人们对 "街头官僚" 现象的研究早于 "街头官僚" 概念的出现,不难发现,在这些学者的研究中,有的科研成果问世

---

① Michael Lipsky, *Toward A Theory of Street-level Bureaucracy Institute for Research on Poverty*, University of Wisconsin, 1969, p.79.

② [美] 迈克尔·利普斯基:《街道层官僚与政策制定》,转引自 [美] 杰伊·沙夫里茨等编《公共政策经典》,彭望云译,北京大学出版社2008年版,第5页。

③ Michael Lipsky, *Street-level Bureaucracy: Dilemmas of the Individual in Public Service*, New York Russell Sage Foundation, 1980, p.59.

④ Scott Patrick, "Assessing determinants of bureaucratic discretion: An experiment in street-level decision making", *Journal of Public Administration Research and Theory*, 1997, 7 (1): 35-58.

⑤ Miller George, "Professionals in bureaucracy", *American Sociological Review*, 1967, (32): 755-768.

⑥ Wasserman Harry, "The professional social worker in a bureaucracy", *Social Work*, 1971, 161 (16): 89-95.

⑦ Goodsell Charles, "Client evaluation of three welfare programs: A comparison of three welfare programs", *Administration & Society*, 1980, 12 (2): 123-136.

于街头官僚理论正式诞生之前，但其共性在于并未对各种影响因素的相对重要性进行比较分析，而是局限于对某一种街头官僚决策影响因素的探讨上。

由于街头官僚对工作环境的管理以手中掌握的自由裁量权作为实现手段，自由裁量权的运用是街头官僚所必须面对的问题，也是利普斯基所提定义的核心要素。其实，学界对自由裁量权的关注由来已久，早在20世纪50年代，卢恩·詹宁斯就曾指出，福利国家需要有广泛的自由裁量权以完成复杂的政府工作。① 尽管利普斯基并未对自由裁量权的含义予以专门探讨，但却传递出自由裁量权的行使情况和现实需要，在这之后，关于街头官僚的研究在某种程度上都是围绕自由裁量权的主线展开。萨特亚姆·卡乐②、迈耶斯·玛西亚③、皮埃尔·迈克尔④等学者就街头官僚对自由裁量权的行使展开了积极和消极之争。值得注意的是，街头官僚行使自由裁量权的影响因素引起学者们的热议，代表性观点如下：文赞特·柯布等人从组织所处的外在环境出发，考察了服务需求、政治环境、客户结构等方面要素，发现法律法规、公共媒体、其他同类机构具体影响组织机构及组织中个人的行动策略。⑤ 有的学者归纳了包括个人决策特点、组织特性和服务对象特征在内的三个影响因素。⑥ 布洛克·贾斯汀则将人工智能引入了执法研究领域，在他看来，自由裁量

---

① Lvor Jennings, *The Law and the Constitution*, London: University of London Press, 1959, p. 189.
② Satyamurti Carole, *Occupational Survival: The Case of the Local Authority Social Worker*, Blackwell, 1981, pp. 87–88.
③ Meyers Marcia, "Street-level Bureaucrats and the Implementation of Public Policy", B. Guy Peters & Jon Pierre, *Handbook of Public Administration*, London: Sage, 2003, pp. 245–255.
④ Piore Michael, "Beyond markets: sociology, street-level bureaucracy and the management of the public Sector", *Regulation and Governance*, 2011, 5 (1): 145–164.
⑤ Vinzant Coble, Janet Denhardt and Lane Crothers, *Street-level Leadership: Discretion and Legitimacy in Front-line Public Service*, Georgetown University Press, 1998, pp. 36–37.
⑥ Loyens Kim and Jeroen Maesschalck, "Toward a theoretical framework for ethical decision making of street-level bureaucracy: existing models reconsidered", *Administration & Society*, 2010, 42 (1): 66–100.

权和政策制定受到人工智能的强烈影响,人工智能有助于提高执法质量,但二者结合也有着需要规避的特定劣势。① 还有学者基于对长期失业的研究,将职业治疗师视为街头官僚,认为他们以能够延续、抵制或改变行为和存在机会的方式对相互关联的政策和系统做出反应。这一行为强化了从业者的政治参与地位,提高了其行使自由裁量权的意识。② 街头服务管理在现代中国仍是基层综合行政执法的主要职责,而西方国家语境中的街头官僚则是公共服务人员,因此,关于街头官僚自由裁量权的研究范围,较我国基层综合行政执法的研究更为广阔。

国内学界对基层综合行政执法相关理论的研究,多见于基于具体的理论视角探讨这一议题,其中,以整体性治理理论为基础的研究最具有代表性。整体性治理理论在综合行政执法研究中具有较强的适应性,丁煌、方堃指出,整体性治理理论是解决行政执法多头化、交叉化、部门化和碎片化现象的现实需求,这一理论对综合行政执法具有重大理论借鉴价值。③ 金国坤以整体性政府理论、行政主体理论为基础,探讨了优化行政执法机关协调配合机制的途径。④ 周悦丽以整体性政府理论为基础,从立法规制、体制机制、规则体系和行政壁垒的角度分析当前区域行政执法协同的困境,并从立法引领、强化规划、协同法治化等维度提出完善协同机制的建议。⑤ 丁煌、李雪松基于整体性治理视角探讨了综合行政执法改革的深化,提出执法主体、执法理念、执法职能、执法资

---

① Bullock Justin, "Artificial intelligence, discretion and bureaucracy", *The American Review of Public Administration*, 2019, 49 (7): 1-11.

② Aldrich Rebecca and Debbie Rudman, "Occupational therapists as street-level bureaucrats: Leveraging the political nature of everyday practice", *Canadian Journal of Occupational Therapy*, 2020 (37): 137-143.

③ 丁煌、方堃:《基于整体性治理的综合行政执法体制改革研究》,《领导科学论坛》2016年第1期。

④ 金国坤:《行政执法机关间协调配合机制研究》,《行政法学研究》2016年第5期。

⑤ 周悦丽:《整体政府视角下的京津冀区域执法协同机制研究》,《首都师范大学学报》(社会科学版)2017年第4期。

源、执法流程和执法责任从"碎片化"到"整体性"的深化发展路径。① 由上可知，整体性治理理论着力于政府系统的功能性整合以及多主体合作，推动了执法模式的整体性重构。

绝大多数西方国家并未设立专门的行政执法部门，基层执法职责多由警察承担，且在立法中进行了严格规定，美国的城市管理职能由警察局承担，通过将管辖区划分为不同巡逻区并配置相应巡警开展各项城市管理行政执法；② 德国城市所设立的秩序局与我国的综合行政执法部门有一些相似之处，秩序局是根据州法和城市法规规定成立的，主要行使规划、工商、卫生与环保方面的行政权力，此外，警察部门也能够上街就城市管理进行行政执法。③ 1968 年，加里·贝克尔将经济分析带入执法之中，认为犯罪将带来社会成本，并且执法本身也有成本，权衡二者是执法最优情形的要求，④ 最优执法经济学在此基础上建立。⑤ 雷·布鲁利通过对街头商贩的观察发现，虽然街头摊贩的出现繁荣了经济且活跃了社会，但是也为城市带来了食品卫生、道路拥挤、偷税逃税、假冒伪劣商品等诸多问题，从反面论证了城市管理行政执法的重要价值。⑥ 有的学者提出，城市管理行政执法措施能够带来公共效益，例如，过程激励树木养护的行政措施能够充分地扩大树木的公共效益。⑦ 城市管理

---

① 丁煌、李雪松：《整体性治理视角下综合行政执法改革的深化之道》，《南京社会科学》2020 年第 12 期。

② ［英］Ronald C. Brown、马志毅：《中美巡警制度的比较研究》，《中外法学》1996 年第 2 期。

③ Pan Anminf and Li Wenhui, "Study on the theory of the urban resources system", *Lanzhou Academic Journai*, 2009 (9): 14.

④ Gary Becker, *Crime and Punishment: An Economic Approach*, *The Economic Dimensions of Crime*, Palgrave Macmillan London, 1968, p.68.

⑤ Stigler George, "The optimum enforcement of laws", *Journal of Political Economy*, 1970, 78 (3): 526-536.

⑥ ［美］雷·布鲁利、刘易斯·芒：《对街头商贩的观察与评论》，《城市发展研究》1996 年第 5 期。

⑦ Aaron Pothier and Andrew Millward, "Valuing trees on city-centre institutional land: An opportunity for urban forest managemenx", *Journal of Environmental Planning&Management*, 2013, 56 (9): 1380-1402.

行政执法能提高公众对城市管理的满意度,因此,应重视公众对城市服务的投诉,从而掌握公众实际需求并加以改善。① 有的学者提出,相较于西方发达国家的城市管理机构,中国成立了专门的综合行政执法部门,将城市管理的多种管理事务集中到一个机构进行管理,具有重要执法效果。②

就基层综合行政执法的价值而言,国内学界侧重于研究综合行政执法对行政执法效能的提升作用。李国旗提出,综合行政执法保证了执法队伍的相对稳定,促进了各职能部门的协调合作,降低了行政执法成本,提高了行政执法水平和效率,是解决多头重复交叉执法问题的方向。③ 张步峰、熊文钊认为,综合行政执法通过政策制定与行政处罚职能的分类,探索了不同权力之间的协作模式,整合了执法力量,提高了执法效率,优化了职能配置。④ 张丙宣认为,综合执法改革重组了多项执法权,建立了新的执法机构,在一定程度上填补了多部门分散执法的空隙,并且推动行政执法权向镇街下放,促使镇街发挥更积极的作用。⑤ 杨丹提出,综合行政执法具有规范行政执法行为、优化行政执法体制、化解执法争议等法治功能,为促进法治政府建设,这一模式应受行政合理性的约束并符合效率原则的要求。⑥ 谢寄博、王思锋在以行政执法体制改革为视角论述中国共产党保证执法实践逻辑的过程中,指

---

① Akhondzadeh-Noughabi and Elham, "A new model for effective urban management: A case study of urban systems in Iran", *Cities*, 2013 (31): 394-403.
② Manyika James et al., *Big data: The next frontier for innovation competition and productivity*, McKinsey Global Institute, 2011: 12.
③ 李国旗:《综合行政执法的理论困惑与反思》,《天津市政法管理干部学院学报》2008年第2期。
④ 张步峰、熊文钊:《城市管理综合行政执法的现状、问题及对策》,《中国行政管理》2014年第7期。
⑤ 张丙宣:《城郊结合部综合执法体制改革:一个理论分析框架》,《中国行政管理》2017年第5期。
⑥ 杨丹:《综合行政执法改革的理念、法治功能与法律限制》,《四川大学学报》(哲学社会科学版)2020年第4期。

出了这一体制有利于实现合理配置行政执法权、优化行政权力结构、整合"碎片化"的政府功能、提升行政效率的基本目标，从侧面论证了综合行政执法的价值。① 不难发现，尽管学者们对基层综合行政执法价值研究的切入点有所差异，但都对基层综合行政执法的价值给予了充分的肯定。

（二）关于基层综合行政执法博弈关系的研究

国外学界关于博弈关系划分的研究聚焦于执法主体与行政相对人的单一关系上，代表性观点如下：彼得·什托姆普卡将政府机关"门口"或"窗口"执行公务的人员界定为街头官僚，并且街头官僚主要负责执行一线公务执行，直接且频繁的互动是他们之间关系的本质体现。② 约翰内森·拉斯主张将街道层面的政策视为在官僚和客户之间的谈判中形成的，并系统分析了护士和患者如何在挪威紧急服务中协商访问，帮助研究人员超越个人主义，探索个体间的谈判及其对街道层面决策的影响。③ 巴蒂亚·莫尼什认为，街头官僚展示了行为者和机构如何通过其战略行动执行国家权力对寻求庇护者施加惩罚，人类学研究的数据表明了街头官僚的做法加剧了寻求庇护者的心理困扰。④ 有的学者将街头官僚的目标人群视为具有背景特征以及政策偏好和需求的特定组合，并将其定义为"政策客户"，提出了"客户—代理人"视角，补充了街道层面实施的"国家—代理人"和"公民—代理人"的观点。⑤ 政策实施是

---

① 谢寄博、王思锋：《中国共产党保证执法的实践逻辑——以行政执法体制改革为视角》，《西北大学学报》（哲学社会科学版）2021年第5期。

② ［波兰］彼得·什托姆普卡：《信任：一种社会学理论》，程胜利译，中华书局2005年版，第180页。

③ Johannessen Lars, "Negotiated discretion: Redressing the neglect of negotiation in 'Street-Level Bureaucracy'", *Symbolic Interaction*, 2019, 42 (4): 513-538.

④ Bhatia Monish, "The permission to be cruel: Street-level bureaucrats and harms against people seeking asylum", *Critical Criminology*, 2020, 28 (2): 277-292.

⑤ Gassner Drorit and Anat Gofen, "Street-level management: A clientele-agent perspective on implementation", *Journal of Public Administration Research and Theory*, 2018, 28 (4): 551-568.

公民和街头官僚之间的互动过程,街头官僚的行为与行使自由裁量权的关系环境密切相关;① 还有学者结合街头官僚理论、身份社会学理论和网格群体文化理论,基于一线执法人员行政身份的模型和类型学分析证明,街头官僚对公民个人的非正式责任的表现,明显地出现在与那些被认为是社会弱势群体的互动中。② 纵观国内学界对博弈关系的划分,刘俊培基于博弈理论着重分析了执法主体与相对人之间的博弈关系,具体从五个方面进行了分类:一是行政执法主体的博弈,即行政执法主体和相对人基于各自独立的利益预期形成的博弈关系;二是行政执法行为的博弈,即建立在各自理性基础上的主体行为是追求自己利益最大化的行为,行政执法主体和相对人以主体利益的平等为基础,一方的策略影响其他各方的对策;三是行政执法信息的博弈,即掌握信息、处理信息的具有有限理性的主体,获取信息数量和处理信息能力与博弈优势呈正相关;四是行政执法规则的博弈,即规则是一个包含非正式的各种社会规则和规范的法律制度的统称,前者是由博弈参与者在长期互动、总结和提炼的基础上产生的,后者则是在博弈过程中产生的;五是行政执法收益的博弈,即博弈参与者参加博弈并积极行动的动机和目的,为实现自身行为预期与其他博弈参与者合作、对抗、相互作用。③ 此外,有的学者基于实务界的执法实践,引入了行政系统之外的博弈参与者,林越坚、刘青青提出,检察机关行政监督机制的引入构成行政相对人、行政执法主体以及检察机关之间的双重博弈关系,而这种双重博弈的有效运作受到现实中行政执法信息的碎片化生产、分布以及监督者信息能力的

---

① Lotta Spanghero and Eduardo Marques, "How social networks affect policy implementation: An analysis of street-level bureaucrats' performance regarding a health policy", *Social Policy & Administration*, 2020, 54 (3): 345-360.

② Pivoras Saulius and Mindaugas Kaselis, "The impact of client status on street-level bureaucrats' identity and informal accountability", *Public Integrity*, 2019, 21 (2): 182-194.

③ 刘培俊:《行政执法的博弈分析——兼论行政法研究中的方法论问题》,《河北法学》2007年第4期。

制约。① 总体来看，这些关系划分的背后都基于主体性的考量标准，博弈的参与者不是作为单一的个体存在，而是不同执法主体之间以及执法主体与行政相对人之间博弈关系的呈现。

国内学界对博弈的具体类型进行了较为丰富的探讨，一方面，部分学者明确划分了博弈的类型，如王清基于类型学的视角，将行政执法中政府内部两类平行的职能部门界定为部门博弈的主体，探讨了行政执法中的部门博弈，基于庇护性和外部性两个因素，横向政府部门博弈可以简化为弱正式博弈、强正式博弈、非正式社会关系博弈和退出博弈四种类型，并且系统分析了不同情境下的博弈机理和博弈结果。② 林坚、乔治洋探索了市县级"多规合一"中不同利益相关者之间的博弈关系，具体包括政府内部主体纵向利益博弈、政府不同部门间主体横向利益博弈、政府与市场博弈、政府与社会博弈四种博弈类型，为促进博弈均衡，应合理构建央地关系，有效整合职能部门职责，加强政府和市场对话，充分回应民众利益诉求。③ 另一方面，部分学者从利益冲突的视角解析了不同利益主体之间的利益互动行为，从中不难发现博弈关系类型的雏形，例如，曹龙虎、段然根据综合行政执法体制改革案例的实际情况，将地方政府创新扩散过程中上级政府的政策目标与地方政府之间的"利益契合度"中的"利益"分解为政治激励的微观利益范畴、组织利益的中观利益范畴、治理需要的宏观利益范畴三个层次。④ 吴金群、王丹提出，我国城管综合执法的冲突主要有执法者自我角色定位、执法者与行政相对人、执法者与执法体制、执法者与其他相关政府部门的冲突

---

① 林越坚、刘青青：《检察机关行政执法监督的法律经济学重述》，《国家检察官学院学报》2017 年第 5 期。
② 王清：《行政执法中的部门博弈：一项类型学分析》，《政治学研究》2015 年第 2 期。
③ 林坚、乔治洋：《博弈论视角下市县级"多规合一"研究》，《中国土地科学》2017 年第 5 期。
④ 曹龙虎、段然：《地方政府创新扩散过程中的利益契合度问题——基于 H 省 X 市 2 个综合行政执法改革案例的比较分析》，《江苏社会科学》2017 年第 5 期。

四种类型。① 吕普生、吕忠在探讨基层执法中的相机选择策略时提出，纵向与横向部门之间的推诿、执法队伍与行政相对人之间的冲突，都是相关主体对于行政执法权采取相机选择策略的结果。这具体体现为垂直互动关系中执法权下放、水平互动关系中执法主体间协同以及政社互动关系中执法队伍与相对人对合法性话语利用的选择性特征。② 需要注意的是，以上研究都涉及不同利益主体间的良性互动，在多元主体治理结构中，无论是从正面还是侧面反映出的主体间关系，都为博弈关系的论证提供了理论借鉴。

（三）关于基层综合行政执法运行现状的研究

梳理当前学界对运行模式的研究进展，为本书的研究思路提供了重要启发。通过文献梳理发现，当前国内学界从"街乡吹哨，部门报到"的北京经验、"局队合一"体制机制两个方面对综合行政执法运行模式进行的研究最具代表性。就"街乡吹哨，部门报到"的研究而言，是典型的关于综合行政执法运行模式的探讨，但尚未上升到机构改革层次。"吹哨"围绕着群众所需、工作重点、应急处置三个方面的治理难题，北京市市辖法人单位党组织、机关企事业单位在职党员全部回属地（居住地）报到。这一机制实施以来，城市基层治理的面貌一新，街道工作效率和居民满意度不断提高、城市治理合力得以形成。③ 吕普生、张梦慧系统地研究了北京市改革探索建立的"街乡召集—部门回应"的基层执法机制，这一执法召集制背后实际上赋予街道及乡镇政府包括执法启动、组织、协调、监督、考核建议权等在内的权力集合，将分散的执法权整合为一种组织化力量，精准对接治理需求与权责主体，实现

---

① 吴金群、王丹：《我国城管综合执法冲突的类型及管理策略——基于街头官僚理论的视角》，《城乡规划》2017年第4期。

② 吕普生、吕忠：《中国基层执法中的相机选择：从策略赋权到话语使用》，《中国行政管理》2020年第2期。

③ 狄英娜：《"街乡吹哨、部门报到"——强化党建引领基层治理，促进城市精细化管理的北京实践》，《红旗文稿》2018年第23期。

了纵向层级联动和横向跨部门协同。① 就"局队合一"模式的研究而言，这一研究探讨的是行政主管部门和执法队伍建设，就体制机制而言，这一模式已经涉及了机构改革层面，从表面上看，这是作为行政主管部门的"局"与具体从事行政处罚及相关的行政检查、行政强制活动的"队"之间的关系，实质上关系到职责定位、执法主体、队伍建设等，是行政执法体制的重大改革，代表着综合行政执法的改革方向和发展趋势。② 逯鹰认为，"局队合一"推动了体制重塑，具体而言，以流程再造推动职能重整，以机制创新推动监督重构，探索建立扁平高效的"局队合一"执法管理体制，打通了综合行政执法的"最后一公里"。③ 此外，曾纪茂、周向红按照职能综合范围、职权综合范围和部门之间行政关系对各地综合执法体制进行了分类，并依据职权的完整性、执法的专业性等标准对其进行比较，发现必须在城市管理专业化分工与综合管理要求之间作出权衡。④

与此同时，各地结合实际情况开展"自选动作"，建立了具有地方特色的执法模式。代表性研究如下：张小明、曾凡飞探讨了贵阳市"大城管"模式下城市综合执法联动机制，指出在"大城管"模式下形成系统内上下联动，部门之间协调配合、内外互通，全社会共同参与、运转高效的联动机制。⑤ 胡仙芝基于对成都市和嘉兴市综合行政执法体制改革的研究发现，成都市的市级改革、彭州市"一队一办"改革、武

---

① 吕普生、张梦慧：《执法召集制："吹哨报到"机制如何使综合执法运转起来》，《河南社会科学》2021年第2期。
② 李强：《"局队合一"：综合行政执法改革方向和实现路径——基于J省R市综合行政执法体制改革试点实践的思考》，《中国行政管理》2019年第8期。
③ 逯鹰：《探索扁平高效"局队合一"执法体制 打造综合行政执法改革新模式》，《中国机构改革与管理》2021年第6期。
④ 曾纪茂、周向红：《城市管理综合执法体制的分类与比较》，《中国行政管理》2019年第2期。
⑤ 张小明、曾凡飞：《"大城管"模式下城市综合执法联动机制研究——以贵阳市为例》，《中国行政管理》2010年第8期。

侯区改革以及嘉兴市的跨部门跨行业执法改革，都从整合执法职能与机构改革、理顺执法机构与职能部门权责、创新执法方式和管理机制等方面形成了"大部制"的执法模式，但由于不同层级的侧重点和法理依据有所不同，改革内容和效果也会有所差异。① 王丛虎、刘卿飞则对城市管理综合行政执法过程中形成的具有代表性和典型性的北京市东城区的联合执法模式、天津市东丽区的属地执法模式、上海市闸北静安区垂直执法模式进行了分析，实践证明，三个直辖市基于各自区位、业态分布等特点而建立的执法模式是适合且有效的，但也不可避免地面临执法法治化问题；② 李雪松在对政策工具与政策价值之间逻辑关联的研究中，实地调研了基层综合行政执法中的"五民执法"模式，侧重论述了行政效率与社会公平有效次序权衡之下执法行为选择的价值遵循。③ 综上观之，基层综合行政执法进行了诸多实践探索，并且日益呈现出功能整合、结构重构和行政执法一体化的发展趋势，随着各地基层综合行政执法的推进，形成了一系列执法规范化和高效能的经验做法。

关于基层综合行政执法影响因素的研究，国外学界分别从正式因素和非正式因素层面，探讨了执法的影响因素。就前者而言，有学者从法律视角，在研究公共部门问责制与法律之间关系的基础上，通过对英格兰公共部门专业人员的定性研究来探索这种关系，研究结果显示，对城市管理行政执法问责制导致公共部门的法律风险越来越大，对公共部门专业人员看待他们与公众关系的方式产生了影响。④ 还有学者分析了制度因素对执法的影响，中国的街头官僚主要采用策略来充当政策企业

---

① 胡仙芝：《综合行政执法体制改革的实践探索与对策建议——基于成都、嘉兴的调研分析》，《中国行政管理》2016年第7期。
② 王丛虎、刘卿斐：《城市管理综合行政执法模式与适用研究——基于基层高绩效执法组织的构建》，《中国行政管理》2017年第12期。
③ 李雪松：《政策工具何以反映政策价值：一项溯源性分析——基于H省W市综合行政执法模式的经验证据》，《求实》2019年第6期。
④ Murphy Mark and Paul Skillen, "Exposure to the law: Accountability and its impact on street-level bureaucracy", *Social Policy and Society*, 2016, 17 (1): 1-12.

家，不同的制度环境可能会塑造各种策略，策略的成功也取决于街头官僚的问责制和沟通技巧。① 此外，有些学者则认为，官方政策之外的社会、组织和群体规范等非正式因素是影响一线组织中官僚行为的外部因素。② 就影响因素的研究而言，国外学界的研究较为全面，从中可以得出，无论是执法环境还是执法主体，都对执法产生了重要影响。

关于基层综合行政执法影响因素的研究，国内学界侧重于从执法体制和执法方式两个层面展开。就执法体制而言，综合执法模式在回应基层法治制度需求的同时，却存在权责配置、执法管理、执法机制等方面的诸多不足；③ 在推动行政执法权重心下移过程中，制度缺陷和供给不足较为明显，致使执法存在偏离法治要求和国家政策的倾向；④ 此外，马怀德认为，机构性质问题的统筹解决是理顺执法体制的关键，也是明确执法机构法律地位和执法人员身份的要求；⑤ 刘福元提出，城管部门与其他部门在执法事项的权限归属的"事权"问题是城管执法面临的首要问题，尽管相对集中行政处罚权制度有效解决了多头执法、多头处罚的问题，但城管部门能够掌握无限多样的执法事项显然不具备充足的法理正当性。⑥ 就执法方式而言，施建辉提出，协商与和解的引入是执法方式的变革，是执法主体应变复杂现实社会的关键。⑦ 城市综合行政执法的主导模式呈现"刚"与"柔"的动态转换，以柔性执法为表征

---

① Zhang Liwei, Zhao Ji and Dong Weiwei, "Street-level bureaucrats as policy entrepreneurs: Action strategies for flexible community governance in China", *Public Administration*, 2021, 99 (3): 469-483.

② Nisar Azfar and Ayesha Masood, "Dealing with disgust: Street-level bureaucrats as agents of kafkaesque bureaucracy", *Organization*, 2020, 27 (6): 882-899.

③ 印子：《突破执法合作困境的治理模式辨析——基于"三非两违"治理经验样本的分析》，《法商研究》2020年第2期。

④ 卢护锋：《行政执法权重心下移的制度逻辑及其理论展开》，《行政法学研究》2020年第5期。

⑤ 马怀德：《城市管理执法体制问题与改革重点》，《行政管理改革》2016年第5期。

⑥ 刘福元：《城管事权的法理构筑——从相对集中处罚权到大城管立法》，《法学论坛》2017年第3期。

⑦ 施建辉：《行政执法中的协商与和解》，《行政法学研究》2006年第3期。

的非强制性行政执法衍生出了隐藏根本矛盾、柔性边界模糊、违法抗法、执法不作为、利益相关者负效益等失灵现象。① 李春生、韩志明指出，在执法界面生成和分化后，执法行为受到组织制度、基层行政人员个人和执法对象等多重因素的影响。② 李利文则建构了"执法堕聚"的分析概念，并结合违法建设综合整治案例进行了细致分析，研究发现，"执法堕距"越大，则兜底型、迟滞型和任务型等执法的偏差行为发生概率越大。③ 协管员参与执法是城管部门执法的突出表现，为此，有学者专门探讨了城管部门协管员这类"准街头官僚"群体，由于执法面临着事权配置失衡、基层治理资源匮乏、协管员身份等现实困境，这一特殊群体陷入"既离不开又难以有效管理"的两难治理困境。④

（四）关于基层综合行政执法改革进路的研究

推动执法重心下移是延伸行政执法权的前提，也是综合行政执法改革的趋势，学界关于基层综合行政执法重心的研究主要分为两个方面。一是推动执法重心下移重要性的研究。例如，刘维寅认为，推动执法重心向基层下移主要是根据属地管理和就近划分原则，将执法监管职责交给处理基层执法案件的市县一级执法部门承担，减少执法层级，使管理最便捷、成本最低、效率最高。⑤ 陶振认为，执法重心下移是大都市管理综合执法改革的主线，这一议题强调执法重心开始从市、区两级向镇街延伸，解决权责不对称、执法力量不足等基层执法难题。⑥ 陈柏峰认

---

① 杨杨、于水：《城市综合行政执法柔性治理失灵：发生逻辑与矫正策略》，《城市发展研究》2020 年第 2 期。
② 李春生、韩志明：《基层行政中的规则重构：可控自主性的生成及其操作逻辑——基于 D 市场监督管理局罚款执法的考察》，《公共管理学报》2021 年第 3 期。
③ 李利文：《执法堕距：政策执行在基层缘何容易走样？——基于 D 村违法建设综合整治案例的研究》，《中国行政管理》2021 年第 8 期。
④ 魏程琳：《"准街头官僚"的失范与治理——以城管部门协管员为例》，《北京工业大学学报》（社会科学版）2018 年第 2 期。
⑤ 刘维寅：《深化综合行政执法体制改革全面推进综合行政执法》，《机构与行政》2016 年第 5 期。
⑥ 陶振：《大都市管理综合执法的体制变迁与治理逻辑——以上海为例》，《上海行政学院学报》2017 年第 1 期。

为，科学合理地配置乡镇执法权是提高基层执法成效的关键，合理"下放"执法权、强化综合执法部门内部管理、适当减轻"属地管理"责任是乡镇执法体制改革的重点所在。① 二是推动执法重心下移措施的研究。例如，郑才法认为，行政执法体制改革要按照城乡统筹、县乡联动的要求，坚持重心、力量和保障的同步下移，建构起"横向到边、纵向到底"的执法体系。② 夏德峰提出，要完善法律法规及制度程序，推进执法结构重组和执法重心下移，加强执法队伍建设和执法职权的合理划转，构建权责清晰、协调配合的执法体系，整合执法资源并完善执法配套改革，从而实现政府整体性治理提升。③ 总体而言，推动执法重心下移是推进科层体系与社会网络关系的改革，有利于促进执法体系的系统性重构，加快县乡一体化进程，使执法重心在基层落地生效。

国外关于执法协调机制的研究侧重于具体的执法人员与执法团队、行政相对人、政策企业家之间的协调，具体而言，一是执法人员与执法团队的执法协调。经典的街头官僚理论文献表明，个别街头官僚是由他们的工作团队塑造的，立足于工作团队社会化、社会代表和社会认同的理论，工作团队的同事可以影响街头官僚对客户的看法以及他们对客户的行为方式，但对个人客户态度的影响有限。④ 二是执法人员与行政相对人的执法协调。有学者在对街头官僚机构的研究中考察了一线执法人员的行为逻辑，在瑞典积极的劳动力市场政策下，通过引入执法人员用来评估客户需求的工具发现，任期对执法人员如何使用此工具具有潜在影响，随着任期的增加，执法人员往往会在较小程度上按照政策信号行事，此外，从一定程度上讲，解释为增加与客户会面的经验会增加执

---

① 陈柏峰：《乡镇执法权的配置：现状与改革》，《求索》2020年第1期。
② 郑才法：《深化县域行政执法体制改革的对策与建议》，《中国行政管理》2015年第10期。
③ 夏德峰：《综合行政执法改革的难题及其破解》，《中国行政管理》2016年第6期。
④ Keulemans Shelena and Steven Walle, "Street-level bureaucrats' attitude toward clients: A study of work group influence in the Dutch and Belgian tax administration", *Public Performance & Management Review*, 2020, 43 (2): 334-362.

人员的信心和技能。① 三是执法人员与政策企业家的执法协调。将街头官僚与政策企业家联系起来是一种新的、持续的研究趋势,街头官僚呼吁公共政策和行政学者投入更多资源,从理论和经验上探讨与公众日常互动的官僚如何影响政策制定和执行,并且针对街头官僚政策设计所面临的挑战,提出未来研究的途径。②

国内关于基层综合行政执法改革研究的一个重要方向是执法协调机制的研究,由于这一执法模式的多主体性,协调机制有利于规范执法行为、优化执法体制与化解执法争议,促进法治政府建设的科学、高效,执法协调机制因此成为学界研究的一大热点。具体而言,主要从机构改革和运行机制两个方面作为研究的着力点。一方面,执法机构是执法职能的载体,机构改革是为了适应执法协调的需要。熊文钊、刘华基于对北京城管的调查,提出了建立社会秩序局以明确执法机构在执法体制中的地位问题,摆脱城管机构既独立又不独立的尴尬境地,并从职能配置、管理体制、运行机制三个方面提出了完善综合行政执法的途径。③ 谭宗泽、杨抒见认为,在改革的探索和落实阶段,要明确机构权责,加快机构整合力度,建立健全部门间的合作协调机制。④ 可见,机构改革促进了执法机构的调整,在新的时代背景下为基层综合行政执法注入了新的活力,解决了执法主体本身的问题。另一方面,优化行政执法的运行机制,有利于推动不同执法主体的协调运转。肖金明指出,在管理与执法适度分离的前提下,建构起基于"决策—执行、专业—综合"要

---

① Assadi Anahita and Martin Lundin, "Street-level bureaucrats, rule-following and tenure: How assessment tools are used at the front line of the public sector", *Public Administration*, 2018, 96 (1): 1-17.

② Cohen Nissim and Neomi Aviram, "Street-level bureaucrats and policy entrepreneurship: When implementers challenge policy design", *Public Administration*, 2021, 99 (3): 427-438.

③ 熊文钊、刘华:《社会秩序局:综合行政执法管理体制的完善途径——基于对北京城管的调查》,《北京行政学院学报》2009年第2期。

④ 谭宗泽、杨抒见:《综合行政执法运行保障机制建构》,《重庆社会科学》2019年第10期。

求下的结构化执法体系、基于"执法—管理—服务"逻辑下的一体化管理模式、基于"参与—执法—合作"思维的综合行政执法体系。① 丁方达基于胡德科层制控制理论，指出在宏观、中观、微观三个层面应分别完善控制机制、发挥互惠型控制机制优势，把握正视随机型控制的影响。② 李雪松提出深化改革应实现从"嵌入"到"融入"视角的转换与结合，具体表现为以制度性融入完善综合行政执法的制度安排，以资源性融入优化综合行政执法的资源配置，以关系性融入重构综合行政执法的关系网络。③ 总之，构建整体推进的跨部门协同执法是综合行政执法良性运行的保障，执法合力的形成需要构建协调机制促进综合行政执法。

在基层综合行政执法的相关研究中，权责配置的研究一直是一个核心议题，主要体现在权力配置和职责体系两个方面。一方面，权力配置直接影响执法行为，并决定了不同执法主体与行政相对人之间的关系状态，构建和谐协调的执法体系离不开权力的科学划分。李利军着重探讨了城管执法中的行政强制权，认为应赋予执法机关行使与集中行使行政处罚权相关的行政强制权，解决合法性之忧。④ 王敬波认为，针对改革中的权力配置难题以及法律保障缺失，推进跨部门综合执法需要将行政权力纵横配置的规则在理论上解决，除了扩大《行政处罚法》相关条款，还需完善地方行政组织法以提供充分的法治保障。⑤ 胡皇印提出，要按照权力清单开展一切基层执法行为，基层执法行为不能跨出执法权的圈子，并且做到信息公开、接受人民群众监督，从而让基层执法权在

---

① 肖金明：《行政执法体制改革三大取向的结合》，《人民论坛》2017年第10期。
② 丁方达：《我国城市管理执法体制改革新探——基于胡德科层制控制理论的分析》，《理论与改革》2019年第1期。
③ 李雪松：《中国基层综合行政执法的改革逻辑：一个"嵌入性"的新议题》，《学习与实践》2020年第10期。
④ 李利军：《城管行政强制权研究——兼对〈行政强制法〉的立法建议》，《中国行政管理》2009年第12期。
⑤ 王敬波：《相对集中行政处罚权改革研究》，《中国法学》2015年第4期。

制度的笼子里高效运行。① 还有学者研究了街道乡镇的执法主体资格，无论是联合执法、综合执法的实践，还是"吹哨报到""接诉即办"的探索，都印证了街道、乡镇对执法主体资格的现实需要。针对法治建设不足导致行政执法遭遇的法律障碍，在修改《行政处罚法》过程中应明确街道、乡镇执法主体资格，顺应执法体制改革的需要。② 另一方面，科学配置政府职责是推进改革的关键环节，直接影响到改革效果。丁煌、陈晓方认为，市县政府职责体系的构建，需要理顺层级政府行政执法职责关系，合理确定地市、县区、镇街的管理职责和执法权限，整合基层派驻执法力量，推动综合行政执法向镇街延伸。③ 李利平、吕同舟基于现实视角和经验素材，引申出在未来的深化改革中，政府纵向职责配置的参考思路是"环节分解"，行政监管职责配置遵循行政执法职责配置的一般规律性，省以下地方政府纵向职责配置应重点在探索构建简约高效的基层管理体制上下功夫。④ 程琥认为，综合行政执法改革应以推动政府职能转变、政府事权划分改革、整体性治理、数字政府建设、良法善治作为实现价值整合的进路，以化解管理与治理、条条与块块、整体与部分、综合与专业、改革与法治的价值冲突。⑤ 关保英指出，学界将新时代背景下进行梳理和整合后的行政执法称为大行政执法，这就对改革提出了职能统一、事态定性、人员定编、行为定量和结果定责的必然要求。⑥ 由此可见，权责配置关系到执法机构的定位和部门间关系，科学的权责配置关系到相关部门具体行动的协同性。

---

① 胡皇印：《让基层执法权在制度的笼子里高效运行》，《中国党政干部论坛》2014年第12期。
② 金国坤：《基层行政执法体制改革与〈行政处罚法〉的修改》，《行政法学研究》2020年第2期。
③ 丁煌、陈晓方：《整体性政府视角下市县政府职责体系构建研究——以汕头市濠江区行政体制改革为例》，《中国行政管理》2017年第8期。
④ 李利平、吕同舟：《省以下地方政府纵向职责配置的新趋势及配置模式探索——基于对五个领域综合行政执法改革的观察》，《行政管理改革》2020年第11期。
⑤ 程琥：《综合行政执法体制改革的价值冲突与整合》，《行政法学研究》2021年第2期。
⑥ 关保英：《大行政执法的概念及精神解读》，《江西社会科学》2020年第9期。

三 关于公共政策执行的相关研究

政策执行是政策过程中公共政策经合法化程序后的一个重要环节，这一环节将政策理想转变为政策现实，直接关系到公共政策的最终产出。因此，辩证地看待和正确地借鉴公共政策执行研究的相关研究成果，立足于公共政策执行的理论视角，从整体上把握基层综合行政执法的实践逻辑，对于提升行政执法效能、推动"中国之治"，意义深远。20世纪七八十年代，美国学术界率先对长期忽视政策执行研究的问题进行反思，在普雷斯曼（T. L. Pressman）等人的倡议下，西方政策研究领域展开了一场研究政策执行的热潮，史称"执行运动"。[1] 近年来，国内学者对公共政策执行研究也给予了持续关注，涌现出了各种理论与观点，学者们从不同的角度探讨了政策执行问题，政策执行理论和模型日渐成为一种研究范式。

（一）关于公共政策执行理论探讨的研究

国外学界关于政策执行的研究主要分为三个时期，按照戈金等人的划分，政策执行可以划分为三个时期。[2] 在20世纪70年代之前，政策执行研究基本上没有受到什么关注，第一代政策执行研究的基础较为薄弱，主要关注如何把政策转变为实际效果，实现既定的政策目标，其中，以德茨克、[3] 普瑞斯曼和维尔达夫斯基[4]以及巴达克[5]等人为主要代表。这一阶段的政策执行研究主要采取个案研究方法，注重分析政策执

---

[1] 陈振明主编：《政策科学——公共政策分析导论》（第二版），中国人民大学出版社2003年版，第255页。

[2] Goggin Malcolm et al. , "Studying the Dynamics of Public Policy Implementation: A Third-generation Approach", In Palumbo D. J. & Calista D. J. Eds. , *Implementation and the Policy Process: Opening Up the Black Box*, Westport: Greenwood press, 1990.

[3] Derthick Mazmania, *New Towns in Town Washington*, D. C. : Brookings, 1972.

[4] Pressmain Jeffrey &Aaron Wildavsky, *Implementation: How Great Expectaion in Washington are Dashed in Okaland*, Berkeley: University of California Press, 1973.

[5] Bardach Eugene, *The Implementation Game: What Happens after a Bill Becomes a Law*, Cambridge: The MIT Press, 1977.

行失败的原因,对政策执行的结果持有一种较为悲观的看法,将政策制定阶段的问题以及执行机构的服从看作政策执行失败的主要原因。① 这一阶段的政策执行研究注重案例分析,但并未提出关于政策执行过程分析的具有普遍适用性的理论框架,② 进而导致案例分析的结果不能适用于其他政策领域和预测政策执行结果。戈金等人③认为,第一代政策执行研究需要新的研究方法的运用,否则便会阻碍政策执行研究的科学发展,但不可否认的是,第一代政策执行研究揭示了政策执行过程的动态性和复杂性,使政策执行失败问题引起了研究团体和一般社会公众的广泛关注,对政策执行研究的推行做出了重要贡献。④

理论提炼和总结并不是第一代政策执行研究的核心内容,第二代政策执行研究弥补了其缺陷,这个时期出现了大量可供验证的、能够预测政策执行结果的执行研究模型和理论,马兹曼安和萨巴蒂尔⑤、霍金和波特⑥等人是该时期的主要代表人物。第二代政策执行研究认识到政策执行会随政策执行时间、政策类型以及执行机构的不同而变动,侧重于促进和阻碍政策执行的变量因素分析,形成了分析政策执行过程的多样化视角。第二代政策执行研究的主要问题在于,该时期的研究者并不能就政策执行的内涵取得一致意见,虽然涌现出了大量的理论模型,并总

---

① Goggin Malcolm, "The 'Too Few Cases/Too Many Variables' Problem in Implementation Research", *Western Political Wuarterlyolitical Quarterly*, 1986, 39(2): 328-347.

② Van Meter & Van Horn, "The Policy Implementation Process: A Conceptual Framework", *Administration & Society*, 1975, 6(4): 445-468.

③ Goggin Malcolm et al., "Studying the Dynamics of Public PolicyImplementation: A Third-generation Approach", In Palumbo D. J. & Calista D. J. Eds., *Implementation and the Policy Process: Opening Up the Black Box*, Westport: Greenwood Press, 1990.

④ Schofield Jill, "Time for a Revival? Public Policy Implementation: A Review of the Literature and an Agenda for Future Research", *International Journal of Management Review*, 2001, 3(3): 245-263.

⑤ Mazmanian, D. A. & Sabatier, P. A., *Implementation and Public Policy*, Chicago: Scott Foresman and Company, 1983.

⑥ Hjern Benny & Poter David, "Implementation Structures: A New Unit of Adminstrative Analysis", *Organization Studies*, 1981, 2(3): 211-227.

结出了影响政策执行的各种变量,但是并没有哪个理论模型能够获得大家一致的认可,也没有从中确认关键变量。①

与前两个时期的执行研究相比,第三代政策执行研究力求具有更强的科学性,主要把理论构建及其有效性建立在更加严谨的科学分析、定量分析(比较和纵向)以及假设验证的基础之上。第三代政策执行研究对政策执行过程的复杂性有着更为深刻的认识,强调运用包括网络分析、内容分析、社会试验、回归分析等研究方法在内的多元研究方法,通过跨区域的、历时性的多案例研究来捕捉政策执行过程的动态,验证所提出的理论假设。虽然第三代政策执行研究路径早在20世纪90年代初期就已经被戈金等人提出,但是这种研究方式并没有太多的跟随者和支持者,② 具有第三代政策执行研究特点的后续研究尚不多见。

国内学界对政策执行研究的关注始于20世纪90年代,1991年,丁煌在《中国行政管理》第11期上率先发表了《政策执行》一文,明确指出,"政策执行,就是政策方案被采纳之后,把政策所规定的内容变为现实的过程。只有通过有效的执行,才能保证政策目标的实现,否则,再好的政策也只是一纸空文""政策执行是一个包括众多参量和因素的复杂过程,任何政策的有效执行都必须满足一定的条件,只有这样,才能保证政策的顺利实施和政策目标的圆满实现"。③ 这一阶段,郑新立④、张金马⑤、兰秉洁⑥、陈庆云⑦、孙光⑧等人将政策执行的研究成果作为一个章节包含在"公共政策学"的相关教科书中,这一阶

---

① Lester, J. P. &Stewart, J. Jr., *Public Policy: An Evolutionary Approach*, Beijin: China Renmin University Press, 2004.
② Deleon Peter, "The Missing Link Revisted: Contemporary Implementation Research", *Policy Studies Review*, 1999, 16 (3/4): 311-339.
③ 丁煌:《政策执行》,《中国行政管理》1991年第11期。
④ 郑新立主编:《现代政策研究全书》,中国经济出版社1991年版。
⑤ 张金马主编:《政策科学导论》,中国人民大学出版社1992年版。
⑥ 兰秉洁、刁田丁主编:《政策学》,中国统计出版社1994年版。
⑦ 陈庆云:《公共政策分析》,中国经济出版社1996年版。
⑧ 孙光:《现代政策科学》,浙江教育出版社1998年版。

段，绝大部分学者将重点放在研究政策制定的理论、模型、原则和方法等，在某种程度上忽略了涉及众多变量的复杂政策执行过程。直到2000年，一系列系统研究政策执行的专著陆续出版，诸如丁煌的《政策执行阻滞及其防治对策——一项基于行为和制度的分析》①、李允杰等人的《政策执行与评估》②、赵凯农等人的《如何贯彻执行公共政策》③ 等学术著作都为政策执行理论研究的推进发挥着建设性作用，政策执行研究开始进入学术视野，有学者指出，大量政策执行走样的事实说明，必须把政策执行纳入学术研究的视野，从理论上加以研究和解释。④ 陈振明认为，西方的"执行运动"拓展了早期政策科学的研究范围，将长期被人们所忽视的政策执行这一环节或阶段纳入政策科学的视野，研究政策执行的学者们从不同的途径、不同的方面来探讨政策执行过程，并提出了种种理论，尤其是力图系统地了解影响政策有效执行的各项因素及其相互关系，构造相关的政策执行过程模式，这极大地丰富了政策科学的理论内容。⑤

（二）关于政策执行分析视角的研究

基于国外政策执行研究发展阶段的理解，本书着重介绍和评价20世纪80年代以来的几个有关政策执行研究的重要研究视角：组织理论视角、网络分析视角、制度分析视角、阐释性视角四类，以上视角皆有诸多理论性研究，不仅对公共政策学科理论知识增长具有重要贡献，对改善国内政策执行研究现状，提高政策执行水平也具有借鉴意义。

一是政策执行研究的组织理论视角。大多数政策的实施都需要一定的组织载体，任何一个政策设计都必须依靠组织的有效运转才能取得期

---

① 丁煌：《政策执行阻滞及其防治对策——一项基于行为和制度的分析》，人民出版社2002年版，第63页。
② 李允杰、丘昌泰：《政策执行与评估》，台北空中大学出版社2000年版。
③ 赵凯农、李兆光：《公共政策——如何贯彻执行》，天津人民出版社2003年版。
④ 李成贵：《政策执行：一个需要纳入学术视野的问题》，《国家行政学院学报》2000年第3期。
⑤ 陈振明：《西方政策执行研究运动的兴起》，《江苏社会科学》2001年第6期。

望的政策效果。更进一步讲，掌握组织的结构、运作过程、文化等与组织有关的知识，都有助于揭示政策执行中存在的问题。如果缺乏对组织功能的了解，我们就不能对诸如"何谓政策"以及"政策为什么不能得到有效执行"这样的问题有明确的认识。[1] 蒙特乔伊和奥图尔[2]更是在执行和组织之间建立起了直接联系，认为执行问题可以被视为组织问题，组织运转失灵可能会直接导致政策执行失败。为了有效地分析组织对政策执行过程的影响，组织理论和组织行为理论就成为许多政策执行研究的分析工具，运用来源于组织理论的相关概念，研究者们力求弄清楚诸如政策为何没有被遵守、组织变革和组织控制程度如何影响政策执行之类的问题。杨诺[3]认为，政策执行研究几乎涵盖了组织层次的全部范围，这些研究可以分为四种类型（人际关系维度、结构维度、政治维度以及系统维度），每种类型的研究都包括了特定的概念和分析重点。为了揭示政策执行失败的影响因素，为决策者对执行过程的控制提供依据，梅特尔和霍恩[4]提出了一个分析框架，其中就包含了组织变量因素。这个政策执行分析框架从组织理论，尤其是组织变革和组织控制理论那里，得到了很多启示，而这些是被以前的政策执行研究所忽视的，但研究的出发点只是为决策者控制和引导政策执行组织的行为提供依据，而没有解释政策执行机构及其成员是如何导致政策执行失败的，从而使他们的分析在预测政策执行结果方面缺乏预见性。敦泽尔[5]将官僚机构内部活动的特点作为政策执行研究的出发点，他从政策执行主

---

[1] Elmore Richard, "Organizational Models of Social Program Implementation", *Public Policy*, 1978, 26 (2): 185-228.

[2] Montjoy Robert & O'Toole Laurence, "Toward a Theory of Policy Implementation: An Organzational Perspective", *Public Administration Review*, 1979, 39 (5): 465-476.

[3] Yanow Dvora, "Toward a Policy Culture Approach to Implementation", *Pilicy Studies Review*, 1987, 7 (1): 103-115.

[4] Van Meter et al., "The Policy Implementation Process: A Conceptual Framework", *Administration & Society*, 1975, 6 (4): 445-468.

[5] Dunsire, A., Implementation Theory and Bureaucracy, IN Younis, T. E D., *Implementation in Public Policy*, Brookfield: Gower, 1990.

体——官僚机构——内部的信息传递过程来阐述政策执行失败的缘由，把政策执行过程视为一种投入产出过程，详细地剖析了这种转换过程是如何导致政策产出和政策意图之间的"鸿沟"（gap）的。与梅特尔和霍恩不同的是，埃默尔[①]明确指出了组织理论对政策执行研究的重要性，他认为，如果研究者不具备组织理论方面的知识，那么他就很难了解和解决政策执行问题，埃默尔提出了四种政策执行的组织模型，即系统管理模型（system management）、官僚过程模型（bureaucratic process）、组织发展模型（organizational development），以及冲突和交易模型（conflict and bargaining），每种模型都能够或多或少地揭示政策执行失败的缘由。拜尔等人认为，政策执行是一种社会和行为过程，作为社会系统的一部分，执行组织同样要受到政策执行活动的影响，[②] 提出了有关政策特点的四个指标，即渗透性（pervasiness）、规模（magnitude）、创新性（innovation）及持续性（duration）。上述政策执行研究者大多从组织理论中借鉴了相关概念和分析框架来理解政策执行组织的内部活动是如何影响政策执行过程及其结果的。

二是政策执行的网络分析视角。随着政策问题的复杂程度提高、官僚机构弊端日益显现，政策执行任务难以通过任何单一的官僚机构完成，政策的有效执行往往需要私营部门、非营利组织以及公民团体在内的多个组织参与。当政策执行涉及两个或更多组织参与时，研究者和政府实践者的关注点越发聚焦到政策执行的绩效上，因此，这就需要组织间关系理论来指导政策执行行为。就组织间关系理论对构建政策执行理论的前景而言，一方面，它可以将注意力集中在政策成功和失败原因的分析之上，将成功和失败看作是组织间相互依赖性的函数；另一方面，

[①] Elmore Richard, "Organizational Models of Social Program Implementation", *Public Policy*, 1978, 26 (2): 185-228.

[②] Beyer Janice et al., *The Implementing Organization: Exploring the Black Box in Research in Public Policy, Organizational Theory and Public Policy*, London: Sage Publications, 1983.

构建组织网络理论，确认网络的参与者及其彼此间的联系，以及关注网络中的核心组织与其他组织之间的关系和互动。① 在奥图尔及其合作者看来，如果政策执行涉及多个组织之间的协调和合作，那么组织间关系的特点在很大程度上将影响政策执行的成效。② 依据汤普森③对组织内结构关系的区分，他们将组织间关系划分为联合型（pooled）、序列型（sequential）及互惠型（reciprocal）。由于这三种关系在资源依赖、组织间协调等方面表现出不同特点，因而对政策执行会产生不同影响。在某种意义上，奥图尔及其合作者所言的三种组织间关系可以被视为组织间网络关系的不同表现形式，这种网络关系是一种包括多种组织或组织内多个部门在内的互相依赖的结构关系。④ 在网络环境中，政策目标不可能通过简简单单的自上而下的控制和命令就能实现，而是取决于多方行动者之间的互动和参与，以及多方行动者在互动中形成的信任和信念，选择适当的协调机制和管理策略就成为推动政策目标实现的主要工具。因而，将网络分析用于政策执行过程中，有助于政府机构更好地了解网络互动是如何影响政策执行的，从而学会怎样在网络环境中调整自己的角色和行为。⑤ 第三代政策执行研究的倡导者戈金等人⑥提出了一个分析美国政府间政策执行情况的政策执行网络模型——"沟通模型"（communication model）。沟通模型从工具意义的角度来看待执行所处的

---

① Menzel Donald, "An interorganization Apporach to Policy Implementation", *Public Administration Quarterly*, 1987, 11 (1): 3-16.
② O'Toole Jr et al., "Interorganizational Policy Implementation: A Theoretical Perspective", *Public Administration Review*, 1984, 44 (6): 491-503.
③ Thompson, J. D., *Organization in Action*, New York: McGrawhill, 1967.
④ O'Toole et al., Laurence et al., *Managing Implementation Process in Networks*, *Managing Complex Networks: Strategies for the Public Sector*, London: Sage Publications, 1997.
⑤ Mandell Myrna, "Application of Network Analysis to the Implementation of a Complex Project", *Human Relations*, 1984, 37 (8): 659-679.
⑥ Goggin Malcolm et al., "Studying the Dynamics of Public PolicyImplementation: A Third-generation Approach", In Palumbo D. J. & Calista. D J. Eds., *Implementation and the Policy Process: Opening Up the Black Box*, Westport: Greenwood Press, 1990.

网络环境，认为其中有一个参与者占据主要地位，就能够对网络中的其他参与者发挥影响，使自己的目标也能够被其他参与者所接收。① 20世纪70年代以来，网络分析已经在公共政策领域得到广泛应用，涌现出大量研究文献，形成了研究政策过程的两种不同的政策网络理论视角，即盎格鲁-撒克逊的利益协调学派和欧洲大陆以德国、荷兰为代表的治理学派。② 与大多数政策网络研究者不同的是，戈兰萨蒙③认为，除了政策网络，在政策过程中还存在着政策执行网络。在他看来，政策执行研究仍然过多地依赖于自上而下的研究途径和自下而上的研究途径，然而，一旦政策执行涉及多个参与者，那么这些研究途径都不能发挥作用。政策执行网络则是围绕执行问题而形成的网络形式，这些执行问题不得不先于政策执行而被解决。④ 在执行网络中，为了产生整体性的政策执行产出，网络行动者彼此进行资源的交换，并围绕对资源的控制而展开谈判和竞争。奥图尔等人⑤把政策执行网络视为政策网络的组成部分，是互相依赖的组织间建立的密切联系，也是实现既定行动目标、具有社会构建性的工具（socially constructed tools）。政策执行的网络分析视角较好地揭示了政策执行过程的动态性和复杂性，表明政策执行是政府和非政府组织以及个人之间的互动过程，在政策问题日益复杂、牵涉面越来越广泛的情况下，仅依靠政府将难以保证政策效果的实现。与此同时，在政策执行的网络环境下，将缺乏共同的权威来统一协调和引导

---

① Cline Kurt, "Defining the Implementation Problem: Organizational Management versus Co-operation", *Journal of Public Administration Research and Theory*, 2000, 10 (3): 551-572.

② Borzel Tanja, "Organizing Babylon—On the Different Conceptions of Policy Networks", *Public Administration*, 1998, 76 (2): 253-274.

③ Grantham Andrew, "How Networks Explain Unintended Policy Implementation Outcomes: The Case of UK Rail Privatization", *Public Administration*, 2001, 79 (4): 851-870.

④ Klijin Erik Hans, "Analyzing and Managing Policy Processes in Complex Networks: A Theoretical Examinztion of Concept Policy Network and Its Problems", *Administration & Society*, 1996, 28 (2): 90-119.

⑤ O'Toole Jr et al., "Treating Networks Seriously: Pratical and Research Based Agendas in Public Administration", *Public Administration Review*, 1997, 57 (1): 45-52.

行动者之间的行为,行动者之间的交易、妥协和谈判贯穿在政策执行过程的始终。因而,对政策执行网络的有效管理将是政策执行网络研究者和实践者面临的重要问题。

三是政策执行的制度分析视角。当政策产出依赖于多个行动者的共同努力或集体行动时,如何遏制行动者的机会主义行为,能否实现行动者行为的协调一致就成为政策执行成功与否的关键因素所在,而这就需要相应的制度保障。为了分析制度规则如何影响行动者彼此间互动模式的选择及其行动结果,奥斯特罗姆①提出了制度分析与发展(Institutional Analysis and Development, IAD)的理论框架,制度分析与发展框架主要用于分析在诸如地下水资源、公共池塘资源、大都市组织以及城区基础设施发展等方面的问题。在制度分析与发展框架中,奥斯特罗姆提出了"行动舞台"(action area)的概念,认为它是相互依赖的行动者间相互作用和协调的社会空间,行动情境和行动者构成了这个社会空间的主要变量。除了制度分析与发展框架,在分析多个行动者之间的互动关系方面,米提尼克和贝克奥夫还构建了一种基于政策执行的激励关系模型,认为这种激励关系模型特别适合于网络环境下的政策执行分析。② 在他们看来,政策执行应该被理解为一种试图建立激励关系或者实现激励关系系统的随时间而演变的活动。在《政策过程和组织形式》③一文中,布莱森认为,政策过程和组织研究长期以来都处于分离状态,缺乏将它们联系起来的有效途径,而交易成本理论能够促进两者之间的交流。在布莱森看来,效率成为私营部门和公共部门共同关注的问题,这就为交易成本理论在公共部门的应用创造了条件。虽然上述基

---

① Ostrom Elinor, "Institutional Rational Choice: An Assessment of the Institutional Analysis and Development Framework. In Sabatier", P. A. Ed., *Theories of the Policy Process*, Boulder: Westview, 1999.

② Mitnick, B. M. & Backoff, R. W., "The Incentive Relation in Implementation, In Edwards III", G. C. Ed., *Public Policy and Implementation*, London: JAI Press Inc, 1984.

③ Bryson, J. M., "The Policy Process and Organization Form", *Policy Studies Journal*, 1984, 12 (3): 445-463.

于制度安排的政策执行分析进一步阐释了政策执行主体行为选择的约束性因素，但是它们大多集中于国内政策执行的制度分析研究。随着国际性组织在国际事务处理方面发挥着越来越重要的作用，诸如欧盟政策这样的国际组织的政策执行研究也日益受到研究者的重视。总体而言，政策执行的组织视角、网络分析视角以及制度分析视角各自揭示了影响政策执行的内在因素，在预测和解释政策执行结果及其成功性方面显示了较强的解释力。虽然这三种途径在分析单位、研究方法、政策建议等方面存在较大的差异，但是它们在研究的价值取向方面却具有相似性，即都遵循了实证主义的研究路径，试图从各方面来解释政策执行成功或失败的原因，以此为依据提出相应的政策建议来指导今后的政策执行。在这种实证主义价值观的影响下，政策执行分析试图将政策执行过程与政策制定过程截然分开，认为政策制定过程中的争吵、交易和冲突并不影响政策执行者对政策内容及其目标的理解，在这种理解过程中，政策执行者能够避免自身价值观和外在因素的干扰，形成对政策目标客观和一致性的理解。因此，政策执行分析力图通过对政策执行目标的审视，将政策执行结果与政策目标进行比较，从而得出政策执行成功与否的结论，并基于一系列客观事实而提供相应的政策建议。事实上，政策执行很难摆脱政策制定过程相关因素的影响，在杨诺[①]看来，政策执行不仅受政策制定结束之后所发生事情的影响，也要受政策制定之前以及政策起草过程中所发生事情的影响，政策目标也并非想象的那样清晰一致，政策执行通常建立在政策执行者自身对政策执行目标的理解和阐释基础之上。

四是政策执行研究的阐释性视角。杨诺[②]提出了政策执行分析的文化维度的观点。在他看来，文化维度寻求以不同的方式来解释政策执行

---

① Yanow Dvora, "Toward a Policy Culture Approach to Implementation", *Policy Studies Review*, 1987, 7 (1): 103-115.

② Yanow Dvora, "Toward a Policy Culture Approach to Implementation", *Policy Studies Review*, 1987, 7 (1): 103-115.

问题，强调政策内容意思的阐释性和共享性，融洽性和冲突性；强调不同意思表达的互动以及说服在共享意思构建和解构（descontruction）中的作用以及对政策执行行为的不断重新阐释。因此，政策执行者并不是仅按照政策语言的本来意思去做，他们面对的是政策语言所表达意思的多样性问题。如果我们继续将执行分析建立在对政策目标和结果之间的"鸿沟"的关注基础之上，那么我们很可能不能有效地理解政策执行的成功和失败。鸿沟可能并不是政策执行失败的象征，而可能是人们对政策体现的价值观念缺乏一致性的表现。[①] 杨诺认为，多重意思和解释的多样性成为政策执行困难的原因及其解释，政策执行研究的任务就是发现和理解解释的多样性和表达性行为所隐藏的真实意见。随后，在《政策意义的交流：作为阐释和文本的执行》一文中，杨诺[②]又将政策执行的文化维度升华为一种阐释的理念，并将其用于以色列社区中心建设的案例分析之中。作为一种社会研究模式，阐释性研究主要关注社会行为的意义，以及不同的行动者对社会行为意义的理解，这些理解要受到他们所处的社会环境、价值观念以及先前经历的影响。因而，作为政策执行研究的一种途径，阐释途径并没有将问题的事实本质作为关注的主要问题，而是突出了多重意义，有时候甚至是模糊和冲突的意义与对意义的阐释的共同存在。它主要关注对"政策意义是如何表达"的分析，认为象征物、比喻以及政策语言都体现着意义的多样性，被看作是政策文化的构成部分。在杨诺看来，阐释途径可以用于分析这样的案例，即借助于客观的衡量标准和事实，政策执行机构可能被认为没有成功地完成政策执行的使命，但是它们却又被大多数政策相关者认为很好地履行了自己的职责。为了揭示这种现象，我们需要一种不同于实证主义研究

[①] Yanow Dvora, "Tacking the Implementation Problem: Epistemological Issues in Implementation Research", IN Palumbo, D. J. & Calista, D. J. eds., *Implementation and the Policy Process: Opening Up the Balck Box*, Westport: Greenwood Press, 1990.

[②] Yanow Dvora, "The Communication of Policy Meanings: Implementation as Interpretation and Text", *Policy Sciences*, 1993, 26 (1): 41-61.

的分析工具,它能够让我们聚焦在政策意义的构建和阐释方面。杨诺提出的政策执行阐释途径虽然揭示了政策内容所传递的意义和信息的多样性,并强调政策执行者和分析者对政策意义多样性理解的重要性,但是他却没有系统地阐述政策执行者如何理解政策所蕴含意义的多样性。在这个方面,斯皮莱恩等人①构建了一个政策执行的认知框架来解释政策执行者是如何理解政策内容及其目标的。他们认为,那种认为政策执行者能够理解政策制定者对他们的要求的假定,并没有考虑个人感知过程的复杂性。在这种假定之下,政策执行者被描述为有意识地按照自己的利益、拥有的资源等来解释政策,在此基础之上,政策执行者会对政策制定者的意图做出反应,他们要么忽视政策制定者的要求,要么对其进行修改。在他们看来,依据社会心理学和认知科学的研究结果,这种假设是值得商榷的。将政策执行失败看作是执行者缺乏能力或者有意忽视政策内容的看法而忽视了感知过程的复杂性。感知过程并非一种简单地对政策内容进行解码(decoding)的过程,一般而言,这种感知过程是非常活跃的阐释过程,这种阐释建立在个人所拥有的丰富知识基础之上,这些知识又建立在理解、信仰以及态度等基础之上。为了分析感知过程对政策执行的影响,我们必须分析感知机制,正是通过这些机制,政策执行者才得以理解政策内容,并寻求将自己的理解与政策执行行为联系起来。因此,他们所建立的分析框架并非仅关心政策执行者做了什么,而是提出一个有关执行者如何理解政策内容的模型,依据政策内容,阐释了政策执行者的行为,并且就执行者行为的潜在变化进行总结。与政策执行的实证主义研究过于重视逻辑推理和对因果机制的探讨,强调政策目标和政策结果的客观属性相比,阐释性研究则具有参照性和循环性的特征,注重将政策目标和政策结果置于更大的社会环境来理解,强调借助于一些诸如仪表、言行和建筑物这样的人工物品来传递

---

① Spillane James et al., Policy Implementation and Cognition: Reframing and Refocusing Implementation Research", *Review of Educational Research*, 2002, 72 (3): 387-431.

政策信号，政策执行者所持有的价值观念、信仰以及先前的经历对政策内容的感知和政策执行产生的影响。因此，政策执行的阐释性研究能够帮助我们更好地认清政策执行"鸿沟"的实质，可能有相当部分的"鸿沟"并不是政策执行失败的象征，而是政策文本所蕴含的意义多样性的体现。

国内关于公共政策执行分析视角的研究主要集中于利益分析和博弈分析视角。政策执行是解决政策问题、实施政策方案的过程，一项具体政策的执行过程，就是政策执行主体之间以及政策执行主体与政策目标群体之间的互动过程，政策的有效执行除了需要政策执行主体具有一定的执行能力与资源，还需要政策目标群体按照政策要求调整自身行为。在政策执行过程中，政策执行主体与政策目标群体都是有着独立意识与利益的行为主体，政策执行结果受到不同行为主体策略选择是否偏离政策安排的影响，在国内学界的研究中，利益分析和博弈分析是政策执行研究的重要分析视角。

一是利益分析视角。丁煌将利益分析定位为研究政策执行问题的基本方法论原则，从本质上来说，政策执行就是相关政策主体之间基于利益得失的考虑而进行的一种利益博弈过程。政策的存在是一种社会现象，人们之所以遵守或违反政策，是因为政策表现了一定的利益，利益追求是政策执行主体行为的内在驱动力。只有了解利益与政策以及政策执行行为之间的关系，才能深刻理解政策执行的内在机理，并找出政策执行问题的症结及对策。[①] 宁国良、刘文吉基于利益分析的视角比较分析了政党政策与公共政策，二者之间既有区别又有联系，它们在政策主体、政策目标、政策内容及政策手段等表现出一定的利益差异性，同时又具有政策价值的一致性、政策利益的双赢性、政策执行的关联性和政

---

① 丁煌：《利益分析：研究政策执行问题的基本方法论原则》，《广东行政学院学报》2004年第3期。

策转化的合法性等方面的联系。① 李亚在对软科学和政策科学两个相对独立的学科现状综合分析的基础上，讨论了当前政策研究在利益分析上的不足及其根源，并指出政策研究需要超越先前主流的实证主义范式，发展面向利益分析的理论和方法，提出了一种基于讨论式博弈和综合集成支持的公共政策实验方法（EPRM）。② 彭勃基于利益平衡的视角，从公众支持度和政府组织内部利益平衡程度两个维度，提供一个理解政策失败现象的初步框架，并具体提出了当代中国存在的动力不足型政策失败、低支持度型政策失败和内外失据型政策失败三种类型。③ 彭忠益、粟多树认为，利益是一定生产关系基础上获得了社会内容和特性的需要，而人们的需要各不相同，使常态社会必然是一个利益多元化的社会，多元化的利益格局对公共政策产生了诸多不确定性影响，为实现政策执行成功，需要协调整合多元的利益关系。④ 还有学者认为，公共政策是政府公共管理活动的中心环节，利益关系是研究公共政策问题极为重要的范畴。⑤ 冯静、杨志云探讨了利益视角下的公共政策过程，对政策客体而言，这是利益的剥夺、觉醒、需求、表达与诉求、综合到实现程度的过程；对政策制定主体而言，这是协调利益的冲突、选择、整合、分配和增进，最终达成利益平衡的过程。对政策过程进行利益分析有利于把握公共政策的实质与内核。⑥

二是博弈分析视角。丁煌、李晓飞系统探讨了公共政策执行过程中道德风险的成因是在参与约束和激励相容约束均无法满足的条件下，中央政府与地方政府之间以及各地方政府之间基于自身利益而选择的博弈

---

① 宁国良、刘文吉：《基于利益分析视角的政党政策与公共政策比较研究》，《求索》2006年第12期。
② 李亚：《一种面向利益分析的政策研究方法》，《中国行政管理》2011年第4期。
③ 彭勃、张振洋：《公共政策失败问题研究——基于利益平衡和政策支持度的分析》，《国家行政学院学报》2015年第1期。
④ 彭忠益、粟多树：《政策认同：基于我国社会利益多元化视角的分析》，《学术论坛》2015年第1期。
⑤ 张润丽：《公共政策利益关系分析及对地勘政策的启示》，《理论月刊》2017年第2期。
⑥ 冯静、杨志云：《利益视角下的公共政策过程分析》，《中国行政管理》2009年第1期。

策略，这需要设计出基于利益整合理念的规避政策执行中道德风险现象产生的机制。① 阙海宝、陈志琼基于公共政策的执行博弈理论视角探讨了独立学院转设产权及利益关系，独立学院转设政策的执行是一个典型的利益博弈过程，在政策执行过程中，不同利益主体之间形成了利益博弈局面。② 陈毅从博弈分析的视角出发，探讨了基于政策的中央与地方政府间合作博弈的问题，中央与地方政府之间的关系走向协商与合作，解决问题的关键是把政策制定的合法性与政策执行的高效性有机结合，将二者统一并放在多次重复博弈的框架中进行博弈方可得到揭示和论证说明。③ 周国雄从博弈理论的视角出发，通过分析地方政府主观偏差行为的表现形式及两级政府策略互动的博弈机理，探讨实现有效博弈均衡的参数条件，并提出提高地方政府政策执行绩效的建议。④ 薛亮、汤乐毅对公共政策传递过程中的科层损耗进行了博弈分析，在这个过程中，公共政策制定者和地方执行者之间的互动构成了一种博弈关系，对地方科层损耗形成机制及其效应进行经济学分析的基础上，构建博弈模型深入阐释。⑤ 苏英等从政策执行的角度出发，运用博弈模型分析工具，探讨地方政府在本轮房地产调控政策执行过程中的行为动机，并提出了影响房地产调控政策执行效率低下的主要因素，应深化改革我国的基本财政制度，进一步下放财政权力与责任给地方政府，从根本上解决房地产调控政策制定与执行不统一的局面。⑥ 周滔等从博弈分析的视角出发，

---

① 丁煌、李晓飞：《公共政策执行过程中道德风险的成因及规避机制研究——基于利益博弈的视角》，《北京行政学院学报》2010年第4期。
② 阙海宝、陈志琼：《独立学院转设产权及利益关系分析——基于公共政策的执行博弈理论模式》，《现代教育管理》2020年第3期。
③ 陈毅：《基于政策的中央与地方政府间合作博弈分析——一种博弈分析的视角》，《同济大学学报》（社会科学版）2010年第3期。
④ 周国雄：《地方政府政策执行主观偏差行为的博弈分析》，《社会科学》2007年第8期。
⑤ 薛亮、汤乐毅：《公共政策传递过程中科层损耗的博弈分析及启示》，《江西社会科学》2009年第8期。
⑥ 苏英、赵晓冬、周高仪：《房地产调控政策执行中地方政府行为的博弈分析》，《中央财经大学学报》2013年第6期。

建立了土地出让市场监管博弈模型，分析监管部门和出让部门的混合策略选择，提出了完善土地出让市场监管的有效制度安排。① 岳宇君、胡汉辉运用博弈思想对我国科技型中小企业的政策供给、政策执行、政策寻租及政策争取等给予探讨与解释，提出科技型中小企业支持政策设计与实施上还需要进行系统设计、执行强化、协同机制及效果评价。②

除此之外，还有学者从不同的视角对公共政策执行展开系统研究，其中，具有代表性的研究如下：丁煌、汪霞基于协同学理论的视角探讨了地方政府政策执行力的动力机制及其模型构建，地方政府政策执行过程获得持续性驱动力，需要构建利益激励相容制度、积累社会资本、构建政策执行信息沟通机制、促进政策执行民主化等措施的推进。③ 丁煌、梁满艳基于地方政府合法性的视角探讨了地方政府公共政策执行力测评指标设计，依据公共政策执行过程的特点，借助平衡计分卡，以政策目标共识、学习与成长、政策执行流程、政策执行成效为测评维度，并基于对指标的筛选，可以形成一套科学可行的测评指标体系。④ 丁煌、周丽婷基于多中心治理视角对地方政府公共政策执行力提升的研究指出，需要采取培育多元政策执行主体、创新政策执行技术和手段、鼓励公众参与和沟通、建立政策执行监督机制以及构建政策执行的利益博弈模型等途径。⑤ 宁国良、刘辉提出了成本—效益分析这一公共政策执行力研究的新视角，并明确指出公共政策执行力的高低在一定程度上表现为执行效益高、成本低，或者具有较高的成本效益比，提升公共政策

---

① 周滔、杨庆媛、丰雷：《土地出让市场的博弈分析：利益背景与政府行为过程》2006年第4期。
② 岳宇君、胡汉辉：《科技型中小企业支持政策传导机制及博弈分析》，《科学学与科学技术管理》2017年第4期。
③ 丁煌、汪霞：《地方政府政策执行力的动力机制及其模型构建——以协同学理论为视角》，《中国行政管理》2014年第3期。
④ 丁煌、梁满艳：《地方政府公共政策执行力测评指标设计——基于地方政府合法性的视角》，《江苏行政学院学报》2014年第4期。
⑤ 丁煌、周丽婷：《地方政府公共政策执行力的提升——基于多中心治理视角的思考》，《江苏行政学院学报》2013年第3期。

执行力应以成本效益分析为原则，优化成本模型并提升执行效益。① 宋雄伟系统探讨了中国政策执行研究的"整合式"视角，这一研究必须跳出"自上而下"和"自下而上"的二元思维，采用"整合式"视角，统筹考虑政策阶段的相互关系，辩证、系统地分析执行环境、结构、行动者和结果之间的关系。② 谭英俊基于社会主义协商民主视角提出了新时期提升地方政府政策执行力的新思路，具体要在完善协商民主制度、优化协商民主程序、丰富协商民主形式、培育协商民主文化等方面加以努力。③ 王余生立足于集体行动逻辑的视角透视了横向政府间公共政策执行的博弈行为，由于微观自利性与集体宏观理性的矛盾，容易导致"集体行动困境"，推动横向政府间进行执行合作，走向正向博弈离不开政治层面的选择性激励、市场层面的权属界定和在制度层面的外部强制。④ 丁宁宁、刘曼曼从多元协调的视角出发，构建起我国公共政策执行过程的修正型框架，解释执行过程中的协调不确定性带来的执行问题，需要构建基于"协同治理"的利益表达机制，在强化信息收集和监督的前提下，适当给予执行主体自主权会有效改进公共政策执行过程的协调效果，提高政策执行效率。⑤

（三）关于运用从公共政策案例分析公共政策执行的研究

目前，关于运用公共政策案例分析公共政策执行的研究具有更为强烈的现实导向，主要包括两类，其一，基于某一个或多个案例进行公共政策执行研究。例如，丁煌、杨代福以我国房价宏观调控政策为例，探

---

① 宁国良、刘辉：《成本—效益分析：公共政策执行力研究的新视角》，《中国行政管理》2010年第6期。
② 宋雄伟：《论中国公共政策执行研究的"整合式"视角》，《天津社会科学》2015年第4期。
③ 谭英俊：《新时期提升地方政府政策执行力的新思路——基于社会主义协商民主的视角》，《吉首大学学报》（社会科学版）2014年第3期。
④ 王余生：《横向政府间公共政策执行的博弈分析——基于集体行动逻辑的视角》，《北京理工大学学报》（社会科学版）2017年第2期。
⑤ 丁宁宁、刘曼曼：《我国公共政策执行过程的修正型框架：基于多元协调的视角》，《贵州社会科学》2014年第9期。

讨了政策网络途径和博弈途径对政策执行的影响，并建构起了整合两种研究途径的理论模型，得出相应的理论结论并提出改进的政策建议。① 狄金华以农地确权为例，分析了政策执行所需的财政资源匮乏的情况下，基层政府如何有效动员并促使村干部完成农地确权工作，一方面通过权力支配和利益置换相结合形成"权力—利益之网"使村干部在政策执行时与其保持一致，另一方面则运用政治伦理和社会伦理相结合所勾连起的"公—私伦理之网"来确保村干部的行为与其预期一致。② 崔晶探讨了基层环境治理中政策执行的策略选择，她基于华北地区 Y 镇"政府—社会"互动的案例叙述，分析了基层政府与辖区企业、民众一起运动式应对环保督察的行为及其背后的驱动逻辑，运动式应对能够让基层政府较为有效地完成上级任务并维护基层社会稳定。③ 韩万渠认为，乡村治理的复杂性造就了基层政府公共政策过程的独特场域，政策细化中的乡村文化融入是基层政府政策执行的必要条件，这一条件确实将会引致基层官员的身份困境，进而成为乡村治理中政策执行变异的决定因素。④

其二，立足于某一类公共政策进行公共政策执行研究。例如，刘红建、李响在系统阐释了群众体育政策执行内涵的基础上，在利益分析视角下探讨了其内涵，指出了群众体育政策执行的利益博弈的本质，并分析了包括利益主体域分类、利益博弈与利益协调等在内的主要问题域。⑤ 社会政策是政府满足公众利益诉求，增进社会福祉的重要

---

① 丁煌、杨代福：《政策网络、博弈与政策执行：以我国房价宏观调控政策为例》，《学海》2008 年第 6 期。

② 狄金华：《"权力—利益"与行动伦理：基层政府政策动员的多重逻辑——基于农地确权政策执行的案例分析》，《社会学研究》2019 年第 4 期。

③ 崔晶：《"运动式应对"：基层环境治理中政策执行的策略选择——基于华北地区 Y 小镇的案例研究》，《公共管理学报》2020 年第 4 期。

④ 韩万渠：《基层官员的身份困境与乡村治理中的政策执行变异》，《中国行政管理》2016 年第 9 期。

⑤ 刘红建、李响：《利益分析范式下的群众体育政策执行探析》，《南京体育学院学报》（社会科学版）2014 年第 5 期。

手段，这一政策的效应集中体现在有效性上，有效性的实现需要将公众纳入政策过程，社会资源基础和合法性离不开公众通过政策参与来表达利益诉求和政策偏好。① 袁明宝探讨了精准扶贫政策执行中的悬浮与基层治理困境，精准扶贫试图通过精细化的技术治理以改变之前瞄准脱靶的难题，但在具体执行中却又带来了扶贫困境，使其成为替代基层治理的中心工作，就出现了精准扶贫对治理的吸纳。② 崔晶论述了通过对几个乡镇和街道的田野调研，基层治理中政策的搁置与模糊执行问题，通过对传统的非正式制度理论进行进一步的改造性诠释，提出了非正式制度在基层治理中表现出的四种样态，呈现出中国基层政府政策执行的一个面向。③ 崔晶还探讨了基层治理中的政策"适应性执行"，当前基层政策实施过程中，存在政策不接地气、政府部门不协同等困境，为应对这些困境的基层官员采取了各种积极主动的适应性执行策略，这在一定程度上缓解了基层治理的组织困境，促进了基层治理的灵活性和韧性。④ 王明基于公共政策执行的视角探讨了课程改革中的"教师阻抗"问题，"教师阻抗"实质上是特定制度环境与教师个体互动的结果，教师所处的制度环境深刻影响着教师的课程改革行为。当前课程改革的全面深化需营造有利于课程改革的制度环境，将教师赋权增能与制度环境变革相结合，提升教师影响制度环境的能力。⑤ 孙科技探讨了"双一流"政策执行中存在以逆向选择与道德风险为代表的委托代理问题，研究发现，通过推动利益整合、促进信息共享、完善激励机制和优化监督

---

① 朱明仕：《社会政策的有效性分析：利益表达与公众参与》，《社会科学战线》2017年第5期。
② 袁明宝：《扶贫吸纳治理：精准扶贫政策执行中的悬浮与基层治理困境》，《南京农业大学学报》（社会科学版）2018年第3期。
③ 崔晶：《基层治理中政策的搁置与模糊执行分析——一个非正式制度的视角》，《中国行政管理》2020年第1期。
④ 崔晶：《基层治理中的政策"适应性执行"——基于Y区和H镇的案例分析》，《公共管理学报》2022年第1期。
⑤ 王明：《理解课程改革中的"教师阻抗"——公共政策执行的视角》，《教育理论与实践》2017年第25期。

方式等措施，可解决"双一流"政策执行中的委托代理问题，从而构建"双一流"政策执行的优化路径。①

（四）关于政策执行影响因素的研究

政策执行的成效受制于诸多影响因素，在公共政策执行视野中对其影响因素进行定位，为本土化情境下政策执行的优化提供经验支撑。就政策执行的运行机理来看，学者们从不同的角度进行了探讨。钱再见认为，公共政策执行是社会组织及其成员为了实现一定的政策目标而将公共政策付诸实践的过程，公共政策的合法化程度、政策目标的弹性限度、政策执行信息的非完备性、政策执行者的利益倾向性、目标团体的影响力构成了公共政策执行的影响因素。② 何雄浪、朱旭光认为，我国公共政策执行偏误的主要表现在政策敷衍、政策选择执行、政策附加、政策歪曲、政策抵制、野蛮执行公共政策，究其原因，可从政策本身、政策执行主体、政策执行制度三个方面分析。③ 吴锦旗等人在假定公共政策本身正确的前提下，提出公共政策执行过程中的障碍性因素包括公共政策执行的主体因素、公共政策执行过程中利益集团因素、公共政策执行相对人的影响、政策执行资源的缺乏、意识形态的因素导致政策的低效率甚至失败，直接影响到政策目标的实现与否。④ 吴明华、顾建光探讨了公共政策执行的机械化、敷衍化、选择化、替代化等梗阻现象，执行顺畅与否受到公共政策本身的复杂性、公共政策涉及利益冲突、信息不对称等因素的影响，公共政策得到有效执行的前提是公共政策本身的高质量。⑤ 孙云峰以公共政策执行者为着力点，探讨了公共政策执行

---

① 孙科技：《基于委托代理理论的"双一流"政策执行优化路径探索》，《高教探索》2019 年第 11 期。

② 钱再见：《公共政策执行的风险因素分析》，《江苏社会科学》2001 年第 6 期。

③ 何雄浪、朱旭光：《我国公共政策执行偏误及其矫正探析》，《科技管理研究》2009 年第 7 期。

④ 吴锦旗、陆秋林、秦广东：《公共政策执行过程中的障碍性因素分析》，《湖北社会科学》2008 年第 3 期。

⑤ 吴明华、顾建光：《公共政策执行梗阻及其纠正》，《理论探讨》2013 年第 5 期。

者的身份矛盾与理性失衡,由于政策执行者具有自然人、经济人、社会人、政治人等身份属性,政策执行者在公共政策实践中扮演多种角色,这些互有交叉、彼此重叠的角色,形成角色错位、身份矛盾,使执行者陷入价值选择的困境,政策执行者在价值选择上经常呈现工具理性和价值理性的失衡状态,必然会发生公共政策执行失灵现象。①

部分学者针对政策执行面临的现实问题进行了深化研究,立足于特定政策环境,对政策问题进行了深度观察和深度研究。霍海燕认为,当前我国政策执行中面临两个方面的问题,一方面,各种改革政策纷纷出台,要求各级地方政府忠实执行中央政策,保证改革开放的顺利进行;另一方面,政策出台多,利益调整力度大,政策执行中更容易出现变形、走样,偏离政策目标的现象。② 毛劲歌、周莹认为,信息是公共政策执行的重要资源和前提条件,政策本身及政策执行的公正性、政策解释与政策分解、政策的准备与实施都可能会受到信息失真的影响,引起政策信息失真的主要原因在于,客观环境的动态变化、政策执行主客体的主观偏好、语言障碍、认知差异等。③ 刘小康认为,公共政策执行是多个层级、多个组织内部和多个组织间的多个行动者之间的集体行动过程,政策内容、体制、承诺、能力、干预对象和行动联盟五大重要影响因素及其相互关系,构成了一个公共政策执行力影响因素的通用框架。④ 杨李认为,政策执行是地方政府公共政策实施的关键,政策制定者与执行者的利益差别、信息传递的有效性、政策评估制度的健全程度、政策环境的优化程度等因素制约着地方政府公共政策执行。⑤ 张长立探讨了网络社群对公共政策执行的积极影响,研究发现,网络社群对

---

① 孙云峰:《公共政策执行者的身份矛盾与理性失衡》,《学海》2013年第4期。
② 霍海燕:《当前我国政策执行中的问题与对策》,《理论探讨》2004年第4期。
③ 毛劲歌、周莹:《信息失真对公共政策执行的影响及其对策分析》,《中国行政管理》2011年第6期。
④ 刘小康:《论公共政策执行力及其影响因素》,《新视野》2013年第5期。
⑤ 杨李:《地方政府公共政策执行的制约因素及其对策》,《西北大学学报》(哲学社会科学版)2003年第3期。

公共政策执行的影响是多维的,从网络社群对公共政策执行的积极影响方面来看:网络社群为政策执行的反馈提供了工具性支持、为政策效能感的获得提供交流平台、对政策执行偏差进行了反馈纠正。①

(五) 关于优化公共政策执行的研究

为了推动公共政策过程的整体优化特别是政策执行的高效化,学界对优化公共政策执行,提升公共政策执行效能进行了探讨。高建华在探讨影响公共政策有效执行的主体因素的前提下,提出消除公共政策执行偏差产生之政策执行主体因素,应加强行政伦理建设,培育政策执行主体"公共"精神;加强对政策执行主体正面的利益激励,增强政策执行主体有效执行公共政策的诱因;加强对政策执行活动的监督和控制,防止政策执行变形和走样等。② 汪霞在探讨公共政策执行中"关系强嵌入"迷局时提出,要走出关系强嵌入迷局,需要在全社会倡导现代开放性、平等性和民主性的新型人际关系,改革科层制的封闭性和资源高度集中现状,设置严厉的监督惩罚机制,并不断革新社会文化,推进政治民主化和法治化建设进程。③ 庄国波在分析公共政策执行难所面临原因的基础上提出,应坚持决策的科学化、民主化,提高政策质量,避免出台有"硬伤"的政策;制定配套政策措施,营造有利于政策执行的环境,避免单兵出击;合理兼顾政策调整所涉及的各方利益,保证大多数人特别是弱势群体长远利益不受侵害;提高政策执行者的能力素质和道德素质,避免"歪嘴和尚念歪了经",使政策执行大打折扣;做好政策宣传工作,使政策对象愿意接受政策,避免政策对象"不领情"。④ 贺东航、孔繁斌指出,为防止公共政策在执行中陷入"碎片化",可运用中国特色制度的高位推动,通过层级性治理和多属性治理,采用协调、

---

① 张长立:《网络社群对公共政策执行的积极影响及优化策略》,《社会科学辑刊》2020年第6期。
② 高建华:《影响公共政策有效执行主体因素分析》,《河北学刊》2007年第6期。
③ 汪霞:《破解公共政策执行中"关系强嵌入"迷局》,《湖北大学学报》(哲学社会科学版) 2016年第5期。
④ 庄国波:《公共政策执行难的原因及对策分析》,《理论探讨》2005年第6期。

信任、合作、整合、资源交换和信息交流等相关手段来解决公共政策在央地之间、部门之间的贯彻与落实的问题，这在一定意义上构成了公共政策执行的中国经验。① 周仁标认为，地方政府政策执行的优化，需要创新政治文化，转变政府执政理念，构建开放型的政策执行体制，完善干部管理与考评制度，优化公共政策的传播机制，建立健全执行监督与制约机制，推动政策的有效实施与政策目标的实现。② 任勇在对"政策变形"的研究中提出，我国基层治理中常见的这一顽疾主要体现在政策执行形式化、政策内容曲解化和政策方案机械化三种形式，为防治"政策变形"，就要建立多元主体有效沟通的制度化平台，改革行政职责权限配置、推进农村基层自治组织建设，建立规范的政策执行评估体系、规范监督问责机制，全面推进基层治理现代化。③

除此之外，有学者针对公共政策执行中的某一议题作出了大量而深刻的论述，代表性研究如下：丁煌、李新阁认为，基层政府及其公务员理性选择的多重利益诉求是其政策执行力的动力本质，认定与评价基层政府及其公务员工作业绩进而影响其多重利益诉求的干部考核是其动力机制，为此，应不断完善干部考核体系，从而调动基层政府及其公务员的政策执行积极性，并为其政策执行力的提升提供强大动力。④ 周碧华就公共政策执行中的激励扭曲问题，建议政府部门在公共政策制定时增加对激励扭曲的考量，在公共政策可行性论证时增加对激励扭曲的研判，在公共政策执行效果评估时增设对激励效率损失程度的评判，以提高公共政策的整体执行效率。⑤ 孙岩、张备立足于中央生态环保督察的

---

① 贺东航、孔繁斌：《公共政策执行的中国经验》，《中国社会科学》2011 年第 5 期。
② 周仁标：《论地方政府政策执行的困境与路径优化》，《政治学研究》2014 年第 3 期。
③ 任勇：《基层"政策变形"的根源与矫治》，《人民论坛》2019 年第 2 期。
④ 丁煌、李新阁：《干部考核作用下基层政府政策执行力的动力机制及其优化——以 A 省 B 市生态环境政策执行与考核为例》，《行政论坛》2019 年第 5 期。
⑤ 周碧华：《公共政策执行中的激励扭曲问题研究》，华侨大学学报（哲学社会科学版）2022 年第 1 期。

改革举措，基于典型失败和优秀案例，分析了地方政府突破"运动式"的弊端，实现环境政策有效执行的路径，"内部驱动型""协作驱动型"和"监督驱动型"是政策有效执行的三条路径，对于当前地方政府的环境治理而言，要从问题出发合理搭配政策执行工具，逐渐摆脱政策执行中的控制思维，在环境治理中发挥社会与公众的力量。① 阮博探讨了危机情态下公共政策执行的困境，并提出政府在平时应该牢固树立危机意识，并致力于增强公共政策的合法性，同时注重对民众的危机教育和训练；政府在危机中应该及时与民众沟通和回应民众诉求，并注重运用价值排序和价值妥协的策略。② 董石桃、戴芬园基于长株潭自主创新示范区创业激励政策的分析，提出优化长株潭自主创新示范区的创业激励政策，须通过完善机构职能、实现多元主体协调，突出战略性和创业激励政策的整体性，并从创业教育、创业贷款和创业投资政策方面完善创业激励政策的具体内容；通过舆论宣传、组织保障和动态评估提高创业政策执行力度。③ 刘杨在从政策生态视角透视农村产业扶贫的过程中发现，政策执行体制具有复杂结构，体制内部的上下博弈和横向张力导致执行偏差的形成。应当从政治生态、社会生态和行政生态方面改善政策执行，通过推动中心工作和常规治理的良性循环、改善政策执行的社会基础、调整政策执行体制的内部运行等方式构建具有整体性的优化路径。④

四 研究文献述评

国内外学界关于基层综合行政执法的研究侧重点差异较大。国外学

---

① 孙岩、张备：《如何破解环境政策执行"运动式"困境？——基于组态的研究》，《科研管理》2022年第6期。
② 阮博：《危机情态下公共政策执行的困境及其破解!》，《东北大学学报》（社会科学版）2013年第2期。
③ 董石桃、戴芬园：《地域比较、政策构建与创业激励——长株潭自主创新示范区创业激励政策分析》，《科技进步与对策》2017年第4期。
④ 刘杨：《农村产业扶贫的实践机制与优化路径——政策生态的视角》，《人文杂志》2019年第10期。

者以街头官僚理论为基础的执法研究较为具体和深入，主要表现为关注街头官僚执法可能带来的外部威胁与可能酝酿的社会风险，在分析造成这些威胁和风险原因基础上，不断细化街头官僚的研究议题，把握街头官僚执法面临的挑战并体现出对街头官僚现象的关注。相比较而言，国内学界对这一议题的研究更多的是将其定位为改革问题，随着改革的持续推进，这一研究对社会建设具有深刻价值和启迪意义，现有研究的开展主要包括两个方面：一是针对各地综合行政执法改革的实践探讨执法模式；二是如何为基层综合行政执法改革的深化指明方向。总体而言，基层综合行政执法已经被认定为一个重要的研究对象，并且在全面深化改革的背景下其内涵被不断丰富，这一研究显然具有相当程度的研究价值，并且成为一项比较鲜明的政策议题。

　　学者们对基层综合行政执法的研究充满价值和启发性，这既对利益博弈研究赋予了创造性和开拓性，也为运用新视角研究这一议题预留了空间。但是，现有研究也面临一些问题，一是在研究方法上有待创新。目前存在的绝大多数研究陷入理论研究和经验研究割裂的状态，具体表现在两个方面：一方面，缺少理论的经验研究。即有的部分研究以现象研究为主，体现了明显的现实关怀，由于过度注重片段现象，往往表现为过度关注具体的执法方式和执法体制机制研究，但由于过度注重经验研究而缺少学理分析，处于一种缺少理论指导的"实然"理解状态。另一方面，缺少经验的理论研究，该类研究在一定程度上将执法简化为抽象的法律关系，难以反映执法实践的复杂性，在以理论为前提的情境下，这种研究往往缺少生动真实的现象，为了验证理论而理论，研究陷入文本指导下的"应然"理解状态。二是研究视角与研究立场需要转换。基层综合行政执法本身需要完善，并不是一个随随便便的过程，而是有其自身深刻的运作规范。值得注意的是，现有研究存在一个共同的不足之处即缺少对执法行为解释的研究，并且尚未基于某一具有前瞻性和创新性的理论分析框架进行系统探讨。现有的研究以简单的还原论为基础，而作为与政府和社会密切相关的基层综合行政执法，应体现出强烈的现实主义导向，在经验现象的基础上进行深度思考。

基层综合行政执法的主要任务是执行基层执法领域最为宏阔的行政法律法规，无论是出于学术发展，还是全面深化改革战略进程的考虑，基层综合行政执法，都应得到社会各界的广泛关注。对于基层综合行政执法而言，利益博弈是影响执法效能提升的一种普遍现象，我们需要着眼于不同执法主体之间以及执法主体与行政相对人之间利益博弈的行为逻辑，回应现阶段执法中可能存在的诸多问题。现阶段，这一议题尚未得到学界的应有重视和充分探索，少量基于博弈论的视角对基层综合行政执法的研究局限于解释博弈论模型与现实的融合性，并且已有研究并未基于特定理论视角和一般性分析框架进行专门讨论。针对不同执法主体在各种混乱场景进行的直接互动，如何实现基层综合行政执法的良性运转，这就需要寻求其内在逻辑。尽管学者们对综合行政执法的实践模式进行了比较意义上的归纳，但是对动态过程和实际运行后果关注较为不足，特别是基于实证研究对基层综合行政执法中的利益博弈和优化路径则鲜有研究涉及。

基层综合行政执法是根据中国现实情境建构的新模式，执法工作的重心应聚焦在利益协调与利益格局的变化上，通过揭示执法行为背后的规律，找到提升行政执法效能的现实依据。本书将从公共政策执行的博弈分析视角出发，基于利益相关者理论以及博弈论的思想和方法建构起一个一般性的理论分析框架，并选择全国综合行政执法体制改革的县级试点W市开展案例研究。本书在建立起宏观架构与微观实践之间联系的前提下，从基层经验出发，通过针对不同执法主体与行政相对人的大量调研，对基层综合行政执法中利益博弈的发生和发展规律展开研究，刻画出不同执法主体之间以及执法主体与行政相对人之间的博弈关系及其行为机理，最终提出基层综合行政执法的优化路径，为改革的进一步深化提供智力支持。

第三节 研究目标与主要内容

一 研究目标

本书的研究目标是探索基层综合行政执法中利益博弈的行为逻辑，并针对存在的问题提出基层综合行政执法的优化路径，具体可分为三个子目标。第一，以利益相关者理论以及博弈论的思想和方法为理论基础，建构起基层综合行政执法的理论分析框架，为本书的研究提供必要的理论依据；第二，在探讨利益生成、厘清博弈关系的基础上，深入剖析利益博弈行为机理，力求发现不同执法主体之间以及执法主体与行政相对人之间利益博弈的策略选择、现实困境和影响因素；第三，针对博弈分析的过程和结果，提出基层综合行政执法的优化路径。

二 研究内容

本书以基层综合行政执法为研究对象，基于利益相关者理论以及博弈论的思想和方法，力图系统地探讨基层综合行政执法中利益博弈的行为逻辑，对执法中存在的问题作出较为准确的分析，以期为优化执法体系、降低执法"内耗"提供有说服力的证据。本书的研究内容主要分为八个部分，除了绪论及研究结论和未来展望外，正文共分为六章。

绪论主要是阐明本书的研究背景及意义，回顾国内外既有的研究成果，并对本书的研究目标、思路、方法、重难点及创新点等进行论述，从而找准本书的研究方向和主要问题。

第一章是"相关概念界定和理论分析框架"。本章属于本书的基础研究部分。在初步研究基层综合行政执法的基础上，界定基层执法、综合行政执法、利益博弈和利益相关者等核心概念。此外，在对利益相关者理论以及博弈论的思想和方法进行理论回顾和内容梳理的基础上，建构起了本研究的理论分析框架。在内容上，这一分析框架由"初始条件—博弈关系—博弈机理—利益均衡"的概念模型组成。此外，论述了这一分析框架应用于基层综合行政执法研究的适切性。基于以上分析，本章从概念和理论维度为全书的研究奠定了基础。

第二章是"初始条件：基层综合行政执法中的利益生成"。从本质上讲，利益矛盾或冲突是利益博弈的根源，本章关于利益生成的探讨是对初始条件的构建。在明晰基层综合行政执法中利益的内涵及体现的前提下，提炼出利益生成的情境。之后，通过把握各个历史时期的政策法律，寻求历史规律和制度根源，揭示基层综合行政执法中利益生成的阶段性形态和基本特征。

第三章是"博弈关系：基层综合行政执法中的利益相关者及博弈关系"。本章是利益博弈静态层面的研究部分。本章的主要内容是基于W市的经验证据，对基层综合行政执法中的利益相关者进行界定和分类，通过分析其利益诉求及行动偏好对行为逻辑作出预判，并对基层综合行政执法中的博弈关系进行类型学分析。本章在论述主体横向、主体纵向、主—客体三种类型博弈关系的同时，也确定了后文利益博弈行为机理分析的关系脉络。

第四章是"博弈机理：基层综合行政执法中利益博弈的行为机理"。本章是利益博弈动态层面的研究部分。本章的主要内容是通过博弈分析来探讨利益博弈行为机理。基于笔者在W市田野调查中获取的访谈数据，从基层综合行政执法主体横向、主体纵向和主—客体三种类型利益博弈出发，结合博弈分析的基本要素及模型，分析不同博弈参与者的策略选择，并提炼出利益博弈中面临的现实困境和影响因素。

第五章是"利益均衡之经验借鉴：不同基层试点地区的综合行政执法模式"，本章是为优化路径的提出提供他者借鉴的研究部分。基于对全国综合行政执法体制改革试点城市中富有典型性和代表性的基层试点经验探讨的梳理和分析，通过对山东省滕州市、江苏省昆山市、河北省新乐市、湖南省耒阳市四个试点城市执法模式的分析，为后文基层综合行政执法博弈分析之后推进利益均衡的实现，提供了实践依据的支撑。

第六章是"利益均衡之优化路径：基层综合行政执法的优化路径"。本章是提出对策建议部分。本章基于 W 市的经验证据，围绕博弈分析的过程和结果，以利益均衡为核心取向，提出基层综合行政执法中利益博弈的均衡解。具体而言，本章以利益均衡理念为主线，从增进价值认同、优化制度设计、推进主体建设、加强组织协调四个层面提出优化路径，促进基层综合行政执法中利益博弈均衡状态的实现，以期提升行政执法效能。

研究结论与未来展望主要对全书进行系统总结，形成本书的研究结论，加深对基层综合行政执法的认识。与此同时，对本书存在的不足之处进行说明，并对未来的研究进行展望。

第四节 研究思路与基本方法

一 研究思路

立足于研究目标与研究内容，本书将规范研究和实证研究、理论研究和政策研究有机结合起来，遵循"提出问题—理论建构—分析问题—解决问题"的研究思路（见图 0-4），创造性地建构起了一个理解基层综合行政执法的"初始条件—博弈关系—博弈机理—利益均衡"的理论分析框架。基于 W 市的经验证据，在探讨利益生成的前提下，界定了不同的利益相关者，并对博弈关系进行了类型学分析，之后刻画了不同利益相关者之间利益博弈的行为机理，并提出了基层综合行政执法的优化路径。

绪 论

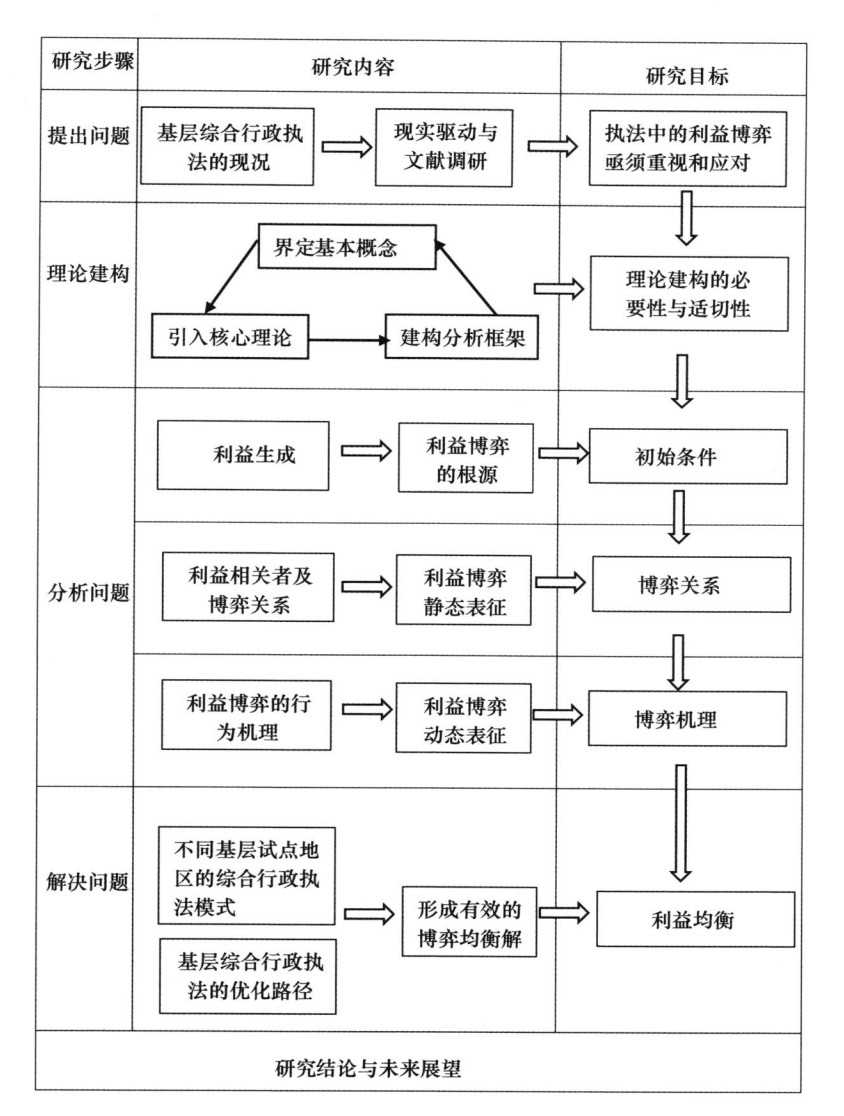

研究步骤	研究内容	研究目标
提出问题	基层综合行政执法的现况 → 现实驱动与文献调研	执法中的利益博弈亟须重视和应对
理论建构	界定基本概念 ↔ 引入核心理论 → 建构分析框架	理论建构的必要性与适切性
分析问题	利益生成 → 利益博弈的根源	初始条件
分析问题	利益相关者及博弈关系 → 利益博弈静态表征	博弈关系
分析问题	利益博弈的行为机理 → 利益博弈动态表征	博弈机理
解决问题	不同基层试点地区的综合行政执法模式；基层综合行政执法的优化路径 → 形成有效的博弈均衡解	利益均衡
研究结论与未来展望		

图 0-4 研究思路

图片来源：笔者自制（2021）。

二 研究方法

研究方法本身并没有绝对的优劣之分,选择与研究问题、研究内容相契合的研究方法,最终形成逻辑严密的研究结论是推进社会科学研究深层次发展和提高研究质量的学界共识。近年来,笔者及所在 H 省改革智库"政治体制改革与政府治理创新研究中心"课题组一直致力于基层综合行政执法的经验研究,本书所获取资料主要来自笔者及所在课题组实证调研的数据资料。本书秉持系统方法论,通过运用公共政策执行的博弈分析视角和多种研究方法,比较客观、全面地探讨基层综合行政执法,以期实现研究方法与研究对象的勾连。主要采用了以下四种研究方法:

（一）CiteSpace 文献计量分析方法

CiteSpace 文献计量分析方法（CITESPACE documentary metering analysis method）是采用 CiteSpace 文献计量分析软件对既有研究成果进行量化分析的一种文献计量分析方法。文献计量分析方法常用于对文献综述的聚类分析中,基于共引分析理论等对特定领域文献集合进行计算,主要通过一种可视化的方式呈现科学知识的内在逻辑和分布结构,通过一系列可视化图谱绘制对某一领域做出发展前沿的探测。本书以美国德雷塞尔大学陈超美博士开发的一款 CiteSpace 可视化计量软件为分析工具,通过绘制的科学知识图谱分析关键词等单位的同质性、契合性及研究测度,在利用可视化效果全景式再现该领域研究的同时,有效把握当前该领域的研究热点、研究进展以及未来研究的发展趋势。本书通过使用 CiteSpace 文献计量分析方法对"综合执法"与"基层行政执法"进行知识图谱分析,准确厘清热点词频共现的关联度,并根据热点关键词的出现频率确定研究的关键内容,总结当前基层综合行政执法研究的热点词频及内在知识逻辑,从而科学地把握当前研究趋势和方向。

(二) 半结构访谈法

半结构访谈（Semi-structured interview）介于结构访谈和无结构访谈之间，既不等同于访谈问题和提问顺序提前确定的结构访谈，也不等同于在熟悉掌握研究问题基础上于访谈时实时提出具体问题的无结构访谈，基于这一访谈方法，研究者既可以事先准备一些访谈问题，也能在访谈问题过程中根据需要提出跟进问题，从而获取更丰富和有针对性的数据。① 本书的访谈对象主要来自 W 市，分为四个类型，第一类为 W 市委编办主管综合行政执法体制改革的部门负责人；第二类为 W 市综合行政执法局以及 K 街道、Y 镇综合行政执法局主管业务的党政领导、行政执法部门负责人及一线执法人员；第三类为 W 市住房和城乡建设局、生态环境局 W 分局主管业务的党政领导、部门负责人及政府工作人员；第四类为 W 市执法范围内的行政相对人，即目标群体。根据拟定的访谈提纲，对所需访谈对象进行相关信息的收集，获取访谈对象对当前基层综合行政执法的观点与看法。通过获得被访谈者回答的"鲜活"信息，旨在揭示研究问题的实然状态、深层原因与发展方向，通过对访谈资料的整理与编码，为文本资料提供补充。

(三) 案例研究法

案例研究（Case study）是"在不脱离现实生活环境的情况下研究当前正在进行的现象，且在研究的现象与所处环境背景之间的界限并不十分明显"的情况下，用大量事例证据（evidence）来进行研究的一种实证方法。② 更进一步讲，案例研究包含了设计的逻辑、资料收集技术，以及具体的资料分析手段，是一种全面的、综合的研究思路。一个

---

① 储荷婷：《图书馆情报学主要研究方法：了解、选择及使用》，《图书情报工作》2019 年第 1 期。
② [美] 罗伯特·K. 殷：《案例研究：设计与方法》（第 4 版），周海涛、李永贤、李虔译，重庆大学出版社 2010 年版，第 21 页。

完整的基层综合行政执法研究议题的谈论离不开经验现象的支撑，案例研究是通过对典型案例的系统描述和深入分析，寻找并发现隐藏在事实背后的逻辑规律，获取一种一般性认知的研究方法。这就决定了要在清楚界定研究问题和相关概念的基础上，通过案例分析完整而清晰地展示其中的行动策略、运行机制以及实现效果，最大限度地体现行政执法的情景化和过程化特征。我们在本书中选定富有代表性的全国综合行政执法体制改革的县级试点 W 市为案例，收集基层综合行政执法的经验证据，把握这一执法模式的实际政府过程和相应的行为机理，在验证一般规律的同时，揭示中国情境独特的利益博弈特性。

(四) 参与式观察法

参与式观察（Participant observation）通常是从特定情境的局中人角度观察社会活动，目的在于创立某些理论，解释人类生活。参与式观察可以为研究提供详尽的局中人的观点，并对发生在研究者身边的现实生活给予"跳出现场"的理论阐释。在田野调查过程中，参与式观察往往需要通过相关部门推荐和科研团队自荐，笔者所在"政治体制改革与政府治理创新研究中心"为 H 省改革智库，与被调研的 W 市相关部门具有密切联系。笔者所在课题组与 W 市的综合行政执法部门合作，通过跟进执法、现场观摩和驻地调查，设身处地地参与到被研究对象所处的环境之中，与被研究对象共同探究不同博弈参与者之间的深层次逻辑规律。通过作为观察者的实际体验与总结，发现基层综合行政执法中利益博弈存在的重点问题，收集研究所需的实证数据，特别是在对 W 市综合行政执法局和 K 街道、Y 镇综合行政执法局进行定点参与式观察过程中，详细记录执法过程。总之，在持续跟踪综合行政执法部门的执法行为和执法效果的基础上，以多角度、多渠道的方式获取案例中的实证数据及相关问题的第一手资料，以形成证据"三角"，为本书研究提供经验支撑。

第五节 研究重难点与创新点

一 研究重难点

由于本书集中于基层综合行政执法的经验研究且综合了多种研究方法,试图通过系统的理论创新和扎实的实证分析,提出有针对性和一定创新性的研究结论,因此必然存在研究中需要克服的重难点问题。本书的研究重难点主要有以下三个方面:

其一,如何建构基层综合行政执法的理论分析框架。理论分析框架决定了研究的创新性和高度,利益相关者理论以及博弈论的思想和方法都是研究不同利益相关者之间发生直接博弈过程以及如何实现利益均衡的理论视角。从理论上分析利益相关者理论以及博弈论的思想和方法的必要性、可行性和现实价值,找到其与基层综合行政执法研究的结合点,建构起具有适切性的理论分析框架是本书研究的前提条件。

其二,如何对基层综合行政执法中的博弈关系及其行为机理进行实证研究。基于对 W 市的田野调查获取的实证数据,来透视不同利益相关者之间的博弈关系及其行为机理。基层综合行政执法中利益博弈的实质是不同利益相关者对自身利益和所需资源的争夺,基于基层综合行政执法中博弈关系的类型学分析,结合利益博弈中的策略选择、现实困境和影响因素,精准把握利益博弈的行为机理。这既是利益博弈行为逻辑的主要体现,也是本书研究的核心内容。

其三,如何基于基层综合行政执法利益博弈中存在的问题提出基层综合行政执法的优化路径。在基层综合行政执法研究中,不同利益相关者之间的利益博弈是当下大有可为的研究议题,这无疑需要针对利益博弈现状引导博弈均衡状态的实现。本书深度剖析了基层综合行政执法中利益博弈的行为逻辑,其根本目的在于寻求优化基层综合行政执法的启示。因而,在推进基层综合行政执法的进一步优化中发挥实质性作用,是这一研究议题的价值旨归。

二 研究创新点

推进基层综合行政执法是深化综合行政执法改革的核心内容，也是开创"中国之治"新境界的重要组成部分。本书将基层综合行政执法纳入公共政策的研究范畴，尝试运用利益相关者理论以及博弈论的思想和方法，理解基层综合行政执法中利益博弈的行为逻辑，并提出基层综合行政执法的优化路径。本书的创新之处主要有以下三点：

一是学术观点的创新。基层综合行政执法通过"大执法"为基层治理赋能，是一个不同于一般意义上行政执法的"综合"形态。一方面，作为基层执法所面临法治压力的回应策略，基层综合行政执法充当改革中的一个系统性、整体性、协同性的"法治回应"，通过剖析不同利益相关者之间的博弈关系及其行为机理，为基层综合行政执法提出优化路径，契合了深化改革的内在需求。另一方面，基于利益相关者理论以及博弈论的思想和方法，建构起"初始条件—博弈关系—博弈机理—利益均衡"的理论分析框架。这一四维互嵌耦合框架不仅对这一研究具有解释力，也为后续研究提供了有益的理论借鉴，促进了基层综合行政执法研究中相关学术观点的补充与完善。

二是研究视角的创新。既有关于基层综合行政执法的研究大多从综合行政执法改革的宏观层面展开，聚焦于对基层综合行政执法的阶段或内容的描述，较少能关注到行为逻辑。基层综合行政执法是不同利益相关者为了获得各自利益而博弈的过程，缺乏微观阐释则无法契合进一步优化的要求。基层综合行政执法本质上是一种公共政策的执行行为，为了跳出既有研究的舒适区，本书依托公共政策执行的博弈分析视角，深度刻画了基层综合行政执法中利益博弈的行为逻辑，加深了对基层综合行政执法的理解。这一视角在基层综合行政执法研究上具有明显优势，有利于探索出基层综合行政执法的优化之道，克服执法面临的现实梗阻，更好地实现预期的政策目标。

三是研究结论的创新。本书基于全国综合行政执法体制改革的县级试点 W 市的田野调查，基于建构起的一般性的理论分析框架，对这一全新的执法模式进行学理分析，必然带来研究结论的创新。基层综合行政执法的利益博弈源于多元利益主体导致的利益矛盾或冲突，基层综合行政执法中的博弈关系可以类型化为主体横向博弈关系、主体纵向博弈关系、主—客体博弈关系，通过对三种类型利益博弈的行为机理进行理论推演与实证检验发现，不同博弈参与者的策略选择会随着博弈情景发生变化，并且现实中仍存在无效率症状。推进基层综合行政执法优化的关键在于增进价值认同、优化制度设计、推进主体建设、加强组织协调，促进不同博弈参与者之间利益博弈均衡状态的实现。

第一章
相关概念界定和理论分析框架

本书的研究建立在准确理解和把握研究对象的基础上，即理解基层综合行政执法，首先在于了解并有效区别相关概念，同时，还要明确研究依赖的理论分析框架。本章在梳理相关研究文献的基础上，从理论层面对基层综合行政执法的相关概念进行界定，与此同时，明确本研究所依赖的理论基础，即利益相关者理论以及博弈论的思想和方法，在梳理发展历程和主要内容的基础上，从核心要素出发，建构起基层综合行政执法的理论分析框架。

第一节 相关概念界定

概念是学术研究的逻辑起点，也是制度创新的基本前提。[①] 在本书的研究议题之下，主要涉及"基层执法""综合行政执法""利益博弈"和"利益相关者"四个核心概念。本节对相关概念的内涵和外延或本质特征作出了确切而简要的说明，准确把握研究所需的核心概念，有助于明确研究内容、研究边界，找准基层综合行政执法的研究定位和落脚点。

---

① 肖金明：《法治行政的逻辑》，中国政法大学出版社2004年版，第106页。

第一章　相关概念界定和理论分析框架

一　基层执法

"执法"一词，在《现代汉语词典》中是指掌管法律，手持法律做事，传布、实现法律。执法是指国家行政机关依照法定职权和法定程序，行使行政管理职权、履行职责、贯彻和实施法律的活动。"执法"有广义与狭义之分，广义的执法是指国家行政机关、司法机关及其公职人员按照法定职权和程序执行法律规定，从而达到管理和服务社会的执法目标的行为和活动。狭义的执法是指国家行政机关和法律授权、委托的组织及其公职人员，在行使行政管理权的过程中，依照法定的职权和程序，贯彻实施法律的活动。本书研究的是狭义的执法，在日常生活中，所指的执法即行政执法。从一般意义上讲，行政执法是一个为说明现代行政的性质和功能的学术术语，具体而言，行政执法是执行法律、依法办事，是基于法定职权和职责对社会进行管理，依法作出影响行政相对人权利义务的行为。作为行政行为的一种特定方式，实务界习惯于将监督检查、行政处罚和行政强制一类行为方式统称为"行政执法"。

"基层"最早是以党的基层组织形态呈现，似乎脱胎于党的政策中一直倡导的"群众路线"。之所以称为基层并不在于管理权力相对小些，而在于在各种治理体系中其特殊的地位以及由此而形成的与中上层性质上全然不同的治理模式。[①] 邓小平同志于 1987 年 6 月 12 日在《改革的步子要加快》一文中指出："调动积极性是最大的民主。至于各种民主形式怎么搞法，要看实际情况。比如讲普选，现在我们在基层，就是在乡、县两级和城市区一级、不设区的市一级搞直接选举，省、自治区、设区的市和中央是间接选举。"[②] 就政府层级而言，中国政府是五级政府，即中央、省、市、县、乡五个层级的政府，依据周雪光提出的

[①] 王乐夫：《中国基层纵横涵义与基层管理制度类型浅析》，《中山大学学报》（社会科学版）2002 年第 1 期。

[②] 邓小平：《邓小平文选》（第三卷），人民出版社 2001 年版，第 242 页。

"委托方—管理方—代理方"模型，五级政府又可以细分为三级，即中央政府、中间政府和基层政府，其中，中央政府（委托方）拥有政策制定和组织设计的最终权威，包括激励设置、绩效评估等权力，中间政府在中央政府的授权下，承担监管下属基层政府执行政策的职责，而基层政府主要负责执行落实自上而下的指令和政策。[①] 较之间接性管理为主要特征的中上层级，基层的突出特点是直接性，直接面对人民群众并接受人民群众的监督。本书是在基层政府的意义使用这一概念，讨论的是县区和镇街两级行政执法（见图1-1）。因此，从层级范围上分析，基层执法并不简单地等同于乡镇和街道执法，除此之外，还包括县、城市的区、不设区的市。因此，本书将"基层执法"定义为：基层执法是指具有行政执法权的基层政府的行政主管部门，在县区和镇街区域开展的执法活动。

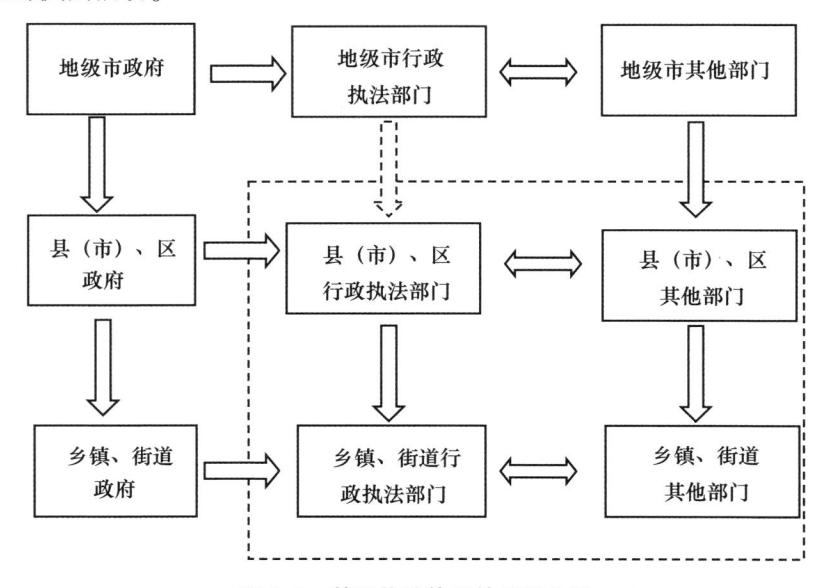

图1-1 基层执法体系的结构位置

图片来源：笔者自制（2021）。

[①] 周雪光、练宏：《中国政府的治理模式：一个"控制权"理论》，《社会学研究》2012年第5期。

第一章　相关概念界定和理论分析框架

"基层执法"的概念与基层领域具有显著关联性。理想与差距最大的地方在基层，基层执法的牵涉面广、情况复杂，因此，谈及执法往往会谈及基层，基层生态在国家重大事件、社会热点案件的"激活"之下往往会引起广泛关注。从空间视角观察和解读基层执法发现，基层执法实践发生于特定空间，该空间不仅具有物理性，也具有社会性，既是社会关系展开的空间，也是国家治理社会的空间。[①] 基层可以被理解为国家治理中从属于中央的基础性社会权威的"末端叙事"，是国家、社会治理体系中的最低层次，表明了执法的具体场域。在我国，基层政府处于行政体系的终端，是作为国家基层政权的县区和镇街两级政府，既是观察治理转型的窗口，又是法律法规和上级政策的主要执行者。

基层执法处于行政执法的关口位置，在执法体系中具有战略意义。"有的国家执政者重视法治，在各个方面、各个领域都制定了比较完善的法律，因此，这些国家的行政主要是执法，其行政管理实质即行政执法。"[②] 在我国，大约80%的法律、90%的地方性法规和几乎所有的行政法规由政府执行。[③] 基层执法的特征主要表现在主体、内容、方式三个方面，其一，行政执法的主体是行政主体。[④] 基层执法主体是依法享有行政执法权，能以自己名义开展行政执法活动，并独立承担法律责任的行政主体。除了执法主体的行为，行政执法需要行政相对人的共同参与，更进一步讲，行政执法是在执法主体主导下不同利益相关者共同参与的过程。其二，行政执法的内容是将法律规范适用于具体事件。一方面，基层执法通过行政处罚、行政许可等具体行政行为对行政相对人的权利义务产生直接影响；另一方面，通过非正式沟通、正式协商、事实行为等非具体行政行为对行政相对人的权利义务产生间接影响。基层执

[①] 陈柏峰：《乡村基层执法的空间制约与机制再造》，《法学研究》2020年第2期。
[②] 姜明安主编：《行政执法研究》，北京大学出版社2004年版，第3页。
[③] 《法律的生命力在于实施》，《人民日报》2015年2月9日第9版。
[④] 杨解君、蔺耀昌主编：《行政执法研究——理念引导与方式、制度创新》，中国方正出版社2006年版，第11页。

法最后环节的实施主体、行政活动的受体和行政活动的最后结果是其内容呈现。其三，行政执法方式的多样性。基层执法包括行政处罚、行政强制、行政确认、行政征收等传统方式和行政指导、行政合同、行政给付等新型方式。"因此，无论是'软'的行为方式或'硬'的行为方式都是有可能的。"① 随着执法模式的发展，执法方式将更加丰富多样，为维护基层社会公共秩序提供了工具支撑。

二 综合行政执法

有学者将"综合行政执法"称为"行政综合执法"，并认为行政综合执法是指一个行政机关或法定组织通过一定的法律程序，集中行使有关几个行政机关的行政检查权和行政执法权的一种行政执法体制。综合行政执法的基本做法是组建一支新的执法队伍，将不同行政主管部门的部分行政执法权集中到这支队伍的手中统一使用。② 综合行政执法是指在行政执法过程中，当行政事项所归属的行政主体不明或需要调整的管理关系具有职能交叉的状况时，由相关机关转让一定职权，并形成一个新的具有独立法律地位的执法主体，对该事项进行处理的执法活动。③ 这一职能通常由相应行政机关中一个相对独立、专门的机构（如执法局、执法处、执法大队等）履行，目的通常是维持交通、城建、环境、卫生、文化、市场等行政管理领域的秩序，并且这类行政执行最经常、最广泛地涉及不同执法主体和行政相对人权益，直接影响人民群众对现代政府的评价和信任。

综合行政执法是一个跨越不同部门的行政执法概念，也是综合不同行政主管部门行政执法权之后产生的一种新模式。具体而言，现实中的

---

① 田文利：《非强制性行政行为及法治化路径研究》，知识产权出版社2008年版，第39页。
② 刘晓京：《对行政综合执法模式的几点思考》，《中央政法管理干部学院学报》2001年第1期。
③ 熊文钊主编：《城管论衡：综合行政执法体制研究》，法律出版社2012年版，第1页。

综合行政执法存在两种性质截然不同的做法，一种是具有管辖权的几个不同部门对于同一执法对象进行的联合式或者协作式执法，如综合行政执法体制改革之前，原工商局、原食药监、原质监局等部门对于市场监管的跨部门执法；另一种是将几个不同部门对于同一监管对象的相关执法权集中起来，交由一个独立执法机构统一行使的跨部门综合行政执法形式。[①] 随着综合行政执法改革的推进，第一种形式的综合行政执法转变为市场监管、生态环保、文化市场、交通运输、农业领域等五个专属管理原则下的领域内执法模式，本书研究的综合行政执法是后一种形式，在城市管理执法基础之上划转不同行政主管部门的行政执法权，交由综合行政执法部门统一行使。突出整体政府，从"小综合"向"大执法"转变是这一执法模式的发展方向。从本质上讲，综合行政执法具有跨部门执法的属性，旨在实现"一支队伍管执法"，加强统一指挥和统筹协调职责，通过探索大综合、全覆盖的执法模式，实现行政执法权、责、能的统一。

就这一概念的外延而言，综合行政执法为解决城市管理复杂性与部门执法单一性之间的矛盾应运而生。从执法事权的正当性构筑来看，综合行政执法受制于执法依据、执法范围、组织架构与领导关系等多种因素与整合机制，集中了数量众多的执法事项，在一定程度上解决不同行政主管部门之间的权责交叉乱象。虽然综合行政执法部门集中行使行政执法权，但行政监管职能仍在相关行政主管部门，其良性运转离不开相关行政主管部门的参与。这一模式以行政执法行为为核心，包括执法主体、执法对象、执法依据、执法职权、执法程序、执法效力等基本要素。一是执法主体，即在执法行为中行使行政权力的机关或者法律法规授权的组织，关于执法事项的授权主要由单行法律、法规、规章做出明确规定。综合行政执法部门是静态行政组织的执法部门，也是动态行政

---

① 邓小兵：《跨部门与跨区域环境资源行政执法机制的整合与协调》，《甘肃社会科学》2018年第2期。

活动的发出者。二是执法对象,即执法行为中的行政相对人,行政相对人既有宪法和行政实在法赋予的权利,并且有着必须或不得作出一定行为的义务。三是执法依据,即综合行政执法的制度环境,一般认为,法律、法规和规章是执法依据的主要内容。四是执法职权,其可精练概括为"法无授权不可为",由国家行政机关或授权其他组织处理某项具体行政执法事项,其结果是执法主体的确立,一个行政组织成为合格执法主体的前提是兼具权力和职责属性的行政执法权。五是执法程序,即执法主体行使行政职权,实施行政行为所必须遵循的方式、步骤、空间、时限。六是执法效力,即在实现法律价值的过程中,严格使用和执行法律规定达到的作用和效果。

三 利益博弈

利益博弈贯穿于人类社会始终,是在错综复杂的局势中面对对手作出合理策略选择的过程。博弈对应的英文词汇是"Game",其本意是"下棋",本书所讲的"博弈"是对其引申义的理解,侧重研究行为的过程,目的在于解决决策者在方案选择时的"最优行为"(Optimal behavior)问题,这是一个决策者对各自行为或策略进行选择并加以实施,从中取得相应结果或收益的过程。正如道格拉斯·拜尔(Douglas Bayer)在《法律的博弈分析》一书中所阐述的,所谓博弈,是指一些个人、队组或其他组织,面对一定的环境条件,在一定规则下,同时或先后,一次或多次,从各自允许选择的行为或策略中进行选择并加以实施,从中各自取得相应结果的过程。① 利益博弈是指一些相互依赖、相互影响的决策行为及其结果的组合,这一概念带有浓厚的学术韵味。利益博弈的前提是博弈参与者均拥有一定的作出正当要求的力量,是人们在相互依存的情况下作出策略选择的一种状态。这种状态围绕利益展开,每个参与者都在特定条件下争取最大利益。这一概念是促使各个理

---

① 谢识予编著:《经济博弈论》,复旦大学出版社1997年版,第3页。

性决策主体选择最佳策略，决策及决策均衡问题在各个理性决策主体行为发生相互作用时出现。

利益博弈是研究互动过程中的理性行动者或参与者如何选择策略或作出行动的科学概念，也是面对问题进行策略选择时理性化、逻辑化的部分。这是一个相关个体和群体理性选择对自身最有利行为的过程。利益博弈的概念关系到理性决策主体行为，其本质特征主要体现在三个方面。一是利益博弈概念改变了传统经济分析的那种以个人孤立决策为基础的分析方法，而是基于经济活动中多个利益主体的行为所产生的相互作用和影响的分析，进一步反映经济系统的本质。二是利益博弈概念突出了博弈分析中"经济人"的地位，"经济人"假设是整个新古典经济学理论大厦的基石，从行为分析入手的博弈，坚持突出了个人理性的重要作用。即使对作为个人理性与集体理性有着深刻矛盾的"囚徒困境"问题，在从个人理性视角探讨行为相互作用中也产生了合作的可能性。"经济人是指有一个很好定义的偏好，在面临给定的约束条件下最大化自己的偏好。……经济人在最大化偏好时，需要相互合作，而合作中又存在着冲突。"① 博弈论方法通过把集体理性（合作）建立在个人理性的基础上，来解开个人理性与集体理性的矛盾之谜。② 三是利益博弈概念拓展了经济学的研究领域，并从信息解释角度将市场价格机制扩展为新古典经济学理论一般的机制分析。利益博弈概念的实质是在博弈双方建立起群体对话、协商、谈判的博弈制度，培育出良性互动的博弈能力。

四 利益相关者

利益相关者的本质规定性是"利益"，"相关者"是利益相关者的

---

① 张维迎：《博弈论与信息经济学》，上海三联书店、世纪出版集团、上海人民出版社2004年版，第2页。

② [美] 罗伯特·艾克斯罗德：《对策中的制胜之道——合作的进化》，吴坚忠译，上海人民出版社1996年版，第15页。

量或程度规定性，二者相辅相成。利益相关者是一个中性概念，从公共性视域分析，其外延涵盖了存在关联的公共利益和个人利益。利益相关者（Stakeholders）原是一个与"股权者"相对应的西方经济学概念，泛指诸如职工、消费者、政府部门、社区等在内的股东及其他与企业有利害关系的个人或团体。关于这一概念的界定多见于致力于利益相关者理论研究的研究机构和学者，这一概念始见于1963年斯坦福研究院（Stanford Research Insitute，SRI，现SRI国际公司）内部备忘录中，被定义为"组织没有这些群体的支撑将无法存在"，包括股东、员工、客户、供应商、债权人和社团。① 爱德华·弗里曼（Edward Freeman）提出，"利益相关者是指企业的经营管理者为综合平衡各个利益相关者的利益要求而进行的管理活动，是能够影响组织目标的实现，或受被该目标影响的组织或个人"。② 阿奇·卡罗尔（Archie Carroll）和安·巴克霍尔茨（Ann Buchholtz）认为，"利益相关者指的是任何影响组织的行为、决定、决策、实践、目标或被组织的行为、决定、决策、实践、目标所影响的个人或群体"。对于这一概念有狭义和广义两种理解，从狭义上看，利益相关者是组织没有其支持，就不能存在的群体或者个人，其范围包括股东、员工、顾客、相应供应商、重要的政府机关、相关金融机构；从广义上看，利益相关者是任何能够影响组织目标的实现或受这种实现影响的群体或个人，包括股东、员工、顾客、公益团体、抗议团体、政府机关、业界团体、竞争对手、工会等。③ 基于对以上利益经典定义的梳理和理解，本书研究的利益相关者主要是指能够影响基层综合行政执法中执法目标实现或者能够被执法目标实现所影响的个人或组织。

就利益相关者概念的特性而言，主要体现在三个方面。一是自然属

---

① [美]爱德华·弗里曼、杰弗里·哈里森等：《利益相关者理论：现状与展望》，盛亚、李靖华译，知识产权出版社2013年版，第26—27页。
② Edward Freeman, *Strategic Management: A Stakeholder Approach*, Boston: Pitman, 1984, p. 46.
③ Archie Carroll et al., *Business & Society: Ethics and stakeholder management*, Cincinnati: South Western College Publishing, 1996: 78.

性，即利益主体的天然属性，自然物质是利益相关者一切特性的前提、载体、条件、内容和基础。二是诉求多元化，由于利益博弈存在于不同利益相关者之间的过程性，故而在不同利益关系中表达出经济利益、社会利益、发展潜力、健康考虑等不同方面的多元化、多向度的利益诉求。三是有组织性，任何单一的利益相关者很少能够单独地完成对利益的追求、谋取和分配，尽管有时候对利益的追求具有个体性特征，但具体的利益表达及实现往往由一定的社会关系促成，具体表现为强烈的集合性、组织性、群体性。一般而言，不同利益相关者的立场、在利益博弈中的参与程度以及影响力都不同，因此，他们的利益诉求也会有差异，从而导致复杂的利益矛盾或冲突。不同利益相关者是执法的着力点，其参与方式和策略选择的差异，必然衍生出博弈行为。

第二节　基层综合行政执法的理论分析框架

对基层综合行政执法的研究需要有科学、准确的理论支撑，本书基于研究对象的本质特征，尝试建构起一个立足于特定场域的理论分析框架，系统性地剖析其生成、演变和再造的规律与路径。本书拟萃取和融合利益相关者理论以及博弈论的思想和方法，建立以逻辑序列为主线的研究脉络，构建"初始条件—博弈关系—博弈机理—利益均衡"的分析框架。本书沿着该分析框架的逻辑架构，寻求理论分析框架与研究问题的契合，以便深入探讨基层综合行政执法中利益博弈的行为逻辑，并为基层综合行政执法效能的提升提出优化路径。

一　理论基础

在建构理论分析框架之前，缕析利益相关者理论以及博弈论的思想和方法的理论要义，对理论基础作一个基本铺垫，是建构"初始条件—博弈关系—博弈机理—利益均衡"理论分析框架链条的重要一环，具有不可或缺的理论先导作用。因此，本书沿着相关的理论脉络进行回顾与梳理，寻求分析框架与研究问题的耦合性，力求为深入探讨基层综合行政执法指明方向。

（一）利益相关者理论

1. 兴起与发展

利益相关者理论（Stakeholders Theory），又称为利益主体理论，兴起于企业管理领域，是当时盛行的一种协作或合作的观念。这一理论可溯源到19世纪的合作与协作观念，正是由于利益相关者的投入或参与助推了组织的发展。罗纳德·米切尔（Ronald Mitchell）等人对这一理论的产生和发展历史进行了深入研究，总结了西方学者自1963年至20世纪90年代中期共30多年时间里对利益相关者的定义。[①] 由于组织的经营管理活动需要综合平衡各个利益相关者的利益，追求不同利益相关者整体利益的利益相关者理论，成为理解和管理现代企业的一种理论工具。美国经济学家伊戈尔·安索夫（Igor Ansoff）在其著作《公司战略》（Corporate Strategy）中提出，"一个企业要想达到理想的状态，需要综合权衡企业各个利益相关者之间的利益诉求，包括企业的高层管理者、普通员工、投资方、供货商以及消费者"。[②] 这一理论既是对传统主流企业理论"股东至上主义"的理论反思，又是对西方社会责任运动的理论回应。1984年，美籍犹太裔经济学家米尔顿·弗里曼（Milton Freeman）在其具有里程碑意义的专著《战略管理：利益相关者方法》一书中完整构建了利益相关者理论的框架，利益相关者理论提出之初的内涵是企业存在于一定的社会关系网络中，企业的经营活动要将企业经济利益和众多与企业相关社会群体纳入考虑范畴。

---

① Ronald Mitchell, Agle bradley and Donna Wood, "Toward a theory of stakeholder identification and salience: Defining the principle of who and what really counts", *Academy of Management Review*, 1997, 22 (4): 853-886.

② [美] 伊戈尔·安索夫：《新公司战略》，曹德骏、范映红、袁松阳译，西南财经大学出版社2009年版，第79页。

第一章　相关概念界定和理论分析框架

迄今为止，从利益相关者理论发展的线性过程来看，其自身也经历了从"利益相关者影响"到"利益相关者参与"、再到"利益相关者共同治理"三阶段不断深化和提升的理论发展过程。① 在第一阶段，传统的"股东至上主义"认为，企业组织的使命就是实现股东利益的最大化，对利益相关者不存在任何义务，利益相关者概念的提出和理论的创立反驳并超越了"股东至上主义"，但在这一阶段利益相关者理论主要是"被用来在理性层面上更好地理解哪些团体和个人能够影响组织目标的实现或者受到后者的影响"。② 组织中的"利益相关者"通常被作为"外部环境因素或者说是管理客体而受到后者的影响"，工具主义是这一阶段理论发展的显著特征；第二阶段是20世纪70年代，利益相关者理论开始由"影响"走向"参与"，"利益相关者参与"研究则从组织活动对利益相关者实际造成或者可能造成的影响（包括冲突）、这种影响可能引起的参与需求以及组织活动特别是组织管理有效性对利益相关者支持的依赖出发，将利益相关者问题纳入组织内部程序，以试图把冲突转化为合作。③ 这一阶段的理论特征表现为，"参与"总是受到各种范围、资格、程序的控制或限制，在本质上属于组织本位阶段，并且仍然以工具主义为取向；第三阶段是20世纪90年代应运而生的"共同治理理论"，认为利益相关者是治理的平等主体，其关系形成的原则是合作，利益相关者都应该参与到治理的过程中，通过控制权的分配来相互牵制、约束，从而达到稳定合作的目的，亦走向利益的平衡，实现治理的绩效。④

---

① 王身余：《从"影响"、"参与"到"共同治理"——利益相关者理论发展的历史跨越及其启示》，《湘潭大学学报》（哲学社会科学版）2008年第6期。
② Edward Freeman, *Strategic Management：A Stakeholder Approach*, Boston：Pitman, 1984, p.110.
③ 王身余：《从"影响"、"参与"到"共同治理"——利益相关者理论发展的历史跨越及其启示》，《湘潭大学学报》（哲学社会科学版）2008年第6期。
④ 杨瑞龙、周业安：《企业的利益相关者理论及其应用》，经济科学出版社2000年版，第121—122页。

2. 基本内容

关于利益相关者的界定和分类，是这一理论研究的重要前提。利益相关者理论提出，只要与企业有直接或者间接利益关系的相关者都应该在企业治理政策考虑的范围之内，不同利益相关者的平等对话、有序参与是企业应该持有的治理理念和方法，利益相关者参与的网络化治理是提升企业活力和效益的重要因素。① 然而，有效且成功地运用利益相关者理论，一个需要仔细思量的问题是如何确定谁是一个恰当的利益主体，确定其合理的代表人数，绝非"草率地找几个显而易见的主要利益主体"。② 西方学者基于"多维细分法"③ 对此提出了诸多分类依据，其中代表性观点如下：爱德华·弗里曼（Edward Freeman）针对利益相关者提出了所有权、经济依赖性和社会利益的分类依据，④ 迈克·克拉克森（Max Clarkson）提出了两种分类方法：一是以不同群体在企业经营活动中所承担风险的种类为标准，将其分为自愿利益相关者和非自愿利益相关者；二是以相关群体与企业联系的紧密性为标准，将其分为首要利益相关者和次要利益相关者。⑤ 戴维·威廉（David Wheeler）等人引入社会性维度，结合紧密性维度，将利益相关者分为首要社会性利益相关者、次要社会性利益相关者、首要非社会性利益相关者和次要非社会性利益相关者四类。⑥ 这些细分维度加深了社会对企业领域利益相关者的认识，但是这种停留在学院式层面的研究也在一定程度上制约了这一理论的现实运用。到了 20 世纪 90 年代后期，罗纳尔·米切尔（Ron-

---

① Julia Roloff, "Learning from multi-stakeholder Networks: Issue-focused stakeholder management", *Journal of Business Ethics*, 2008, 82 (1): 233-250.

② Sautter E. T., Leisen B., "Managing stakeholders: a tourism planning model", *Annals of Tourism Research*, 1999, 26 (2): 312-328.

③ "多维细分法"是一种为了寻找出不同利益相关者的特征差异，故而从多个维度对利益相关者进行分类的方法。

④ Edward Freeman, *Strategic Management: A Stakeholder Approach*, Boston: Pitman, 1984, p. 46.

⑤ Max Clarkson, "A stakeholder framework for analyzing and evaluating corporate social performance", *Academy of Management Review*, 1995, 20 (1): 92-117.

⑥ David Wheeler and Sillanpa Maria, "Including the stakeholders: The business case", *Long Range Planning*, 1998, 31 (2): 201-210.

ald Mitchell）等人提出了更具操作性的评分法（score-based approach）——"米切尔评分法"，即从合法性（legitimacy）、权力性（power）和紧急性（urgency）三种属性对可能的利益相关者进行评分以达到客观分类的目的，具体而言，合法性，即某一群体法律、道义或特定的对组织的索取权是否被赋予；权力性，即某一群体是否拥有影响组织决策的地位、能力和相应手段；紧急性，即某一群体的要求能否立即引起组织管理层的关注。[①] 除此之外，利益相关者的大多数模型把其他类型利益相关者设想成竞争对手。一个更为典型的概念是利益相关者竞争网络（见图1-2）。由于利益相关者竞争网络的经济表现可以直接比较，这一概念也涉及经济效率问题，竞争对手可以发挥如供应商、客户或合资伙伴的作用，扩充了竞争力模型。

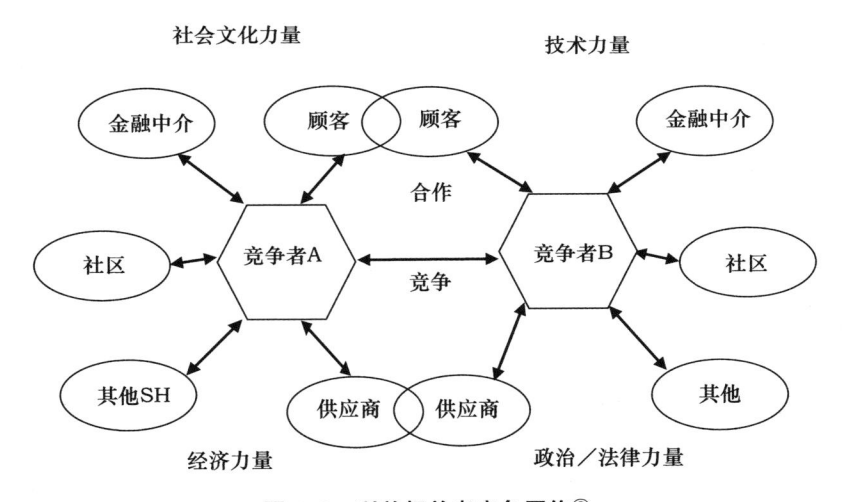

图1-2 利益相关者竞争网络[②]

资料来源：[美]爱德华·弗里曼等：《利益相关者理论：现状与展望》，盛亚、李靖华等译，知识产权出版社2013年版，第101页。

---

① Ronald Mitchell, Agle Bradley and Donna Wood, "Toward a theory of stakeholder identification and salience: Defining the principle of who and what really counts", *Academy of Management Review*, 1997, 22 (4): 853-886.

② 重叠部分表示竞争者可能共同拥有一部分顾客和供应商，其他利益相关者可能存在重叠部分。

由图 1-2 可知，不同的利益相关者之间存在着网状关系。利益相关者理论的核心是在相关活动中要考虑和体现各利益相关者的利益，并通过协调和整合利益相关者的利益关系，达到整体效益最优化。① 这一理论强调"组织应以利益相关者的利益最大化为旨归"，其关键论点在于"现代企业的目标不仅要实现自身价值的最大化，它作为社会组成部分还应承担相关的社会责任，应该将企业及社会价值最大化作为目标，实现企业价值最大化和社会价值最大化的统一"。② 概而言之，主要包括三个方面的内容：一是目标上以利益相关者的利益为中心，通过促进组织利益最大化来实现利益相关者整体利益的最大化；二是理念上主张共同治理，所有利益相关者都有参与组织决策的权利，各利益相关者之间的权利是独立平等的，通过共同治理可以实现各利益相关者的利益平衡和社会责任；三是政府作为重要的利益相关者广泛参与企业活动和一般社会活动中，其行为影响着企业绩效、企业行为与反应、价值创造与分配等活动，且这种影响是通过具体行政行为随时随地动态发生的。③

利益相关者理论要求推动组织利益从不均衡向均衡状态转变，从而促进组织的良性发展。现实的管理活动或政策实践发生于特定的生态环境或网络，在具体的行为逻辑中，不同利益相关者有着各自的利益诉求，由此形成不同的利益关系并且在主体间进行利益博弈。组织最优绩效的取得来源于主体间的相互作用，实现管理或政策的实施目标。利益相关者理论认为，组织所有者在组织存在和发展过程中，汇聚了包括有形投资和无形投资在内的利益相关者投入的资源，组织的存在和发展是所有利益相关者共有，而不是某个人或某个团体所有。西方学者研究企

---

① 陈建成、谢屹主编：《中国林业市场论》，人民日报出版社 2016 年版，第 15 页。
② 卢岚、刘开明编著：《中国企业社会责任标准实施指南》，化学工业出版社 2007 年版，第 177 页。
③ 齐宝鑫、武亚军：《战略管理视角下利益相关者理论的回顾与发展前瞻》，《工业技术经济》2018 年第 2 期。

业利益相关者的话语指向在于，各利益相关者的投入和参与共同促进了企业的发展，企业不但要为股东利益服务，而且要对其他利益相关者的利益作出保护。这种观点突出了其他利益相关者的利益在企业发展中的地位，同时也突出了利益相关者的广泛性。由于所有权属于全部利益相关者的属性决定了要为所有利益相关者创造收益，所以，这些收益既包括经济收益，也包括对利益相关者伦理责任和法律责任等的规范要求。在组织决策过程中，只有吸纳不同利益相关者参与并听取其意见，才能满足不同的利益诉求。

利益相关者理论强调以不同利益相关者之间价值创造最优和治理运作有效为核心的利益均衡，要求重视不同利益相关者的利益诉求，促进其在实现利益诉求的同时承担社会义务和责任。这就要求权衡各利益相关者的利益诉求和维护自身利益的权利，实现不同利益相关者的相对满意。任何一种组织行为的发展都离不开各利益相关者的参与和投入，这一行为追求的是整体利益而非某个主体的利益。因此，应站在一个更高的角度考量所有利益相关者和整个社会的关系，从而实现整体利益最大化。由于不同利益相关者具有不同的利益诉求和行为导向，克服相互冲突和博弈状态便需要明确定位主体。从利益相关者理论视角考察不同利益相关者之间的利益失衡现象，只有从不同的利益关系中均衡利益相关者的利益诉求，消除差异、矛盾、冲突，才能最终实现利益均衡。因此，必须明确不同利益相关者的角色特征和利益诉求，通过利益协调的机制和措施来整合各利益相关者的利益诉求。

（二）博弈论

1. 兴起与发展

博弈论起源于俱乐部游戏，关于早期博弈论的萌芽，中国可以追溯到儒墨两家的道德博弈、孙膑设计的田忌赛马、苏秦张仪的合纵连横。西方则可追溯到简单双寡头垄断博弈学说、寡头的产量与价格垄断研究。"博弈论是研究世界的一种工具",①研究相互依赖、相互影响的决策主体的理性决策行为以及这些决策的均衡结果的理论称为博弈论（Game theory），又称为"对策论"或"赛局理论"。②博弈论是一种研究"经济人"互动行为的理论，其本质是一种以互动决策为研究对象，并强调各行动方的决策互相影响的理论。这种分析工具在经济学、政治学、军事战略等领域有着广泛的应用。现代博弈论的初步形成，则是以1944年匈牙利数学家冯·诺依曼（Von Noyman）与奥斯卡·摩根斯特恩（Oscar Morganism）合著的《博弈论与经济行为》一书的出版为标志。

到20世纪50年代，合作博弈发展到鼎盛期，非合作博弈也随之产生。约翰·纳什（John Nash）提出了"纳什均衡"（Nash Equilibrium），艾伯特·图克（Albert Tucker）则定义了"囚徒困境"（Prisoner's Dilemma），奠定了现代非合作博弈论的基石。1965年，莱茵哈德·泽尔滕（Reinhard Selten）提出了对纳什均衡的重要改进概念——"子博弈精炼纳什均衡"（Subgame Perfect Nash Equilibrium）和"逆向归纳法"（Bakeward Induction）的求解方法，③1967年，约翰·豪尔绍尼（John Harsanyi）在将信息不完全性引入博弈分析的前提下，定义了"不完全信息静态博弈"的均衡概念"贝叶斯—纳什均衡"（Bayesian-Nash Equilibrium），进而构建了不完全信息博弈理论。④20世纪70年代以后，博弈论正式形成了一个完整的理论体系。这一思想和方法打开了行为选择研究的大门，在新的视野下展现出了博弈分析的图景。

---

① [美]赫伯特·金迪斯：《理性的边界——博弈论与各门行为科学的统一》，董志强译，格致出版社、上海三联书店、上海人民出版社2011年版，序Ⅲ。
② 张维迎：《博弈论与信息经济学》，上海三联书店、世纪出版集团、上海人民出版社2004年版，第2页。
③ Reinhard Selten, *Spieltheoretische Behandlung Eines Oligopolmodells Mit Nachfagetraytheit*, Zeitschrift fur Die gesamate Staatswissenschaft, 1965, (12): 301-324.
④ John Harsanyi, "Games with incomplete information played by 'bayesian' players", *Management Scienence*, 1967, (14): 159-182.

2. 基本内容

博弈论是研究个体间行动选择的理论，一方个体做出策略选择取决于其他参与人的策略选择。[①] 这一研究途径要回答的核心问题是：在利益相互影响的局势中，决策主体的一方行动后，参与博弈的其他人将会采取什么行动？参与者为取得各自利益最大化应如何选择策略，最后才能达到力量均衡？博弈论研究决策主体在给定信息结构下如何决策以最大化自己的效用，以及不同决策主体之间决策的均衡。[②] 研究的根本出发点就是，严格地处理在战略博弈中参与者最理想行为和决定结局的均衡，博弈的结果在取决于某个参与者行动的同时，也取决于其他参与者如何行动。总之，研究不同博弈参与者之间的相互依赖、相互影响的理性决策行为，使具有理性的竞争者找到他们应采用的最佳战略，让每个参与者在特定条件下争取最大利益的过程中发掘具体行为背后隐含的逻辑机理，探明博弈行为所产生的具体影响。从本质上看，博弈论涉及策略及人与人之间的互动关系，作为一种研究策略相互依赖行为的科学，博弈论的研究对象是博弈行为或博弈行动。通过对博弈行为的分析，把握不同博弈参与者在博弈过程中相互制约、相互作用的规律，旨在导出合理结果并说明实际问题，在整个博弈过程中建立"如果—那么"式的命题是博弈分析最简洁的描述。

在此需要说明的是，本书所运用的博弈论属于博弈论的思想和方法。从构成要素来看，博弈论强调每个参与博弈的个体能够在充分考虑相互之间行为作用的前提下，分析行为可能产生的影响与后果，不同个体在互动过程中进行博弈，[③] 并且在追求自身收益最大化过程中作出策略选择。具体而言，这是一种有开始、结束和结果的研究途径，博弈参

[①] [美] 格若赫姆·罗珀：《博弈论导引及其应用》，柯华庆、闫静怡译，中国政法大学出版社2005年版，第3页。

[②] 郭鹏、杨晓琴：《博弈论与纳什均衡》，《哈尔滨师范大学自然科学学报》2006年第4期。

[③] Kooiman Jan et al., "Interactive governance and governability", *The Journal of Transdisciplinary Environmental Studies*, 2008, (7): 29-50.

与者之间的策略对抗、竞争或面对一种局面时作出策略选择。通常情况下，博弈论的基本概念包括参与人、行动、信息、战略、支付、结果和均衡，其中，参与人、战略和支付是描述一个博弈所需要的最少要素，而行动和信息是其"积木"。参与人、行动和结果统称为"博弈规则"（the rules of the game）。博弈分析的目的是使用博弈规则预测均衡，[①] 更进一步讲，博弈分析就是运用以上要素系统研究各种各样的博弈问题，寻求各参与人合理选择策略情况下博弈的解，并且谈论和分析这些解。下面论述本书应用到的博弈分析基本概念的内涵和特征。

一是参与人（player）。参与人，又称为博弈参与者，是指博弈中选择行动以最大化自己效用的决策主体，是博弈过程中独立决策、独立承担后果的个人和组织。参与人可能是自然人，也可能是企业、国家等团体，甚至可能是OPEC、欧盟等若干个国家组成的集团。这一过程的互动关系是一种反思性的理性认识。[②] 对于参与人而言，具有在维护己方根本利益基础上的问题解决意愿。[③] 一般而言，参与人一般表示为 i = 1, …，通过选择策略来最大化自身支付水平是每个参与人的目标。

二是行动（action or move）。行动是参与人在某个决策时点的决策变量。与行动有关的重要问题是行动顺序（order of play），这一依据是静态博弈与动态博弈的区分标准，不同的行动顺序导致每个参与人的最优选择和博弈的结果有所差异。特别是在不完全信息博弈中，后行动者可以通过观察先行动者的行动来获得信息，从而使博弈分析成为预测人的行为的一个强有力的工具。[④]

三是信息（message）。信息，即参与人所掌握的对选择策略有帮助

[①] 张维迎：《博弈论与信息经济学》，上海三联书店、世纪出版集团、上海人民出版社 2004 年版，第 26 页。

[②] Kooiman Jan, "Exploring the concept of governability", *Journal of Comparative Policy Analysis: Research and Practice*, 2008, 10 (2): 171-190.

[③] 李亚：《利益博弈政策实验方法：理论与应用》，北京大学出版社 2011 年版，第 98 页。

[④] 张维迎：《博弈论与信息经济学》，上海三联书店、世纪出版集团、上海人民出版社 2004 年版，第 26—27 页。

的情报资料；在一定的约束条件下，每个人都会追求自身利益最大化，并且在交往合作过程中会有利益冲突。信息是一种流动性嵌入资源，具备直接和间接的价值创造能力，直接影响到在直接相互作用时的决策以及决策的均衡问题，信息不对称是影响博弈的关键要素。作为物质存在的表现形式或载体，信息资源通过改变参与人的信息沟通影响博弈行为。

四是策略（strategy）。策略，又称为战略，是指参与人根据给定信息集中进行决策时可能选择的方法和做法。作为参与人选择行动的规则，参与人在博弈进程给定信息情况下，根据可供选择的策略集或策略空间，依据不同情况做出预先安排。策略空间是双方可能采取的行为集合，参与人的策略空间由每个参与人可供选择的若干个可供选择的策略构成。我们用 S_i 表示第 i 个参与人的策略空间，倘若 S_i 由 K_i 个策略组成，则表示为 $S_i = (S_{i1}, S_{i2}, \cdots, S_{iki})$。参与人的行为选择是博弈分析的重要解释变量，[①] 参与人在不同博弈中可供选择的策略数量不同，不同参与人即使在同一博弈中可选择的策略也常不尽相同。

五是支付（payoff）。支付，又称为收益，有时也被译为"报酬"，是指各参与人做出决策选择后的所得或所失，与参与人本身和其他参与人的策略选择都有关联。这种收益指在参与人特定的策略组合下得到或期望得到的效用水平，也就是博弈过程中具体的利益得失情况。在一个博弈的标准式表述中，每一个参与人的支付取决于所有参与人选择策略的组合，博弈双方的收益是不同参与人达成共识后的结果。由于不同参与人都是理性的单元，出于成本收益计算进行策略选择，集体和个体之间收益的平衡，通过集体行动实现目标。

六是结果（outcome）。结果是博弈分析所追求的均衡策略组合、均衡行动组合、均衡支付组合等，规定一个博弈必须对得失做出分析是博

[①] Dwyer Peter and Monica Minnegal, "Theorizing social change", *Journal of the Royal Anthropological Institute*, 2010, 16（3）: 629-645.

弈分析的标准。对应各参与人每一组的可能决策，每一个参与人获得确定或期望效应水平，在具体的策略组合下的得失是博弈都有的一个结果。博弈过程的不同导致博弈结果各异，具体而言，不同的策略选择导致不同结果，并且策略依存性越复杂，博弈结果也越复杂。

七是均衡（equilibrium）。参与人之间是否能够达成有效合约是合作博弈以及非合作博弈的纳什均衡形成的关键。① 均衡是所有参与人最优策略的组合。从某种程度上讲，博弈均衡是多个体利益互动的均衡现象，② 由参与人在一系列约束下互动或自组织生成，可以用相对不变的某些参量加以刻画相对的静止状态。策略性互动情景决定了博弈结构与均衡的性质，具有自我实施性的博弈均衡是围绕相关问题进行博弈生成的某种均衡状态。

博弈论的创立以及许多模型的创立，离不开观察现实互动过程，但从根本上讲，是将这些构成要素视为解释其他变量或自变量的函数。③ 个体的理性选择与策略是在人们的利益和行为有直接相互影响和作用的情况下发生的，博弈均衡是生成于多个主体复杂互动的、具有某种特殊性质的协调。④ 合作和非合作博弈只不过是对于博弈思想进行刻画的不同工具而已，不能截然分开，⑤ 二者的区别在于参与人能够达成一个具有约束力的协议并联合行动。合作博弈理论假定参与人可以相互协商并达成有效的协议，因而可以通过联合行动追求最佳结果。⑥ 在多个体复

---

① 魏良益、李后强：《从博弈论谈成渝地区双城经济圈》，《经济体制改革》2020年第4期。

② Soltani Arezoo, Prem Lall Sankhayan and Ole Hofstad, "Playing forest governance games: State-village conflict in Iran", *Forest Policy and Economics*, 2016, (73): 251-261.

③ Perc Matjaž et al., "Evolutionary dynamics of group interactions on structured populations: A review", *Journal of The Royal Society Interface*, 2013, 10 (80): 1-17.

④ 杨冠琼、刘雯雯：《国家治理的博弈论研究途径与理论洞见》，《中国行政管理》2017年第6期。

⑤ 董保民、王运通、郭桂霞：《合作博弈论——解与成本分摊》，中国市场出版社2008年版，第6期。

⑥ 彭宗超、马奔、刘涛雄：《合作博弈与和谐治理：中国合和式民主研究》，清华大学出版社2013年版，第72页。

杂互动中，策略性互动情境具有多样性。① 由于博弈论注重信息与博弈顺序的重要性，将上述两个角度结合起来，可以将非合作博弈划分为四种不同类型的博弈。为了准确解释博弈论的主要思想内涵，有必要明确完全信息和不完全信息、动态和静态的博弈类型。

划分博弈的第一个角度是参与人行动的先后顺序。按照博弈的时间或行动次序，博弈可以分为静态博弈（static game）和动态博弈（dynamic game）。静态博弈中的参与人并非一定要在同一时刻行动，却是同时选择行动。直到博弈结束之时，参与人彼此不了解对方正采取的具体行动，此时的效果仍等于同时行动的静态博弈。对于动态博弈而言，参与人的行动有先后顺序，而且后者能够观察到前者所选择的行动。② 在动态博弈中，由于参与人的行动存在先后次序，且后行动者可了解自身策略选择，据此选取最有利的策略。

划分博弈的第二个角度是参与人对有关其他参与人的特征、策略空间及支付函数的知识。按照参与人所拥有的信息结构，即参与人对策略选择和成败得失情况的了解可以分为完全信息博弈和不完全信息博弈两种类型，二者的划分依据是每一个参与人是否完全了解自身以及其他参与人的特征、策略空间、支付函数等要素。在博弈论中，完全信息（complete information）是指一个参与人对其他参与人的行动选择有准确的了解，在完全信息下的博弈称之为完全信息博弈③。与之相反的则为不完全信息（incomplete information），在不完全信息下的博弈称之为不完全信息博弈。此外，不同的博弈类型有着不同的均衡状态（见表1-1）。

---

① Hurwicz Leonid, "Institutions as families of game forms", *The Japanese Economic Review*, 1996, 47 (2): 113-132.
② 王刊良、王嵩：《非对称信息下讨价还价的动态博弈：以三阶段讨价还价为例》，《系统工程理论与实践》2010年第9期。
③ 马国顺、蔡红：《不完全信息下Cournot-Bertrand多维博弈模型及其均衡》，《管理评论》2014年第4期。

表1-1　　　　　　　　博弈的分类及对应的均衡状态

行动顺序＼信息	完全信息	不完全信息
静态	完全信息静态博弈均衡状态：纳什均衡特点：参与人对自己及其他方的策略空间、支付函数等充分了解，博弈在同时进行且只进行一次，举例：囚徒困境	不完全信息静态博弈均衡状态：贝叶斯—纳什均衡特点：至少有一方参与人对自己及对方的策略空间、支付函数等不了解，博弈在同时进行且只进行一次，举例：市场进入博弈
动态	完全信息动态博弈均衡状态：子博弈完美纳什均衡特点：参与人的行动有先后次序，参与人对自己及对方的策略空间、支付函数等充分了解，举例：房地产开发博弈	不完全信息动态博弈均衡状态：完美贝叶斯—纳什均衡特点：参与人的行动有先后次序，且至少有一方参与人对自己及对方的策略空间、支付函数等不了解，举例：信号博弈

资料来源：张维迎：《博弈论和信息经济学》，世纪出版集团、上海三联书店、上海人民出版社2004年版，第7页。

总的来看，虽然以上两大理论基础的侧重点有所差异，但二者最大的共同之处在于，一般假定参与决策的个体均为"理性的"，从而进行理性的逻辑思维与行动，[①] 这成为后文论述利益博弈行为逻辑的理论共识。人类行为的最终约束方式是利益约束，社会生活中的人以"经济人"为前提假设，在作出选择之前都要进行"成本—收益"分析。只有揭示不同利益相关者之间通过策略选择产生的相互依赖行为，探讨出交互式条件下的最优理性决策，才能在行为选择上平衡各方利益关系。基层综合行政执法的研究有其特殊性，在研究这一议题时，既要结合国内外已有研究成果，更要结合实践探索进行理论创新。因此，要对基层综合行政执法进行系统而完整的分析，就需要将其纳入一个一般性的分析框架，通过观察不同利益相关者关系的现状与变动，充分考虑利益博弈的行为逻辑，总结规律性的执法过程，如此才能进行较为全面的学理分析。因此，结合研究对象，基于利益相关者理论以及博弈论的思想和

[①] ［加］马丁·J. 奥斯本、［美］阿里尔·鲁宾斯坦：《博弈论教程》，魏玉根译，中国社会科学出版社2000年版，第323页。

方法，提出研究所需的分析框架，是一项亟待进行的理论研究工作。

二 分析框架：基层综合行政执法的分析逻辑

以上有关基层综合行政执法的相关概念界定、理论基础的回顾，尤其是对利益相关者理论以及博弈论的思想和方法的相关理论模型与结构要素的解析，有助于形成基层综合行政执法的理论分析框架。总体而言，本书的理论基础及其相关研究都蕴含和体现着利益博弈的基本理念，特别是运用博弈分析思维深度刻画了基层综合行政执法中利益博弈的行为机理，为实现基层综合行政执法中利益博弈的均衡状态找准了方向。

（一）分析框架的相关要素

本部分主要对基层综合行政执法的分析框架进行理论建构，具体而言，就是基于对利益相关者理论以及博弈论的思想和方法的理论发展和基本内容进行梳理和回顾，在寻求分析框架与研究内容契合度的前提下，通过对理论维度的提炼与整合，建构起"初始条件—博弈关系—博弈机理—利益均衡"的理论分析框架（见图1-3）。在建构起这一理论分析框架之前，首先要明确初始条件、博弈关系、博弈机理、利益均衡四者的内涵与外延，理顺以上要素之间的核心要义与逻辑关联，为建构完整的分析逻辑做出努力。

1. 初始条件

利益博弈的根源在于利益矛盾或冲突，由于利益生成过程中，对复杂的利益关系进行调整，不同的利益相关者在互相磨合中必然会出现利益矛盾或冲突，由此构成了利益博弈的初始条件。"利益被升格为人类的纽带——只要利益仍然正好是主体的和纯粹利己的——就必然会造成普遍的分散状态，必然会使人们只管自己，使人类彼此隔绝，变成一堆互相排斥的原子。"[①] 利益博弈的发生可能涉及经济、社会、文化、生产

---

① 《马克思恩格斯文集（两卷集）》，人民出版社1961年版，第94页。

```
利益生成 → 博弈关系类型 → 博弈行为机理 → 优化路径
初始条件      博弈关系        博弈机理        利益均衡
```

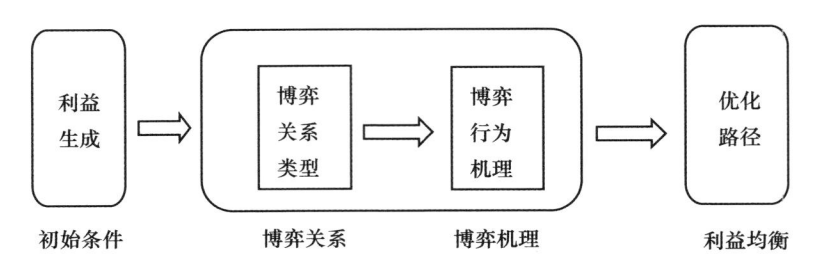

图 1-3 "初始条件—博弈关系—博弈机理—利益均衡"的分析框架

图片来源：笔者自制（2021）。

和生活等诸多层面因素的最客观、直接的核心因素。现代西方经济学理论将复杂的利益矛盾或冲突建立在"经济人"的考虑范围内，"借鉴经济学的工具，把这些工具应用到政治学的素材上，提供了一幅自由计算的和利己主义的个人组成的社会行为图，这些个人行为总是为了使他们的利益最大化"。[①]"绝不可以将政府行为过分理想化，政府同样存在'经济人'的缺陷。"[②] 由于自利性是利益主体的本质属性，每一个利益相关者都依据自己的偏好追求利益最大化。对此，"政策分析家早就意识到利益群体在政策过程的重要性，并且认为制定政策必然会对利益层次与权力造成冲击"。[③] 利益格局的形成越来越取决于围绕利益进行的博弈，[④] 具体表现为以矛盾论的视角将事物发展过程中的冲突具体化之后，在对抗性理论预设的基础上进行竞争性互动。从历史逻辑来看，利益相关者的变化过程实质是权力更替和社会组织结构演化的过程。尤其在面对复杂性问题时，处于相互关联环境下的各主体，形塑了新的利益结构，这就要求以系统的观点彻底审视利益生成的动力机制。

[①] [英] H. K. 科尔巴奇：《政策》，张毅等译，吉林人民出版社 2005 年版，第 117 页。
[②] 胡宁生：《现代公共政策研究》，中国社会科学出版社 2000 年版，第 178 页。
[③] Brugha Ruairí and Zsuzsa Varvasovszky, "Stakeholder analysis: a review", *Health Policy and Planning*, 2000, 15 (3): 239-246.
[④] 孙立平：《利益关系形成与社会结构变迁》，《社会》2008 年第 3 期。

第一章 相关概念界定和理论分析框架

博弈论侧重从客观外部因素分析利益博弈的前提条件,即利益博弈的本质特征、驱动因素,由此建立的主体正常运转机制必须以此为前提和标准。在这个过程中,不同利益相关者都以追求个人利益最大化为目标,遵循个人利益原则去交换产品、提供服务,力求以最小成本去获取最大收益。利益冲突的概念在学术语境中常常处于模糊和变动之后,[①]利益冲突的概念往往因"两船并行"("two ships passing")而变得复杂:人们对"利益"的理解往往是主观的,对"冲突"的认识常常是客观的。[②] 个人利益影响着公共利益,二者的关系好像是一个连续共同体,利益矛盾或冲突处于初始阶段,发展到一定程度变成了行为。[③] 质言之,公共事务涉及不同利益相关者,不仅是某一个人或某一个组织的需求,而且涉及多个个人或多个组织的共同需求,由此产生了利益分化,呈现出多元利益状态。而资源的稀缺性,加之各利益相关者追求个人利益最大化的"经济人"假设,不同利益相关者在维护和争取个人利益最大化的过程中,进行公开与直接的互动,建立在双方利益基础上的纷争与对抗演化成了利益冲突,由此构成了利益博弈的初始条件(见图1-4)。可见,不同利益相关者内部及主体间的利益矛盾或冲突成为利益博弈产生的根源。在不同阶段,不同利益相关者之间的长期互动或可视为"诱变性制度变迁"的过程。任何一项公共事物在不同阶段所经历的改革,呈现出不同时代的制度体系和利益格局的烙印,也反映了组织意志和利益主体在利益格局中的能动性。在多元利益状态下,不同利益相关者往往会构成一个多元化的行动者系统。

[①] Norman W. and MacDonald C., Conflict of Interest, In Brenkert, G. G. Brenkert & T. L. Beauchamp, eds., *The Oxford Handbook of Business Ethics*, Oxford, New York: Oxford University Press, 2010, p.451.

[②] Stark Andrew, *Conflict of Interest in American Public Life*, Cambridge Mass: Harvard University Press, 2000: 6.

[③] Kjellberg Francesco, "Conflict of interest, corruption or (Simply) scandals?", *Crime Law and Social Change*, 1995, 22 (4): 339-360.

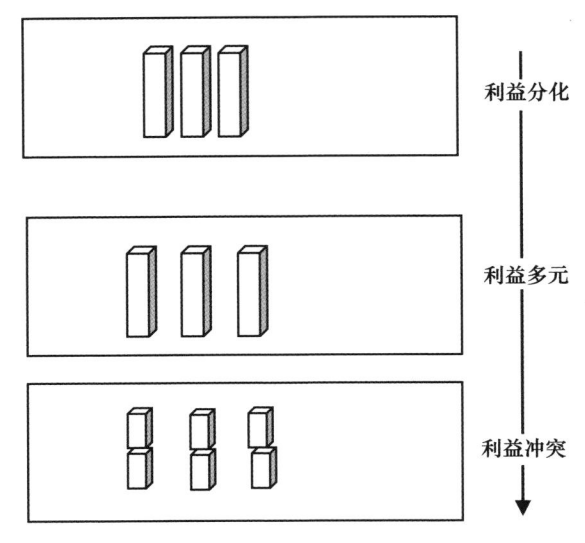

图 1-4　初始条件的图谱演示

图片来源：笔者自制（2021）。

利益的多元化是由公共事务的复杂性属性所决定的。现阶段，我们已经进入一个开放的社会，社会的多元化正在成为时代的新特征。[①] 在利益矛盾或冲突加剧的现实情况下，随着综合行政执法改革的深化，高度一致的利益格局从根本上发生改变，不同利益相关者并存、各利益相关者相互博弈的局面因之形成。法国哲学家克洛德·爱尔维修（Claude Helvetius）认为："利益支配着我们对各种行为所下的判断，使我们根据这些行为对于公众有利、有害或者无所谓，把它们看成道德的、罪恶的或可以容许的；这个利益也同样支配着我们对于各种观念所下的判断。"[②] 在基层综合行政执法中，实际上是不同利益相关者把自身的利益诉求投入"综合"之后的执法系统中，改革之后的治理新形态是一

[①] 张康之：《论主体多元化条件下的社会治理》，《中国人民大学学报》2014 年第 2 期。
[②] 北京大学哲学系外国哲学史教研室编译：《十八世纪法国哲学》，商务印书馆 1963 年版，第 456—457 页。

个利益相关者重新生成的过程,这关系到利益的重新分配以及利益主体的理性决策过程。利益博弈的发生条件是不同利益相关者之间的互动产生的利益冲突,从以上对利益博弈框架初始条件的解析来看,利益博弈的发生并非偶然,而是各种因素综合作用的结果。利益冲突产生的前提条件既有客观的外部因素,又有主观的内部因素,这些主客观因素的共同作用促使利益博弈发生。问题的复杂性成为利益博弈产生的最直接因素,在此基础上衍生出了一系列利益和资源的争夺现象。

2. 博弈关系

不同的利益相关者内嵌于互相联系的关系网络,主体行动的差异会带来不同的后果。[①]罗纳尔·米切尔(Ronald Mitchell)认为,利益相关者理论需要解决两个核心问题:"一是利益相关者的识别(stakeholder identification),即谁是利益相关者;二是利益相关者的特征(stakeholder salience),即企业管理者需要依据什么来给予特定群体以关注。"[②] 利益相关者就是一个群体,没有这个群体的支持,组织活动就难以为继。[③] 在多元化的行动者系统中,不同利益相关者扮演着何种角色又是一个需要优先解决的问题。博弈关系是由个体利益诉求的交织而成的集合,它涉及多个行为主体之间的复杂权利义务关系,个体需求的表达与整合需要以集体选择为依托。世界上的一切事物都处于不断运动、变化和发展之中,由于不同利益相关者之间的关系在实践过程中不断变化和发展,就利益关系的类型看,主要有利益主体关系、利益客体关系和利益性质关系三种。[④] 美国政治学家加布里埃尔·阿尔蒙德(Gabriel Almond)指

---

① Sisodia Rajendra, David Wolfe and Jagdish Sheth, *Firms of Endearment: How World Class Companies Profit from Passion and Purpose*, NJ: Wharton School Publishing, 2007: 103.

② Ronald Mitchell, Bradley Agle and Donna Wood, "Toward theory of stakeholder identification and salience: Defining the principle of who and what really counts", *Academy of Management Review*, 1997, 22, (4): 853-886.

③ Thanakvaro Thyl and De Lopez, "Stakeholder management for conservation projects: A case study of ream national park, cambodia", *Environmental Management*, 2001, 28 (1): 47-60.

④ 彭劲松:《社会主义初级阶段利益关系的分析方法》,《探索》1999年第6期。

出："当某个集团或个人提出一项利益要求时，政治过程就开始了。这种提出要求的过程称为利益表达。"① "关系性嵌入是指关系双方重视彼此间的需要与目标的程度，行动者可以直接通过网络中结点间的相互联系纽带来获取信息收益。"② 利益关系是与其相关的各类型利益相关者的态度相联系的认知关系，这种关系建立在组织行为的个人收益、价值认知和文化认同基础上。因此，在考察利益关系的永恒性时，还必须关注利益关系的特殊性。

利益相关者理论蕴含的思想指引着组织行为中不同利益相关者对其所处环境的系统审视。由此，需要回答谁是利益相关者、应以何种标准审视特定利益相关者以及如何协调不同利益相关者之间的博弈关系这三个问题。"人的本质并不是单个人所固有的抽象物，在其现实性上，它是一切社会关系的总和。"③ 利益趋向的一致性并不等同于每个利益相关者关系的一致性，这与其自身的状态有关。"一定的社会制度和体制实质上就是一定的利益制度及其体制，是保障、维护与协调不同利益主体间利益关系的制度和体制。"④ 博弈关系的分类需要分析各个利益关系状况的差别和联系，揭示其演变轨迹，尤其是分析利益相关者的地位和结构以及利益关系引致的问题。利益关系的调整有温和、渐进、激进等不同程度，换言之，利益关系总是在不断适应利益生产与创造的需要，而和谐的利益关系又在另一个层面上促进利益的生产与创造。⑤ 只要不同利益相关者相对存在，就会存在不同的博弈关系。利益相关者的重新生成也是一个博弈关系的重构过程，不同利益相关者之间的博弈关

---

① ［美］加布里埃尔·A. 阿尔蒙德、小 G. 宾厄姆·鲍威尔：《比较政治学——体系、过程和政策》，曹沛霖等译，上海译文出版社 1987 年版，第 199 页。
② 易法敏、文晓巍：《新经济社会学中的嵌入理论研究评述》，《经济学动态》2009 年第 8 期。
③ 《马克思恩格斯全集（两卷集）》，人民出版社 1961 年版，第 18 页。
④ 王伟光：《利益论》，人民出版社 2001 年版，第 211—212 页。
⑤ 孔爱国、邵平：《利益的内涵、关系与度量》，《复旦学报》（社会科学版）2007 年第 4 期。

系，主要强调的是网络中的关系特征，即"强连带关系"和"弱连带关系"，从而建构社会的"立体肖像"。在这一关系网络中，各节点之间的关系性嵌入是一种一一对应的线性关系，各节点与利益相关者之间的关系连接方式是一种以博弈关系为载体的多点对多点的复杂连接（见图1-5）。不同利益相关者首先嵌入组织结构中，组织给他们提供相应的权力和激励资源，从而基于结构安排发展出正式或非正式关系以完成既定目标，同时根据不同行动者特征采取具有针对性的措施，将变通或偏差控制在合理范围内。

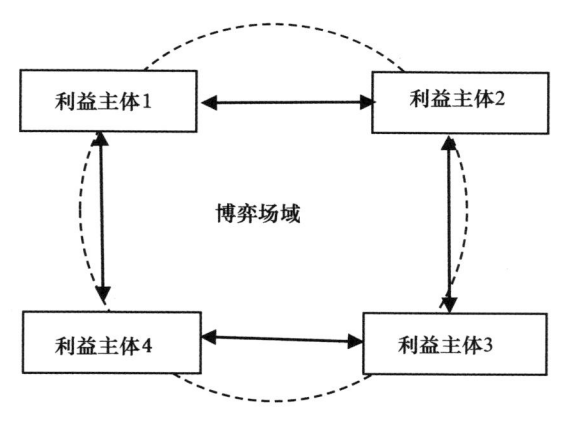

图 1-5 博弈关系的概念模型

图片来源：笔者自制（2021）。

博弈关系为理解不同利益相关者嵌入关系网络之间的联系提供理论解释，综合理解个体行为、关系结构和制度安排间的相互作用和演化。博弈关系是不同利益相关者之间权力关系、财政关系、公共行政关系的决定性因素，以利益为核心是博弈关系的真正内涵。换言之，解释组织效力或高或低的关键在于不同利益相关者之间的关系网络，基于利益关系形成关系网络使相互之间产生信任和互动。正如美国社会学家马克·格兰诺维特（Mark Granovetter）指出的那样，"行动者既不是独立于社会脉络之外的原子式存在，也不是固于其所属的社会角色，其带有目的性的行为动机实际上是嵌在真实运行的社会关系系统之中的。制度背景、网络关系与个体结构是相互作用与共同变迁的"。① 因此，博弈关系将研究重点集中在不同利益相关者之间的关系及嵌入其中的网络上，而不仅仅只关注个体行动的属性，为理解社会行动提供了一个更为立体、综合的视野。基层综合行政执法中建构起一种互动关系，必然涉及博弈关系，不同利益相关者建立在既有正式资源和非正式资源的基础上，在调节博弈关系上有着各自的作用与角色，必然涉及组织安排和激励设置问题。博弈关系的生成基于特定制度环境，个体的社会互动行为除了受内部动机的驱动，还受到其嵌入的水平与垂直关系网络中的信任、规则、权力、身份等的影响，而这些又都是受制于更大的制度结构。② 不同利益相关者内嵌的博弈关系逐渐构成影响执法行为的关系结构，不同博弈关系对利益博弈的演进产生着不同影响。因此，需要明确基层综合行政执法中的不同利益相关者，并对博弈关系进行类型学分析。

3. 博弈机理

"博弈论是系统研究各种博弈问题，寻求在各参与人具有充分或者有限理性能力的条件下，做出合理的策略选择和合理选择策略时博弈的结果，并分析这些结果的经济意义，效率意义的理论和方法。"③ 利益的有限性与利益关系影响着社会发展的规律，根据自身利益要求来分配利益的博弈参与者不断调整，取决于利益的创造与占有以及利益有限性的矛盾。在既定博弈关系之下，不同博弈参与者行为的动机、目的、方式上各有差异，并运用不同的策略来影响政策的制定和执行，博弈行为机理由此生成。不同博弈参与者都存在着"利他"和"利己"的双重

---

① ［美］马克·格兰诺维特：《镶嵌：社会网与经济行动》，罗家德等译，社会科学文献出版社 2015 年版，第 7 页。
② 温雪梅：《制度安排与关系网络：理解区域环境府际协作治理的一个分析框架》，《公共管理与政策评论》2020 年第 4 期。
③ 谢识予编著：《经济博弈论》，复旦大学出版社 2002 年版，第 6 页。

动机，前者是为社会和人民服务，后者是为单位、部门和个人服务。这将有力引导和支配不同利益相关者的行为，以排他性方式，通过策略选择获得个人利益最大化。从现代博弈论的角度来说，公共政策选择和规范伦理都是某种策略博弈的结果，①博弈构成了一种动态的利益冲突，行动者并非必然理性，但作出选择是成为某种程度上的"行动者"最基本的性质。②在社会生活中，不同的利益主体基于不同的社会关系，会形成不同的社会群体，从而产生各自的共同利益。③ 博弈论是指个人或者组织在特定条件的制约下依靠所掌握的信息，选择一种能为本方争取最大利益的最优策略的理论。④ 利益博弈是影响组织行为成败的关键性问题，有效的策略选择对利益博弈均衡起到约束功能。⑤

利益博弈是不同博弈参与者之间基于自身利益最大化诉求而展开的博弈过程，其机制便是双方最优的博弈策略组合——纳什均衡，具体而言，相互作用的经济主体在假定其他主体所选择的战略为既定时，选择自己的最优战略的状态就是实现了纳什均衡。⑥ 从经济学定义上讲，参与人的这样一种策略组合，在该策略组合上，任何参与人单独改变策略都不会得到好处。⑦ 在利益博弈过程中，合作博弈与非合作博弈浑然一体，是观察博弈行为的两种不同表现形式。由于非合作博弈的参与人，合作的前提是必须符合所有博弈参与者的利益。基于非合作博弈的研究对象，限制在个体理性决策上，往往会陷入"囚徒困境"，忽视博弈参

---

① Harsanyi J. C., *Handbook of Game Theory With Economic Applications*, Netherlands: North Holland, 1992: 669.
② Fudenberg Drew and Jean Tirole, *Game Theory*, Cambridge: The MIT Press, 1991: 21.
③ 邓伟志主编：《社会学辞典》，上海辞书出版社2009年版，第8页。
④ [美] 朱·弗登伯格、让·梯若尔：《博弈论》，黄涛等译，中国人民大学出版社2010年版，序Ⅱ。
⑤ Bryson John, "What to do when stakeholders matter: Stakeholder identification and analysis techniques", *Public Management Review*, 2004, 1 (6): 21-53.
⑥ 张卓元主编：《政治经济学大辞典》，经济科学出版社1998年版，第744页。
⑦ 钱津：《纳什均衡的内在张力及其消解》，《深圳大学学报》（人文社会科学版）2019年第2期。

与者之间可联合理性行为的缺陷,缺陷的弥补需要引入约束力协议的合作博弈。任何参与人自行破坏合作都是不理智的,因为他会因此遭到报复,从而使处境恶化。① 非合作博弈强调的是个人理性、个人最优策略,其结果可能是有效率的,也可能是无效率的。② 合作博弈是常常诉诸帕累托最优、公平和公正等要义的公理性,强调团体理性、效率、公正、公平,分析群体,研究集体理性如何实现及其实现时的合理分配方案,讨论群体利益的实现,而不涉及参与者联合对结局的影响。利益博弈是一个研究非合作博弈向合作博弈转变的过程,这一过程形塑共同参与、共同影响的策略选择。因此,参破博弈机理(见图1-6),推动各方利益的互动和协调,最终形塑一致的利益联盟是博弈行为利益均衡能否实现的重要前提。

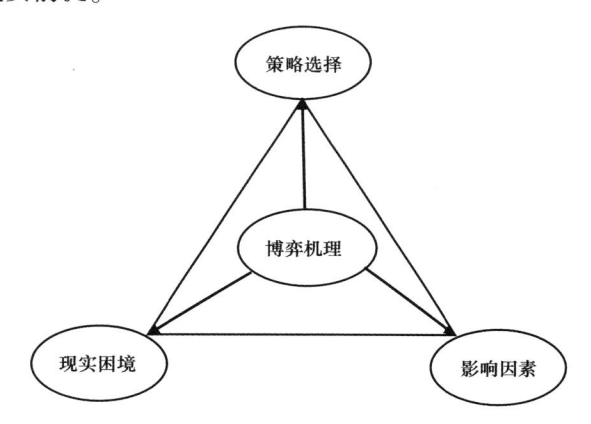

图1-6 博弈机理的构成要素

图片来源:笔者自制(2021)。

在既定博弈关系框架之下,有利益必然有博弈,不同博弈参与者的策略选择证明了任何一项公共事务都离不开作为行动者的博弈参与者的

---

① [美]戴维·M.克雷普斯:《博弈论与经济模型》,邓方译,商务印书馆2006年版,第11页。
② 张维迎:《博弈论与信息经济学》,上海三联书店、世纪出版集团、上海人民出版社2004年版,第3页。

共同参与，在剖析不同博弈参与者期望极值的前提下，需要根据激励相容原理寻求各方利益的均衡点。在此过程中，离不开各方的利益协调，需要明确主体收益期望的最大值以及取得最大值条件，进而依据激励相容寻求各方利益均衡点。激励相容能够有效地解决个人利益与集体利益之间的矛盾冲突，使行为人的行为方式、结果符合整体价值最大化的目标，实现个人价值与社会价值两个目标函数的一致化，从而促进发展。① 个体根据自身的趋利性和对外界环境的假设而进行策略选择，共同促进多元主体间伸缩有序的互动。只有认识和尊重不同博弈参与者的利益诉求，让对立方成为同行者，才能保证执法行为的有效执行。利益博弈涉及不同博弈参与者之间的利益格局或利益结构，运用博弈论的思想和方法使得博弈的行为机理更加直观化、具体化，通过对抗性分析和预设以及调和利益矛盾或冲突，有效发挥利益博弈的能动作用。在基层综合行政执法中，不同博弈参与者在"成本—收益"的权衡之下，应追求主动建构下的动态平衡。总之，基层综合行政执法中利益博弈的行为机理不是基于自上而下权力结构而忽略行政相对人的利益诉求，也不是以政府本位导向下的策略选择，本质上是不同博弈参与者围绕各自利益不断博弈与整合，最终达到博弈的均衡点。

4. 利益均衡

公共事务的复杂性决定了利益博弈将长期持续存在，为实现不同博弈参与者之间以利益均衡为核心的合作共赢，亟待提出解决对策。利益具有对立统一性与差异性，其在社会的发展过程中不断地分化组合。② 一般而言，不同博弈参与者出现利益冲突局部激化的根源不是缺乏有效控制，而是缺乏利益协调机制。从主观的内部因素看，不同博弈参与者之间产生相互信任，并在信任的基础上相互依赖，博弈困局亟待通过利

---

① 何爱平：《发展的政治经济学：一个理论分析框架》，《经济学家》2013年第5期。
② 梁甜甜：《多元环境治理体系中政府和企业的主体定位及其功能——以利益均衡为视角》，《当代法学》2018年第5期。

益均衡的调整机制加以解决,这种均衡强调的是动态优化的相对均衡,而非一成不变的绝对均衡。不同博弈参与者之间的有效协商和沟通,有利于公共利益的生成。① 利益均衡的核心价值追求是博弈过程控制的主要路向,博弈过程的控制过程必须建立在各主体遵循互动规则的前提下。在利益共存和利益相容的基础上,对不同利益矛盾或冲突进行先后排序以及上下位阶的调整,增进利益协调与认同,构建起可持续的利益均衡状态,从而促进各方满意目标的实现。从利益均衡视角出发,减少和克服执法中的矛盾或冲突,着眼于调整具体政策实施和限制利益博弈空间,调整各方利益分配以实现利益均衡,让各方在合理利益分配下达到利益均衡状态。而实现这一状态的关键在于,促进不同博弈参与者之间利益的协调。

不同博弈参与者都希望从合作产生的利益中分得最大部分。为避免类似于美国生态经济学家加勒特·哈丁(Garrit Hadin)于1968年提出的"公地悲剧",根据不同博弈参与者的利益本位主义倾向的发展行为,需要对利益做出制度上的合理安排,建立起合作的互信基础,采取符合彼此利益诉求的合作行为。也就是说,利益均衡是在正确的主体定位前提下,保障双方利益之间博弈的有理有序。只有均衡点才是理性的策略组合,并且只有均衡策略即导向某个这样的策略才是理性的选择。② 爱德华·弗里曼(Edward Freeman)等人提出,"利益相关者的利益需要动态平衡,需要彻底思考清楚新的架构、流程和职能,并将利益相关者纳入战略计划流程工作中考虑"。③ 主体之间的合作伙伴关系是利益均衡目标得以实现的重要基础,④ 只有基于利益博弈做出各种行为

---

① Scott Susanne and Vicki Lane, "A stakeholder approach to organizational identity", *Academy of Management Review*, 2000, 25 (1): 43-62.
② [德]沃尔夫冈·施波恩、陈伟:《怎样理解博弈论》,《哲学分析》2019年第3期。
③ [美]爱德华·弗里曼、[美]杰弗里·哈里森等:《利益相关者理论:现状与展望》,盛亚、李靖华译,知识产权出版社2013年版,第101页。
④ 施雪华、蔡义和:《利益均衡合作博弈模型与社会秩序稳定》,《北京师范大学学报》(社会科学版),2020年第4期。

第一章　相关概念界定和理论分析框架

选择构成某种较为稳定的利益形态，才能实现博弈失衡向博弈均衡的转变（见图1-7）。针对不同博弈参与者基于利益矛盾或冲突在实现各自利益诉求过程中的争夺现象，利益均衡状态的关键是从制度和机制上实现各方行为选择的统筹兼顾，通过推动利益均衡来实现博弈均衡，并非指分配结果意义上的利益平均分配。利益矛盾或冲突来源于利益博弈空间与具体政策实施和操作机制，这种利益均衡使不同博弈参与者的利益诉求都能够有获得表达的渠道并达成一致。

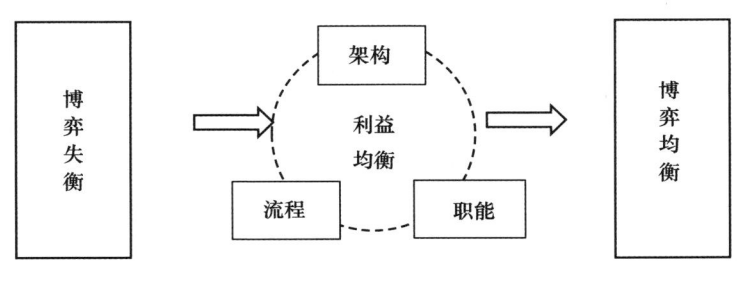

图1-7　利益均衡的逻辑结构

图片来源：笔者自制（2021）。

利益博弈是基层综合行政执法的实质牵引力，面对利益矛盾或冲突，利益博弈的均衡应因势利导调整行动策略，力求实现执法行为的帕累托最优。利益均衡涉及不同的博弈关系，是在某种利益格局中呈现出来的不同博弈参与者之间和睦相处、相对均衡的状态，这就要求从多维的整体思维协调多元利益以维护利益均衡。利益调整是对系统内各单位之间关系进行调适，使之具有一定的同向性、协调性乃至团结性的过程。[①] 基层综合行政执法由不同博弈参与者依据自身利益，重新调整复杂博弈关系的过程，是不同利益诉求在共存和相容的基础上，合理配置资源达成利益均衡状态。从本质上看，执法行为是利益博弈的过程，故

---

① 龚廷泰、戴锐：《社会利益关系中政府的角色定位与行为定阈》，《江苏社会科学》2001年第6期。

而将其视为利益博弈行为。利益均衡是一个满足不同利益相关者的利益诉求，弥合不同的利益冲突，使其在利益博弈的基础上达到一种相对均衡状态。博弈激励的设定往往依托于既有的组织协调发展出来的互动，理性的行动者在博弈时会选择最佳行为方式获取自身利益最大化。只有利益均衡基础上的双方合作，才能在对方的优势和核心能力中获益。因此，从某种意义上讲，利益均衡是社会和谐发展的合理诉求，也是不同利益博弈行为的现实旨趣。在基层综合行政执法中，形成了特定利益分配关系，现代政府运用引导、激励的手段去激活执法体系，长期的战略性发展在于对不同博弈参与者利益关切的回应。

（二）分析框架的内在逻辑

本书沿着利益相关者理论以及博弈论的思想和方法的主线，对基层综合行政执法进行学理和实践分析，厘清不同执法主体之间以及执法主体与行政相对人之间的博弈关系及其行为机理，并针对利益博弈中存在的问题，提出基层综合行政执法的优化路径。面对上述问题，得出了本书一些基本步骤：沿循"利益生成或者说利益博弈为什么会发生？""利益相关者有哪些？博弈关系分为哪些类型？""怎样进行利益博弈？""如何实现利益博弈的均衡状态？"的思路，通过构建"初始条件—博弈关系—博弈机理—利益均衡"的分析框架，揭示基层综合行政执法的有效运转需要围绕不同利益相关者及博弈关系进行系统化分析，深度刻画不同利益博弈行为机理，特别是提出基层综合行政执法的优化路径，促进利益博弈均衡状态的实现。

在本书中，结合基层综合行政执法的研究对象，在理论层面建构起一般性的分析框架，从"初始条件—博弈关系—博弈机理—利益均衡"维度廓清基层综合行政执法中利益博弈的行为逻辑，进而以利益均衡为核心导向，提出基层综合行政执法的优化路径，为进一步深化综合行政执法改革提供"路线图"启示。首先，在初始条件维度上，这是一个对基层综合行政执法利益生成进行研究以交代"利益博弈为什么会发生"的部分。这一利益博弈发生根源的探讨,也是厘清博弈关系的前提条件。其次,在博弈关系维度上,不同的利益相关者及博弈关系如何界定和分类?厘清不同利益相关者之间的博弈关系,从关系之维来回答不同执法主体之间以及执法主体与行政相对人之间利益博弈的关系类型。再次,在博弈机理维度上,对利益博弈行为机理进行探讨,分析不同博弈参与者之间的策略选择、现实困境和影响因素。最后,在利益均衡维度上,针对不同利益博弈过程存在的问题,提出基层综合行政执法的优化路径;对此,基于利益相关者理论以及博弈论的思想和方法,通过构建"初始条件—博弈关系—博弈机理—利益均衡"分析框架予以回应和解答,如图1-8所示。

在初始条件维度上,主要分析"基层综合行政执法中的利益生成"的问题。基层综合行政执法中的利益是不同利益相关者理性决策的基础,多元利益格局下的利益矛盾或冲突构成了利益博弈的根源。这一利益生成于基层综合行政执法的实践中,利益格局重构之后不同利益相关者之间的利益矛盾或冲突日渐显现。因此,需要剖析基层综合行政执法中利益的内涵及体现、生成情境,并且在系统梳理利益生成的历史演化基础上,剖析利益生成的基本特征。本部分旨在剖析利益博弈的根源,通过利益生成的深入探讨,以期为不同利益相关者之间博弈关系框架提供前提条件。

在博弈关系维度上,主要解决"基层综合行政执法中的利益相关者及博弈关系有哪些?"的问题。基层综合行政执法中的不同利益相关者处于一个复杂的博弈关系之中,不同博弈关系构成了利益相关者的行动脉络。首先需要对不同的利益相关者进行界定和分类,在客观评述不同利益相关者的利益诉求及行动偏好的基础上,对基层综合行政执法中的博弈关系进行类型学分析,深入挖掘各种博弈关系的表现形式,明晰利益博弈的宏观架构。由此得出,由于基层社会公共事务复杂性,不同利益相关者之间存在多种类型的博弈关系。这一部分的研究也为博弈机

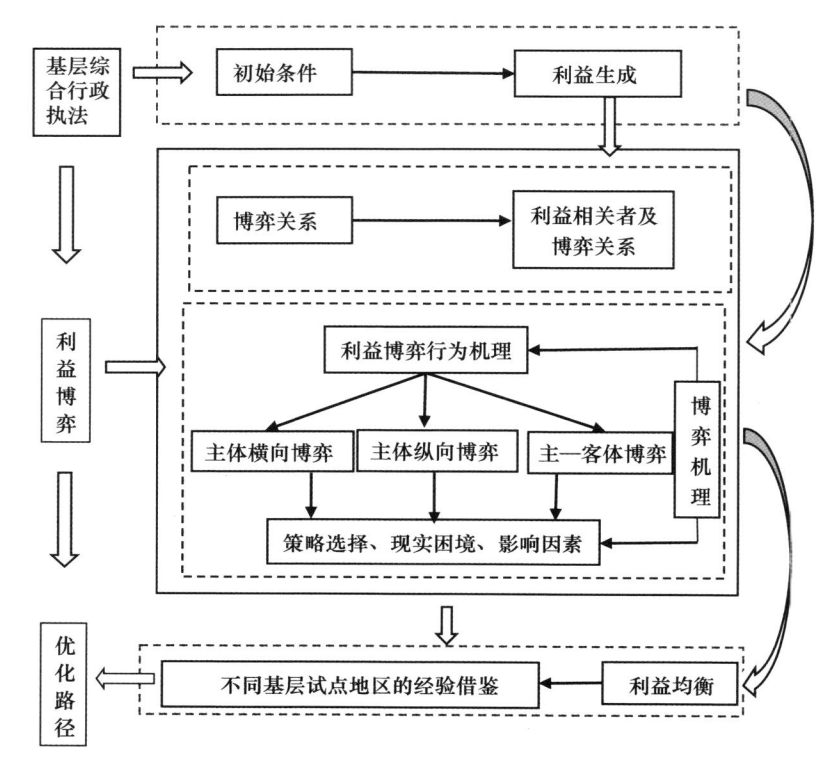

图 1-8　基层综合行政执法分析框架的内在逻辑

图片来源：笔者自制（2021）。

理的分析搭建起了关系框架。

在博弈机理维度上，主要解决"基层综合行政执法中利益博弈的行为机理如何产生？"的问题。基层综合行政执法是一个典型的利益博弈过程，基于前文厘清的主体横向、主体纵向和主—客体的博弈关系脉络，不同博弈参与者之间呈现出不同的博弈行为机理。基于 W 市的经验证据，生动呈现了不同博弈参与者之间利益博弈的行为机理，一方面，运用博弈论的思想和方法，在构建不同利益博弈模型的前提下，勾勒出利益博弈中不同博弈参与者的策略选择；另一方面，分别总结归纳出不同类型利益博弈所面临的现实困境和影响因素，从而为后文优化路径的提出提供经验支撑。

在利益均衡维度上,主要解决"如何回答推进基层综合行政执法的优化路径?"的问题。利益均衡旨在实现不同博弈关系中以利益均衡为核心的合作共赢。如果不同博弈参与者之间的利益博弈缺乏协调机制,则会导致执法矛盾加剧,必然影响到博弈均衡的实现。这就要求需要根据不同博弈参与者各自的利益诉求引导他们从博弈失衡走向博弈均衡。本部分在分析不同基层试点地区执法模式的经验的基础上,着重通过对W市综合行政执法过程中不同利益博弈行为机理的观察,提出基层综合行政执法的优化路径,推动不同博弈参与者之间利益均衡状态的实现。

综而观之,在深化综合行政执法改革背景下,基层综合行政执法已经发生了从组织结构到行为方式的全方位变化。从公共政策执行的博弈分析视角出发,基于利益相关者理论和博弈论的思想和方法,通过构建"初始条件—博弈关系—博弈机理—利益均衡"的分析框架,得出了本书的基本步骤,初始条件、博弈关系、博弈机理、利益均衡构成了一个层层递进的统一体。这一分析框架坚持以不同执法主体之间以及执法主体与行政相对人之间的博弈关系及其行为机理为研究的核心目标,沿着的技术路径和思维方法进行交流,体现了利益博弈作为中心要素的考量。因此,这一四维互嵌耦合分析框架,强调了利益博弈的综合功能和实用价值,在本书的研究中具有先导作用。

第三节 分析框架之于基层综合行政执法研究的适切性

基于利益相关者理论以及博弈论的思想和方法建构起的理论分析框架,为基层综合行政执法研究提供了基本参照。很明显,利益博弈是基层综合行政执法的实践表征,这一分析框架以此为焦点,重新演绎新的执法模式下不同利益相关者利益博弈的逻辑理路。这一分析框架既契合了研究的中心主题，又有效解释了研究对象的内在逻辑，为后文的研究提供了根本遵循。

一 分析框架之于基层综合行政执法研究的契合性

经历执法体系的结构性重组之后，基层综合行政执法是一种不同执法主体之间以及执法主体与行政相对人之间的多重博弈。在现实中，基层综合行政执法面临的情境是复杂多元的，相互交叉重叠的主体性、关系性、互动性因素共同影响着执法效果。因此，提出构建一般性和创新性分析框架，对基层综合行政执法研究具有相当的契合性。

首先，初始条件的定位是对基层综合行政执法中利益生成的探讨。利益生成为基层综合行政执法提供了前提条件，基层综合行政执法中的利益是一种有着既定内涵的体现，发生于特定情境，并且在基层综合行政执法二十多年的发展中有着自身的实践逻辑。其次，博弈关系的厘定是对基层综合行政执法中的不同利益相关者之间关系脉络的勾勒。在基层综合行政执法中，由于不同利益相关者之间的利益矛盾或冲突促进了博弈关系的形成。再次，博弈机理的剖析是不同利益相关者在博弈关系框架下呈现的行为机理，不同博弈关系下的博弈参与者的行为选择造成了执法力度和效果的差异。一方面，执法体制的完善和权力结构的优化，促进了不同执法主体的协作和联动；另一方面，现阶段，执法主体与行政相对人之间天然的利益矛盾或冲突有了调和的可能。最后，利益均衡是优化基层综合行政执法的核心要求，只有建构起从"博弈失衡"到"博弈均衡"的优化路径，才能实现利益博弈的合作共赢。不难理解，基层综合行政执法中的不同博弈利益相关者已经联为一体，任何个体都无法"独善其身"，执法效能的提升在很大程度上取决于利益博弈的均衡与否。质言之，这一分析框架契合了研究所需，具有较强的包容性。

二 分析框架之于基层综合行政执法研究的有效性

在基层综合行政执法中,执法良性运转离不开科学的战略规划、积极的介入行动、清晰的权责配置、有效的政策工具等要素。只有推动不同利益相关者在利益共存的博弈空间中有所作为,实现不同利益相关者在具体执法实践的利益均衡,形成规范的利益博弈状态,才能促进基层综合行政执法的优化。

基层综合行政执法更多强调的是行政执法的方式和效率,执法能力是执法主体贯彻实施公共政策的意图、愿望的能力,综合行政执法拥有更为繁杂的内容,必然拥有传统意义上的基层行政执法所不能包容的新逻辑和新挑战。在当下的条件下,基层社会现有的执法秩序中存在的各种利益矛盾或冲突,若要妥善解决,就必须加强博弈分析,以保障不同利益相关者参与博弈的有序化和规范化。基于所构建分析框架研究基层综合行政执法中利益博弈的行为逻辑及进一步优化的路径,可用以下观点加以说明,这一分析框架的主要吸引力在于:一方面,能够为执法行为研究提供一个可能的渠道。从利益生成、博弈关系、博弈机理、利益均衡四个维度,对利益博弈的行为逻辑,进行了从初始状态到未来进路的论述,推动执法朝着更加客观公正的方向发展;另一方面,有助于弥补执法行为不足,促使博弈规则反作用于执法行为,推动基层综合行政执法中不同利益相关者的良性互动,使利益博弈更具稳定性和确定性。这一分析框架刻画了利益博弈行为逻辑的完整图谱,有利于突破执法效能提升的梗阻,促进良法善治的实现。

第四节 本章小结

本章在对基层综合行政执法研究中的核心概念进行界定,并对利益相关者理论以及博弈论的思想和方法进行系统回顾之后,结合基层综合行政执法的"面上特征"提炼和总结出一般性的理论分析框架。首先，由于本书的研究对象和理论工具均包含了一系列核心概念，通过对基层执法、综合行政执法、利益博弈以及利益相关者等核心概念的内涵和外延或者本质特征的分析，奠定了本书研究的概念基础。其次，基于利益相关者理论以及博弈论的思想和方法，提炼出"初始条件—博弈关系—博弈机理—利益均衡"的理论分析框架，对每个维度的理论依据进行诠释，并分析了该理论分析框架的内在逻辑，这一逻辑为后文聚焦于微观的行动者，剖析基层综合行政执法中利益博弈的行为逻辑，并提出基层综合行政执法的优化路径提供了研究依据。最后，通过契合性和有效性的分析发现，这一四维互嵌耦合分析框架，对基层综合行政执法的研究具有较强的适切性。通过本章对相关概念的界定以及理论分析框架的建构，为进行后文具有代表性和典型性的"个性"案例研究做了理论铺垫。

第二章
初始条件：基层综合行政执法中的利益生成

基层综合行政执法这种公共政策执行活动中的利益是影响不同利益相关者行为选择的核心内容。利益分配是基层综合行政执法这种典型公共政策执行活动的基本表现，公共政策方案因涉及多元主体的利益纠纷而难以达成决策共识，① 利益矛盾或冲突是利益博弈的根源。从本质上讲，作为一种典型的公共政策执行活动，基层综合行政执法就是不同利益相关者之间基于利益得失的考虑而进行的一种利益博弈的过程，所以，不了解基层综合行政执法这种公共政策执行活动中的利益，我们就无法深刻理解基层综合行政执法这种公共政策执行活动的内在机理。本章对基层综合行政执法中利益生成的探讨，不仅是对初始条件的构建，也是对利益博弈的溯源性分析。

第一节 基层综合行政执法中利益的内涵及体现

利益是人类生活实践中最基础的社会现象，不同利益相关者在一定

---

① 王佃利、付冷冷：《行动者网络理论视角下的公共政策过程分析》，《东岳论丛》2021年第3期。

的利益关系中认识利益问题。基层综合行政执法这种公共政策执行活动中的利益是一种基于特定场域的利益类型,不同利益相关者之间的相互作用关系基于利益产生,并且直接关系到政治目标、法治目标及社会目标之间的平衡。这一看似抽象的概念,却是行政执法这种公共政策执行活动过程中不同利益相关者作出行为选择的基本依据,因此,必须审慎探求其内涵及体现。

一 基层综合行政执法中利益的内涵

作为一种典型的公共政策执行活动,基层综合行政执法中的利益是执法过程中不同利益相关者的价值取向和决策的基础。我们只有正确认识和把握基层综合行政执法这种公共政策执行活动中利益的内涵,才能为理解利益何以生成、利益博弈为何发生提供前提。根据其与利益的种属关系,这一利益的探索与发现,需要从利益的本质切入。就目前学界的研究现状而言,关于利益本质的界定十分丰富,大致可概括为以下四种代表性观点:其一,好处说。《辞海》将其解释为:"好处。如:集体利益、个人利益。"[①] 这是人们日常生活中对利益的本质最为通俗,也是一种被人们广泛接受和运用的理解,但是这一认识并未触及利益的深层次内容,也未对利益生成过程做出解释。其二,幸福说。法国启蒙思想家保尔·霍尔巴赫(Paul Holbach)认为,"所谓利益,就是每一个人根据自己的性情和思想使自己的幸福观与之联系起来的东西"[②]。这一说法有着快乐和幸福的指向,是人们对利益的一种主观感受,但是利益对象和利益来源的客观性却并未得到认同。其三,需要说。《中国大百科全书·哲学卷》提出,"利益是人们通过社会关系所表现出来的

---

① 辞海编辑委员会编纂:《辞海》,上海辞书出版社1999年版,第4929页。
② [法]保尔·霍尔巴赫:《自然的体系(上卷)》,管士滨译,商务印书馆1964年版,第271页。

第二章 初始条件：基层综合行政执法中的利益生成

不同需要"。① 这一说法通过利益与人相结合来揭示利益关系，但是并未体现利益主体与客体之间的关系，仅是一种基于单一视角的界定。其四，社会关系说。马克思认为，"利益是社会化的需要，人们通过一定的社会关系表现出来的社会需要。利益在本质上属于社会关系范畴"。② 德国学者克里斯蒂安·沃尔夫（Christian Wolff）认为，"利益是一个主体对一个标的（客观）上具有的'积极关系'"。③ 这一说法将利益视为一种主体与客体的社会关系，利益的实现是这种关系的结果，并且体现为主体的生存与发展。

本书倾向于社会关系说的观点，认为基层综合行政执法这种公共政策执行活动中的利益是一种社会关系。利益关系是一切社会关系的核心，④ 公共政策是一定利益的确认形式，所体现的意志的背后是各种利益。⑤ 基层综合行政执法作为一种重要的公共政策执行行为和社会实践活动，必然蕴含着丰富的利益关系。在基层综合行政执法这种典型的公共政策执行活动中，利益相关者的存在和变化往往伴随着利益关系的调整，这一利益是不同利益相关者相互作用的过程和结果。因此，本书将基层综合行政执法中利益的内涵作如下界定：基层综合行政执法中的利益是客体对主体的存在和发展的一种肯定性关系，是主体需要和满足主体需要的资源在执法行为作用下的统一。更进一步讲，这一利益是不同利益相关者理性决策的基础，是主观感知的需要满足和客观存在的利益诉求的有机结合。一方面，基层综合行政执法中的利益普遍且客观地存在于执法过程的不同环节中，与执法资源配置、执法职能履行、执法流程优化、执法理念重塑、执法责任落实等客观需要相联系。执法的理想

---

① 中国大百科全书总编辑委员会《哲学》编辑委员会、中国大百科全书出版社编辑部编：《中国大百科全书·哲学（Ⅱ）》，中国大百科全书出版社1987年版，第483页。
② 李淮春主编：《马克思主义哲学全书》，中国人民大学出版社1996年版，第376页。
③ 陈新民：《宪法基本权利之基本理论》（上），（台北）三民书局1992年版，第134页。
④ 洪远朋：《中国社会利益关系的系统理论思考》，《探索与争鸣》2011年第2期。
⑤ 丁煌：《利益分析：研究政策执行问题的基本方法论原则》，《广东行政学院学报》2004年第3期。

状态是通过执法行为有效增进公共利益，使执法过程中的利益关系得到调整，利益诉求得到合理、均衡的满足，将利益矛盾或冲突控制在有限范围内。另一方面，基层综合行政执法中的利益又与执法过程中不同执法主体以及行政相对人相联系，为了维护自身利益，不同执法主体以及行政相对人往往通过一定途径来表达自身的利益诉求，尽最大努力维系在当前与未来的具体利益，扩大自身对社会资源的占有比例。总而言之，这两方面的特性使基层综合行政执法中的利益兼具稳定性与变动性，并且这一利益已经成为作为政策执行主体的不同执法主体以及作为政策目标群体的行政相对人作出行为选择的重要考量。

二 基层综合行政执法中利益的体现

利益是基层综合行政执法这种公共政策执行研究中的一个极为关键的要素，作为一种典型的公共政策执行活动，行政执法既是一定利益的确认形式，也是利益的调整工具和分配方案。基层综合行政执法中的利益衍生出了不同利益相关者之间的矛盾或冲突，成为不同利益相关者作出行为选择的根本驱动。以执法人员与摊贩的利益关系为例，一个城市需要的是"面子"，而小贩需要的是"肚子"。[①] 面对以大量活跃在街头的摊贩为主要代表的目标群体给基层综合行政执法带来的难题，为了维持城市的公共秩序以及市容市貌，执法人员不得不加大执法力度，执法主体与目标群体的关系也变得紧张，执法冲突时有发生且造成负面的社会影响，不时成为舆论焦点。随着地摊经济的升温，执法难度不断加大，更可能会发生冲突。为了城市"面子"而履行职责的执法人员与为了"肚子"而谋求生计的摊贩之间的利益取向存在差异，对摊贩而言，为了维护基层秩序的执法人员而损害了自身最基本的生存需要，为了生存而不得不与执法人员发生冲突。更进一步讲，执法人员与摊贩的

---

① 韩志明、孟宪斌：《从冲突迈向合作：城管与摊贩关系的演进及其反思》，《公共管理与政策评论》2018 年第 3 期。

利益表现为一种社会关系,在资源稀缺的条件约束下,不同利益相关者之间存在长期性和不可避免性的利益矛盾或冲突。

如同其他公共政策执行活动一样,基层综合行政执法也承载着利益的主体内容,利益是依托行政执法这种公共政策执行活动进行分配或再分配的。总体而言,根据不同的利益分类,既可以包括个人利益与公共利益、局部利益与整体利益、当前利益与长远利益、宏观利益与微观利益、物质利益与精神利益、合法利益与不合法利益、合理利益与不合理利益,还可以包括政治利益、经济利益、文化利益、社会利益等利益类型。更进一步讲,基层综合行政执法中的利益可具象化为技术、财力、人力、制度、权力等资源。利益是广泛、多元的,不同分类下的利益边界也可能是交叉重叠的。在基层综合行政执法中,必须承认并肯定多元利益状态的合法性,但是不同利益相关者由于利益差别而产生利益矛盾或冲突,并在此基础上产生各不相同的利益博弈现象。这就要求从社会关系的本质出发对不同执法主体与行政相对人的社会需要予以规定和理解,充分发挥其积极作用。利益的大小取决于不同利益相关者需要的满足程度或对所需稀缺资源的占有程度,在多元利益状态下,不同利益相关者对基层综合行政执法中的利益表现出较强的对客体事实的主观差异性。不同利益相关者对利益的谋取、竞争和争夺是一种思想认识和主动追求,但是执法中的主观差异性表现为执法过程中的感受各有侧重。不同利益相关者在一定社会环境下对执法活动的利益产出具有承担、追求、占有的诉求。由于政策供给、个体资源禀赋与发展机会的差异,执法目标与价值、诉求间存在某种利益结构的张力,多元利益状态随之体现,甚至导致执法偏差现象。

第二节 基层综合行政执法中的利益生成情境

基层综合行政执法中的利益是基于执法实践过程生成的,具有情境性因素。情境为利益生成提供了约束和机会，并且影响组织行为的发生以及行为的意义，其本质是一种环境刺激。① 探究利益生成于何种具体的情境，有助于掌握利益生成的背后逻辑，得到一个接近于真实的概貌（见图2-1）。情境因素促进了基层综合行政执法中利益的客观呈现，影响着利益博弈的稳定与发展，因此，需要通过关注具体情境的变化，对利益生成的规律进行解读。

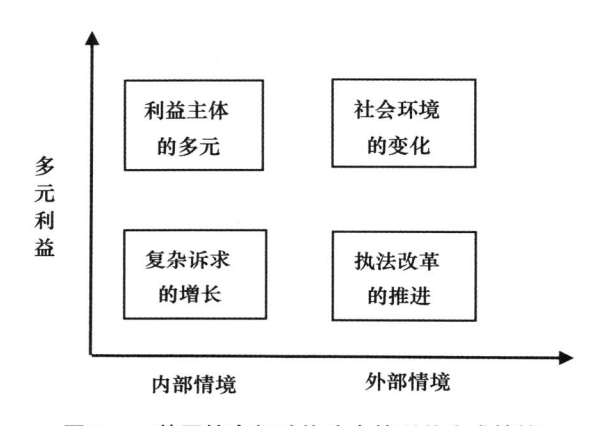

图 2-1 基层综合行政执法中的利益生成情境

资料来源：笔者自制（2021）。

一 基层综合行政执法中利益生成的外部情境

任何一项政策的执行都会受到所处国家政治经济社会文化状况、制度条件等环境因素的制约。② 基层综合行政执法的执法界面广、难度大，不平衡、不充分问题显得尤为突出。环境因素直接关系利益生成以及不同利益相关者在执法中的博弈态度。外部情境是利益生成的驱动，探讨这一情境，则需要分析外部环境对基层综合行政执法的影响力。

---

① Johns Gary, "Advances in the treatment of context in organizational research", *Annual Review of Organizational Psychology and Organizational Behavior*, 2018（5）: 21-46.
② 陈振明、吴勇锋:《中国公共政策执行的实践优势与制度逻辑》,《科学社会主义》2021年第4期。

（一）社会环境的变化

利益的生成受社会环境条件的制约，人创造环境，同样环境也影响人。① 随着经济结构的深度调整，社会结构快速转型，社会环境快速变化，不同利益相关者的行为方式和思想观念也随之发生深刻改变。利益是既定社会关系的聚集，利益格局是在社会关系框架内的利益分配基础上形成的。② 利益是存在于任何一个时代的社会元素，社会发展不平衡、各种矛盾问题突出促成了利益分化的事实，利益博弈并非今天所独有。"在一个利益分化和利益博弈的时代，任何一个具体的经济社会事务都可以成为一种利益，从中滋生出一群分享这种利益的人，并围绕这种利益进行博弈。"③ 就基层综合行政执法中利益生成的社会环境而言，尤以城镇化的快速推进最为显著，占道经营、违章搭建、空气污染、噪声污染、环境脏乱等一系列牵涉到不同部门的问题，使执法的复杂性日趋加重。根据国家统计局公布的数据，1980 年末我国常住人口城镇化率只有 19.39%，到 2021 年末达到 64.72%，④ 预计到 2035 年，城镇化率达到 70%。⑤ 面对经济社会发展的新局面，衍生出了更为复杂的社会环境，使利益分化更为显著。复杂环境包括组织资源的匮乏、公民需求的无限性和多样性、环境对街头官僚的威胁与挑战（心理与身体）及对他们工作期望的冲突与不确定性等。⑥ 由于所有个人和组织基于对不

---

① 赵政：《论思想政治教育利益的生成与社会环境创设》，《河南社会科学》2020 年第 11 期。
② 臧乃康：《区域公共治理资源共建共享的优化配置》，《南通大学学报》（社会科学版）2017 年第 2 期。
③ 孙立平：《博弈：断裂社会的利益冲突与和谐》，社会科学文献出版社 2006 年版，第 20 页。
④ 《中华人民共和国 2021 年国民经济和社会发展统计公报》，2021 年 4 月 7 日，中华人民共和国中央人民政府网，http://www.gov.cn/shuju/2022-02/28/content_5676015.htm。
⑤ 《国务院关于印发国家人口发展规划（2016—2030 年）的通知》，2021 年 4 月 7 日，中华人民共和国中央人民政府网，http://www.gov.cn/zhengce/content/2017-01/25/content_5163309.htm。
⑥ Michael Lipsky, "Street-level bureaucracy and the analysis of urban reform", *Urban Affairs Review*, 1971, 6 (4): 391-409.

同环境的适应呈现出理性或者自然的系统属性,① 基层综合行政执法是因应社会环境不断复杂化、不确定化要求而形成的。不同利益相关者所在单位性质、等级、权力等属性的不同,导致利益分配有所差异,自觉或不自觉地处于对立状态,由此演变出不同的利益交叉点,多元利益状态随之产生。

(二) 执法改革的推进

根据基层社会发展变化要求,综合行政执法改革联系和组合了不同领域和层级的执法要素。从改革趋势来看,基层综合行政执法经历了从相对集中行政处罚权、委托行政执法到住房和城乡建设部归口负责、综合执法的粗放到精准的转变。改革强调执法功能的整合,必然意味着利益的重新分配和调整,利益矛盾或冲突在改革中解决,也在改革中形成。在一定程度上,现代政府制定公共政策以及有效地执行公共政策可以从侧面折射出政府的行政能力与治理能力。② 改革的初衷在于着眼于良性互动取代彼此对抗的博弈关系,避免关系离散态势的升级。综合行政执法改革对利益的分配和调整表现在,打破了旧有的利益结构,实现职能整合,重新整合功能模块、专业领域和行政链条。W市高度重视综合行政执法改革工作,市委、市政府将其列入全市十五项改革之首,2017年6月17日,W市委编办完成所在地市C市首家县市级综合行政执法局"三定"③ 方案,陆续实现了包括执法事项和执法范围的"两个全覆盖"目标。就执法事项而言,目前,已经完成了面上的机构缩减任务,经过一个系统的机构调整和相对集中行政处罚权制度的改革过程,执法机构得到精简,优化了执法载体,原分散在若干行政主管部门的行政执法权部分或全部集中起来,由结构性分权转向整体政府,部门内执法转变成部门间协同,形塑了基层综合行政执法"上管天、下管地、中

---

① Lawrence Paul and Jay Lorsch, *Organization and Environment*: *Managing Differentiation and Integration*, Boston: Graduate School of Business Administration, 1967: 51.
② 陈震聘:《公共政策与政府治理能力》,《学术论坛》2015年第9期。
③ "三定"指:机构设置、职能配置、人员编制规定。

间管空气"的跨部门执法常态。就执法范围而言，W 市持续推动执法重心从县区向镇街下移，这必然涉及现有政府体制内部的组织重构和行政权力重新配置，重新归并、调整和配置现有执法职能、执法机构和执法方式。W 市形成了一个联结不同利益相关者的关系网络，在个体层面上实现执法的共同参与，正是由于改革发生了结构性的重构。改革的两大趋势遏制了职能分散交叉和执法资源浪费现象，也推动了多元利益状态的生成。

二 基层综合行政执法中利益生成的内部情境

基层综合行政执法中不同利益相关者之间事端丛生、纷争不断的根源在于利益矛盾或冲突。利益生成的内部情境源于利益相关者本身，由于执法结果可能会涉及不同的利益相关者，这绝非一个下级完成上级指令的技术性操作，而需考虑其主体及行为特征。内部情境是利益生成的支撑，探讨这一情境则需要以利益相关者的相关特质为观察点。

（一）利益主体的多元

在基层综合行政执法中，不同利益相关者围绕"社会资源和社会机会进行合理配置"[①] 进行的博弈形塑了相对稳定的利益状态。基层综合行政执法中利益生成突出表现为利益主体的多元，主体是一种能够自主的东西，是能够自主的主动者、活动者，自主性就是主体之为主体的特性。[②] 行政执法中存在着多方利益主体的真实博弈，行政执法的效果也会受到多方利益主体的严重影响。[③] 现阶段，执法以不同执法主体和行政相对人为起点，建立起多种多样的协作共生关系。由于调整的利益对象范围广，执法活动需要多主体协同，执法行为的选择得益于协商与合

[①] 郑杭生：《抓住社会资源和机会公平配置这个关键——党的十八大报告社会建设论述解读》，《求是》2013 年第 7 期。

[②] 王海明：《伦理学原理》（第三版），北京大学出版社 2009 年版，第 17 页。

[③] 杨解君、蔺耀昌：《综合视野下的行政执法——传统认知的反思与校正》，《江苏社会科学》2006 年第 6 期。

作、博弈与融合、共享与共治等方式。为了追求各自的利益目标，多元化的利益主体占据着不同的地位和社会资源，由此衍生出错综复杂的关系网络。就执法主体而言，不同执法主体不断整合，从而形成新的利益主体，由于执法主体属于不同的业务领域，涉及多项行政法律法规的执行和行政权力的行使，不同执法主体之间的相对权力配置关系处在不断调适过程中，切身利益关系随之产生和发展，存在直接或间接作用，属于比较典型的执行行动相互合作的集体行动。就行政相对人而言，社会变迁的基本表征是利益主体多元化，并且社会公众的参与意识不断增强，随着融合不同执法职能的执法模式的形成，多元主体参与并通过利益表达影响执法行为。多元主体各自的信息需求、优先等级和价值期望，体现为一种不平衡的多元利益状态。而不同利益相关者的目标和行为特征的不同，又促进以个体、经济和法理原则为基础的多元利益不断成长，并且日渐成为一种相对稳定、持久的利益状态。

（二）复杂诉求的增长

不同的价值取向和利益诉求存在于不同的利益相关者中，利益相关者是理性的，有着在确定性和不确定性环境中追求自身利益最大化的决策倾向，在交互作用的博弈环境中作出判断和预测，依据理性知识进行复杂的多层次交互推理。由于每个人所处的环境不同、经济地位不同、教育背景不同，针对同样的问题的政策问题会有不同的利益诉求。[①] 基层综合行政执法中的利益诉求丰富广泛，可能发生的冲突关系也更加复杂。现阶段，利益博弈涉及的利益冲突多样化特征明显，这些利益冲突既有执法主体又有行政相对人。基层综合行政执法中的利益冲突涵盖经济社会类、生态环境类、教育科技类、生命健康类等诸多领域。在基层综合行政执法中，利益博弈可能源自更为集中、更为清晰，甚至更为有序的矛盾或冲突。但出于成本与收益计算的不同利益相关者，主体发挥

---

① 霍海燕、师青伟：《变量演化及现实困境：公共政策制定的有效性》，《河南社会科学》2021年第2期。

主观能动性对特定利益予以识别与维护，他们细致地计算和比较其在执法过程中的利益得失，以获得各自期望的最大利益且最小损失为最理想状态，致力于选择一种能为本方争取最大利益的最优策略。从根本上讲，利益矛盾源于利益主体的需要无法满足。① 现阶段，复杂性的利益诉求方式取代了简单性的集体利益诉求方式，并且成为理解当前社会问题的认知背景。执法行为是在综合复杂诉求的价值判断基础上作出的，不同利益相关者对执法行为的诉求呈现离散化、重叠化的态势，价值观多元、多样、多变、多层的局面日渐形成。复杂诉求不断增长，使基层综合行政执法容易产生目标转换和行为偏离，造就了多元利益状态。

第三节　基层综合行政执法中利益生成的历史演化与基本特征

基层综合行政执法是一种复杂的、系统的利益生成过程，多元利益状态是利益矛盾或冲突产生的前提，但要充分理解这一研究议题，就必须将之置于具体的历史背景和当代意义的交汇点上。本节以历史演化与基本特征为聚焦点，通过把握各个历史时期的政策法律，在深入分析顶层设计和基层探索中的困境与冲突、经验与教训的前提下，概括基层综合行政执法演进中的利益形态，归纳利益生成的基本特征，以期对利益生成的实践逻辑作出充分解释。

一　基层综合行政执法中利益生成的历史演化

从实际运行来看，相较于独立体形式的"单独执法"和联合体形式的"联合执法"，基层综合行政执法是一种"聚合体"形式，其利益生成有着独特的实践逻辑，随着综合行政执法体制不断变迁，利益形态

---

① 张思军、王立平：《当前我国利益矛盾的演变趋势及应对策略》，《西南民族大学学报》（人文社会科学版）2014年第3期。

随之演变。为进一步阐释基层综合行政执法中的多元利益状态，本节以是否推行相对集中行政处罚权制度和机构改革为判断依据，对基层综合行政执法中利益生成的历史演化进行了阶段划分，并提炼出了不同阶段的利益形态（见表2-1）。

表2-1　　　　基层综合行政执法中利益生成的历史演化

时期	执法场域	执法效果	利益形态
初步探索（1996—2002年）	推行相对集中行政处罚权制度、未纳入机构改革	部分试点开始推行相对集中行政处罚权制度，但执法队伍建设不足	潜在型
系统推进（2002—2015年）	推行相对集中行政处罚权制度与综合行政执法并行，嵌入机构改革，实现了权力再划分和利益再分配	整合了相关行政执法权，形成了相对独立的综合行政执法机构，但并不具备执法主体资格，执法力量分散，权责不清现象明显	关联型
深化发展（2015年至今）	机构改革统领执法体制改革，成立综合行政执法局，探索"县乡一体"模式	实现了行政监管权与行政执法权的进一步分离，执法主体资格在县区层面得到落实，不同执法主体之间协调运转	合作型

资料来源：作者自制（2021）。

（一）初步探索阶段的"潜在型"利益形态（1996—2002年）

1996年的《行政处罚法》第十六条规定："国务院或者经国务院授权的省、自治区、直辖市人民政府可以决定一个行政机关行使有关行政机关的行政执法权，但限制人身自由的行政执法权只能由公安机关行使。"[①] 这一规定第一次以法律的形式确立了相对集中行政处罚权制度。按照法律规定，"相对集中行政处罚权"试点工作于1997年便开始实施，据当时的国务院法制办青锋司长讲，"试点初期我们给国务院领导汇报时使用了'城市管理综合行政执法'概念……城市管理综合行政

[①] 本书编写组编写：《相对集中行政处罚权工作读本》，中国法制出版社2003年版，第203页。

执法是相对于分散执法而言的……"① 这一概念也被应用于国务院批准地方相对集中行政处罚权试点方案，例如，国务院法制办在1997年3月7日给北京市人民政府办公厅的复函，标题为《关于在北京市宣武区开展城市管理综合行政执法试点工作的复函》。这既是相对集中行政处罚权制度的由来，也是综合行政执法的"本源"所在。不过，在试点的法制实践过程中，并没有区分"相对集中行政处罚权"和"综合行政执法"这两个概念。② 1997年5月，经国务院批准，北京市宣武区开始在城市管理领域开展相对集中行使行政执法权的试点工作，并在全国率先组建城市管理监察大队。③ 2000年《国务院办公厅关于继续做好相对集中行政处罚权试点工作的通知》中"行使行政执法权的行政机关应当作为本级政府的一个行政机关，……执法人员必须是公务员"的明确规定，几经变革之后，确立了市区两级政府双重领导，由市局（支队）—区局（大队）—街道（中队）搭建而成的"两级政府、三级管理"模式，初步确定了领导体制和组织模式，有利于理顺执法体制、规范执法行为。

这一阶段的执法是在推行相对集中行政处罚权制度、未纳入机构改革的场域上开展的。就全国层面来看，在推行相对集中行政处罚权制度改革之前，不同行政主管部门开展部门执法是基层执法的基本样态，由于规划、房管、国土、建设、市政、园林绿化、市容环卫等部门行使各自的行政执法权，导致执法工作的开展需要不同行政监管领域的执法主体共同参与。一个典型的例子是，要查处一名在北京摆摊卖假酱油的外地人员，可能需要七八个执法机构一起执法。因为"摆摊归市容管，食品干不干净归卫生管，店外无照经营又属于工商，办

---

① 本书编写组编写：《相对集中行政处罚权工作读本》，中国法制出版社2003年版，第257页。
② 关保英：《执法与行政处罚的行政权重构》，法律出版社2004年版，第17页。
③ 袁晓勐：《城市管理综合执法》，转引自潘家华、牛凤瑞、魏后凯主编《中国城市发展报告No.2》，社会科学文献出版社2009年版，第383页。

没办暂住证属于公安"。① 改革试点之后,一些县级政府通过组建诸如文化市场执法大队、旅游市场综合执法大队、清理整顿办公室等临时性或协调性的综合执法机构,试图对分散的执法机构进行体制内调整,一改联合执法阶段部门之间沟通成本和难度大、议事协调机构膨胀的执法乱象,但执法主体资格并未明确,而是作为当地政府的"别动队"存在。这一阶段的实践探索,除了部分相对集中行政处罚权制度的试点地区,并没有专门的执法机构,在一定程度上导致了利益博弈的无序化。纵观这一阶段,不同利益相关者并没有形成良性的执法模式,更多的是出于行政需要,回应我国基层社会对综合行政执法的关切和盼望。笔者在调研中发现,W市尝试组建既无编制又无固定人员的临时性城市管理部门,对违章搭建、占道堆物、无证经营等现象进行执法,但由于执法队伍的松散性和临时性,难以保证执法的持续性。

这一阶段,部分试点开始推行相对集中行政处罚权制度,但执法队伍建设不足,基层综合行政执法中的利益呈现出潜在型形态。就全国层面来看,受制于传统部门行政执法的影响,完整的管理链条被"一立法一授权、一授权一队伍"割裂之后,呈现出不同部门节点式管理内容,执法职能、执法权力和执法流程的"碎片化"明显,加之从计划经济向市场经济转型的社会背景下,交叉执法、扰民执法的现象较为严重。由于基层执法中分工过细、部门林立,每个部门强调上下对口、职能趋同,并且很多执法事项由多个部门从不同角度管理,封闭循环、缺乏制约,每个部门内部审批、监管、处罚、监督自成体系,综合管理职能常常被条条分解,综合执法作用难以有效发挥。为了解决多头、多层重复执法弊端,作为一项法律制度的相对集中行政处罚权制度发挥了一定成效。通过推进相对集中行政处罚权制度、委托行政执法,城市规划、市政工程、公用事业、市容环境卫生、园林绿化,条块区隔、交叉执法、

---

① 《记者对话中国首批城管队员:十年执法 十年争议》,《北京晨报》2008年1月4日第A9版。

第二章 初始条件：基层综合行政执法中的利益生成

重复执法现象得到改善，主体更为明确、监管更加有力。就运行规律而言，相对集中行政处罚权制度实现了"罚缴分离"和"收支两条线"，在同一行政机关内部形成法律关系。但综合行政执法是侧重于执法机构和执法队伍而言的，这一阶段的更多利益诉求潜藏在基层综合行政执法的构想之中。

（二）系统推进阶段的"关联型"利益形态（2002—2015年）

截至2002年8月，经国务院批准，全国共有北京、天津、重庆3个直辖市和79个城市开展了相对集中处罚权试点工作,[①] 并且由原来的城市管理领域逐步向农业、交通、文化、卫生等部分行政执法领域拓展。2002年9月8日，《国务院关于进一步推进相对集中行政处罚权工作的决定》提出，"国务院授权省、自治区、直辖市人民政府可以决定在本行政区域内有计划、有步骤地开展相对集中行政处罚权工作",[②] 明确"7+X"[③]为综合行政执法领域可以集中行使行政处罚权的范围，标志着综合行政执法开始在全国范围内探索。2002年10月，国务院办公厅转发中央编办《关于清理整顿行政执法队伍实行综合行政执法试点工作意见的通知》提出，"按有关规定，经批准成立的综合行政执法机构，具有行政执法主体资格",[④] 这标志着行政执法主体资格纳入改革视野。与此同时，从清理整合执法机构、执法队伍入手，要求开展综合执法试点工作，提出了"两个相对分开"[⑤] 和精减、统一、高效的工作

[①] 青锋：《行政执法体制改革的图景与理论分析》，《法治论丛（上海政法学院学报）》2007年第1期。

[②] 《国务院关于进一步推进相对集中行政处罚权工作的决定》，2021年4月29日，中华人民共和国中央人民政府网，http：//www.gov.cn/Gongbao/content/2002/content_61756.htm。

[③] "7+X"指：市容环境卫生、城市规划、城市绿化、市政管理、环境保护、工商行政、公安交通以及省、自治区、直辖市政府决定调整的其他事项。

[④] 《国务院办公厅转发中央编办关于清理整顿行政执法队伍实行综合行政执法试点工作意见的通知》，2021年4月29日，中华人民共和国中央人民政府网，http：//www.gov.cn/zhengce/content/2016-10/12/content_5117996.htm。

[⑤] "两个相对分开"，即政策制定职能与监督处罚职能相对分开、监督处罚职能与技术检验职能相对分开。

原则。就 W 市的探索而言，2010 年，将原市建设局城市建设监察大队等相关职责整合划入组建的原 W 市城市管理执法局，这一新组建的机构为市住建局管理的正科级事业单位，负责城市市容和环境卫生管理、市政设施管理、园林绿化和公园管理以及"1+3"① 行政执法事项，下属执法机构为市城市管理执法大队。2012 年，W 市正式开展相对集中行政处罚权制度改革，将原市城乡规划局、原市环保局和市公安局的城市规划区规划监察职责以及原市工商局规划区内无固定经营场所商贩监管职责划入原市城市管理执法局（加挂 W 市查违办公室牌子），行政执法事项增加为"1+7"②。2015 年底，原市城市管理执法局由市住建局管理调整为隶属于市政府办公室管理的正科级事业单位。

这一阶段的执法是在相对集中行政处罚权制度与综合行政执法并行，嵌入机构改革的场域上开展的，实现了权力再划分和利益再分配。随着相对集中行政处罚权制度改革在全国范围内推行，基层综合行政执法涉及执法机构、执法队伍、执法权力合并，但执法职能的整合必须取得立法确认。从某种意义上讲，相对集中处罚权制度避免了权力过于分散、交叉、重复，虽涉及部分机构调整，但整体游离于机构改革之外。较之对部门行政执法权相对集中的规定，与之并行的综合行政执法是在综合日常管理、监督检查和实施处罚等职能基础上，相应调整不同政府职能部门的职责权限、机构设置、人员编制，从源头上改革行政执法体制。从机构设置层面来看，基层综合行政执法伴随着机构改革推进，新的执法机构的形成，出现了较为独立的利益主体。在基层综合行政执法中，许多城市管理执法部门，尽管名称并不统一，但大都并未成为一级行政机关，城市管理行政执法体系的"横空出世"带来了不同于公安、

---

① "1+3"指：市容环境卫生管理、城市绿化管理、市政管理方面法律、法规、规章规定的行政处罚权以及上级交办的其他事项。

② "1+7"指：市容环境卫生管理、城市规划管理、城市绿化管理、市政管理、环境保护、工商行政管理、公安交通管理方面法律、法规、规章规定的行政处罚权以及上级交办的其他事项。

交通、民政、教育等其他行政机关的地位差异。从权力架构来看，这一阶段的城市管理执法部门既不是传统部门执法职能上的集合，也没有专门对口管理的国家级行政机构，仍然是附属于基层政府的治理工具。

这一阶段整合了相关行政执法权，机构改革形成了相对独立的综合行政执法机构，但并不具备执法主体资格，执法力量分散，权责不清现象明显，在执法过程中呈现出关联型利益形态。就 W 市而言，一方面，原市城市管理执法局不具备执法主体资格，仍属于行政主管部门的内设机构或具体执法力量；另一方面，行政执法权的相对集中仍处于初始阶段，大量的行政执法事项仍属于相关行政主管部门，"行政执法机关因为各自承担的执法任务不同，管理的权限差异，因而执法机构林立，力量分散，界限不清，缺少整合与协调，必然导致权责交叉"。① 按照工作流程和业务领域划分为不同执法主体，各个执法主体都有自己的利益所在，原市城市管理执法局的利益主要是在部室之间争夺在执法中不能获取的稀缺资源，但作为一个整体与其他部门之间博弈是尽力隐长显短，以期获取更多的执法资源和工作成绩。这一阶段，有利于基层综合行政执法的推进，但却难以避免不同执法主体之间的无序竞争，造成执法行为的无序现象。由于基层综合行政执法责重利微、资源匮乏的畸形化现象凸显，这样就很容易在不同执法主体之间形成不同的利益阶层，在利益生成过程中注意维持着博弈的平衡，但以城管与摊贩为代表的执法主体与行政相对人之间的利益冲突明显。总的来看，这一阶段客观存在的多元利益被发现、识别，不同执法主体之间以及执法主体与行政相对人之间的利益呈现出关联型形态。

（三）深化发展阶段的"合作型"利益形态（2015 年至今）

2015 年 4 月，中央编办印发《关于开展综合行政执法体制改革试点的工作意见》，确定在全国 22 个省（自治区、直辖市）的 138 个试

---

① 马怀德：《健全综合权威规范的行政执法体制》，《中国党政干部论坛》2013 年第 12 期。

点城市开展综合行政执法体制改革试点工作，探索整合政府间相同相近的执法职能，归并执法机构，整合执法力量。从执法场域来看，基层综合行政执法不同于领域内综合行政执法的关键之处在于跨部门执法模式的形成。2016年12月，中共中央办公厅、国务院办公厅印发的《关于深入推进经济发达镇行政管理体制改革的指导意见》明确提出，省级政府可以将"基层管理迫切需要且能够有效承接的一些县级管理权限包括行政审批、行政处罚及相关行政强制和监督检查权等赋予经济发达镇""整合现有的站、所、分局力量和资源，由经济发达镇统一管理并实行综合行政执法"。① 这一阶段的主要任务是加快构建覆盖城乡的综合行政执法体制，突出人民群众关注的城市管理、市场监管、资源环境管理等重点领域。2018年3月，中共中央印发的《深化党和国家机构改革方案》明确提出，"组建综合行政执法队伍，是为了统筹配置行政处罚职能和执法资源，相对集中行政处罚权，大幅减少执法队伍种类，合理配置执法力量，提高执法效率"。② 就综合范围而言，推动住房和城乡建设领域、环境保护、工商管理、交通管理、水务管理、食品药品监管六个方面综合行政执法从粗放到精准的转变，适应风险社会环境的制度创新。

  这一阶段的执法是在机构改革统领执法体制改革、不同行政主管部门行政执法划归综合行政执法部门的场域上开展的，开始探索"县乡一体"的执法模式，整合了行政执法权和执法资源，强化了执法行为的有效性和统一性。作为全国性的改革试点，W市的改革发生在《深化党和国家机构改革方案》出台之前，2017年9月26日，W市城市管理执法局更名为W市综合行政执法局（加挂市城市管理局牌子），为市政府工作部门。W市城市管理执法局除原城市管理职责不

---

  ① 《中共中央办公厅　国务院办公厅印发〈关于深入推进经济发达镇行政管理体制改革的指导意见〉》2021年5月1日，中华人民共和国中央人民政府网，http://www.gov.cn/zhengce/2016-12/19/content_5150208.htm。
  ② 《中共中央关于深化党和国家机构改革的决定》，《人民日报》2018年3月4日第1版。

第二章 初始条件：基层综合行政执法中的利益生成

变外，承接由相关行政主管部门划转的执法职能，执法机构为W市城市管理执法大队和W市城市规划执法大队（加挂市拆违大队牌子），新设立W市城管警察大队（为市公安局内设机构），为执法提供治安保障。截至2018年11月，W市的12个镇街都成立了综合行政执法局，通过有效整合现有县区、镇街执法机构，撤并职能重复机构，设置综合行政执法机构，简化或压缩了冗长的执法程序。与此同时，剥离了执法职能的事业单位不再行使执法检查和行政执法权，主要职能转向提供其他公益性、技术性服务，强化了公益属性。在推动执法重心下移过程中，针对县区、镇街政府形成了复杂的分权、派驻关系，各镇街整合了不同职能站所的执法力量，在不改变编制性质的前提下，对承担行政执法职能的事业编制实行专项管理，聚焦基层执法力量，实现了"一支队伍管执法"和"条块"全覆盖。在这一阶段，伴随着出现了多种政策激励（见表2-2）。

表2-2　近年来W市综合行政执法改革的各项政策制度

政策文件	适用对象	颁布部门	颁布时间
《中央编办关于开展综合行政执法体制改革试点工作的意见》	北京市等22个省（自治区、直辖市）的138个试点城市	中央编办	2015年4月27日
《关于推进综合行政执法体制改革试点工作的指导意见》	H省各市、州、县人民政府，省政府各部门	H省人民政府	2016年4月20日
《省编办关于〈W市开展综合行政执法体制改革试点工作实施方案〉的批复》	W市委编办	H省委编办	2016年7月21日
《省人民政府关于W市开展相对集中行政处罚权工作的批复》	C市人民政府	H省人民政府	2017年5月8日
《中共W市委W市人民政府关于W市综合行政执法体制改革试点工作的实施意见》	W市各镇人民政府、市政府各部门、各办事处	中共W市委、W市人民政府	2017年5月31日

续表

政策文件	适用对象	颁布部门	颁布时间
《关于严明综合行政执法体制改革试点工作期间纪律的通知》	W市各镇人民政府、市政府各部门、各办事处	中共W市纪委、市委组织部、编办、监察局、财政局、人社局	2017年6月29日
《中共C市委C市人民政府关于深入推进城市执法体制改革改进城市管理工作的实施意见》	C市、县（市、区）政府	中共C市委、C市人民政府	2017年7月17日
《W市综合行政执法局内设职责内设机构和人员编制规定》	W市各镇人民政府、市政府各部门、各办事处	W市人民政府	2017年8月2日
《关于规范综合行政执法局派出分局暨镇（处）综合行政执法办公室建设的意见》	W市各镇人民政府、市政府各部门、各办事处	W市人民政府	2017年8月8日
《关于建立健全综合行政执法协调配合工作机制的意见（试行）》	W市各镇人民政府、市政府各部门、各办事处	W市人民政府	2017年9月5日
《W市综合行政执法实施办法》	W市各镇人民政府、市政府各部门、各办事处	W市人民政府	2017年9月8日

资料来源：作者自制（2021）。

这一阶段实现了行政监管权与行政执法权的进一步分离，执法主体资格在县区层面得到落实，县区综合行政执法部门能够以自己的名义独立地进行行政执法，不同执法主体之间协调运转，执法过程中呈现出合作型利益形态。这一利益形态的形成与行政执法权的位移向度密切相关，就W市而言，一方面，将不同行政主管部门的行政执法权进一步整合到W市综合行政执法局；另一方面，在各镇街设置综合行政执法局，执法机构覆盖全部镇街，根据法定要求下放执法权限，实现全域综合行政执法，改善了基层执法状况。基层综合行政执法本身是一系列社会关系的综合，由于不同利益博弈涉及多种关系，从而搭建起多元利益有序运转的关系网络，围绕执法问题，不同执法主体的资金资源流、人力资源流、信息资源流等的流动有着纵横交错的联系，这些分属于不同功能领域的社会因素呈现出一种协作关系，在非规则化冲突矛盾与规则化协调的博弈中实现利益均衡。随着从体制上、源头上对基层综合行政执法的推进，相应地调整了政府有关部门的职责权限、机构设置、人员编制，实现了利益的重新分配。这一阶段的利益博弈朝着有序化方向发展，各种执法要素之间的关联以及执法诸要素之间的互动特征明显。利益的生成表现为合作型的利益形态，不同执法主体之间是合理分工与密切协作的合作关系，不同利益相关者共同完成执法活动，已经成为一个制度化的过程。

二 基层综合行政执法中利益生成的基本特征

对基层综合行政执法中利益生成的认识是一个本质性的探讨过程，明晰其基本特征是剖析利益生成深层次规律的要求。显然，利益生成的不同阶段形成了特定的利益形态，把握基本特征就是要挖掘其固有属性，准确认识利益生成的内在逻辑。总体来看，关于基层综合行政执法中的利益生成，大体可概括为渐进性、竞争性、整合性三个方面的特征。

（一）利益生成的渐进性

基层综合行政执法中利益生成显示出其复杂性，但也反映出多元利益生成不可避免的渐进性。这一利益是伴随着基层综合行政执法的推进而不断生成的。由于现代政府职能与权力运作模式并未完全适应经济社会的发展，在综合行政执法改革之前，利益竞争的无序化导致不同利益相关者之间的利益失衡状态。不同执法主体权责关系的变迁是利益生成的体制根源，依据"试验主义"[1]"渐进调试"[2]"政

---

[1] Heilmann Sebastian, "From local experiments to national policy: The origins of China's distinctive policy process", *The China Journal*, 2008, (59): 1-30.

[2] Zhou Xueguang et al., "A behavioral model of 'muddling through' in the Chinese bureaucracy: The case of environmental protection", *The China Journal*, 2013, (70): 120-147.

策试点"① 等改革经验，基层综合行政执法经历了从初步探索到系统推进再到深化发展的演进阶段，与之相对应的是基层综合行政执法中的利益经历了从潜在型到关联型再到合作型的历史演化。在基层综合行政执法中，根据不同层级政府的事权和职能，按照减少层次、整合队伍、提高效率的原则，改变基层财政资源少、事权责任大的行政生态。不同利益相关者的行为选择依赖于相互关系与理性程度，关系到建立在理由充分基础之上、具有客观属性的执法利益的生成。各利益相关者不同程度地嵌入执法场域，通过促进和保障各利益相关者的理性，促进多元利益的发展。利益生成是一个渐进性地、不断调和个体理性和集体理性冲突的过程。不同利益相关者在追求个体利益最大化的过程中，催生直接的相互作用。因此，为建构起一个充满矛盾却又富有生机的复杂结构体，需要在执法过程中充分发掘和彰显多元利益的价值，规避和克服利益失衡状态。

（二）利益生成的竞争性

不同利益相关者在社会资源和发展机会配置上容易出现不对等现象，任意的两方组合都可能会形成不同的利益关系、利益焦点甚至利益博弈。不同利益相关者拥有独特的资源种类和数量，导致分配到手中的利益也有所不同。在"经济人"假设之下，各利益相关者都在利益生成中追求自身利益最大化，资源的"稀缺性"加剧了利益生成的竞争性。资源的稀缺性是政策科学的前提假设之一，原因在于，公共政策是"对社会价值的权威性分配"。② 不同利益相关者之间重新分配的社会资源是利益的载体和具体内容，这是可以用来满足人们需要的社会稀缺存在物。由于资源的稀缺性与人们需要的满足和利益的实现有着密切关系，所以才会使利益不断被分配和调整。由于资源稀缺性必然不能满足

---

① Lorentzen Peter, Pierre Landry and John Yasuda, "Undermining authoritarian innovation: the power of China's industrial giants", *The Journal of Politics*, 2014, (76): 182-194.

② David Easton, *The Political System*, New York: knof, 1953: 129.

利益相关者的所有利益诉求,致使利益生成中充满了竞争。在利益形态的演化过程中,基层综合行政执法中存在着营造诉求期望的弹性空间,不同利益相关者都在一定程度上具有不触动法律边界并扩大利益诉求的商谈资本,他们从自身理性出发,在不同价值取向驱使下作出策略选择,通过竞争、协商、讨价还价来实现自身利益。不同利益相关者依据博弈局势中的预期收益进行策略选择,显示出不同的行动偏好,表现出决策问题的动态性和主观性。在通常情况下,不同利益相关者希望通过谈判分析采取何种策略为自己赢得更多利益,自身讨价还价的能力决定着何时在可能存在的若干个帕累托均衡点达到均衡。更进一步讲,对有限资源的争夺使利益生成中充满了竞争,而竞争的一个自然结果是利益矛盾,甚至外化为利益矛盾激化状态的利益冲突。

(三) 利益生成的整合性

基层综合行政执法中的利益从单一、分散的利益向越来越多元、综合的利益演变,多元利益的共生关系以及对公共利益的追求将各利益相关者联系在一起。多元利益影响着不同利益相关者拥有的资源和相互之间的联系,也是彼此之间互动的前提。基层综合行政执法经历了从"碎片化"到"整体性"的改革过程,不同利益相关者的合理诉求需要通过多元利益的协调来满足。就W市改革试点而言,基层综合行政执法打破了条块区隔、交叉执法、重复执法现象,经过职责整合之后成立的W市综合行政执法局,不断推动执法力量下沉,这必然使原有的利益结构得以分化重组。在基层综合行政执法中,多元利益形态下的利益表达已经成为一种客观现实,利益生成的整合主要体现在两个方面:一是多元利益不断整合。利益生成是一个利益不断被整合的过程,利益相关者实现了整体性的重构,特别是目标群体面临的执法主体越来越少,综合体制对执法选择与效果有重要影响。[①] 与此同时,不同执法主体之间

---

① See Jennifer Nou, "Intra-agency coordination", *Harvard Law Review*, 2015, 2 (129): 422.

的关系日渐明晰，特别是 W 市综合行政执法局成为基层综合行政执法中一个独立的利益主体。由于组织是为了一些共同利益而联系在一起，以实现特定目标的个人的群体，① 组织化的方式将原本分散独立的个体利益诉求转变成为规模化的集体利益诉求。二是多元利益的整体变动。基层综合行政执法中利益的重新整合意味着利益结构的调整，也是对不同利益相关者利益存量和增量的重新组合，关联主体共识性结果的达成依赖执法中稳定利益秩序的形成。利益生成本身就是社会利益结构的调整过程，必然会使一些群体获得利益、另一些群体损失利益，甚至会侵害公共利益。从一定意义上说，利益生成是为了实现整体利益而进行利益整合的过程。

第四节　本章小结

本章主要是基于基层综合行政执法中利益生成的探讨对利益博弈为什么会发生进行了回应，围绕利益的内涵及体现、利益生成的情境、利益生成的历史演化与基本特征等初始条件进行了论述。基层综合行政执法中的利益是不同利益相关者理性决策的基础，并且体现为多元利益状态。这一利益生成于社会环境变化、执法改革推进的外部情境和利益主体多元、复杂诉求增长的内部情境。通过对利益生成的实践逻辑进行回顾和梳理，我们发现，基层综合行政执法经历了初步探索、系统推进和深化发展三个阶段，利益形态经历了潜在型、关联型、合作型的历史演化，利益生成的过程表现出渐进性、竞争性、整合性的基本特征。

基层综合行政执法是一个充斥利益博弈的执法过程，直接制约甚至在一定程度上决定着行政执法的运行状态、效率和质量。基层综合行政执法本质上是对利益进行分配或再分配，利益博弈是为利益冲突求得一

---

① Douglass North, *Institutions, Institutional Change and Economic Performance*, Cambridge: Cambridge University Press, 1990: 128.

个均衡解的过程，这就需要关注并协调执法中的利益。在当下社会多元化、复杂化、不确定性的执法场域中，为妥善应对执法中的问题，首先要考察基层综合行政执法中的利益生成，而在多元利益状态下，复杂的利益矛盾或冲突，导致执法问题识别、执法方案制定和执行的偏差，是基层综合行政执法中利益博弈发生的根源所在。本章对初始条件进行了较为全面和系统的把握，是对利益博弈进行的溯源性分析。

第三章

博弈关系：基层综合行政执法中的利益相关者及博弈关系

利益相关者理论初期的研究与企业密切相关，学者们普遍认可企业利益相关者共同治理模式，有利于保证各个利益相关者利益的实现。[①] 20世纪90年代后，这一理论在公共治理领域也得到了广泛运用。"利益相关者之间存在一种相互依存的关系，表现为存在利益冲突的两个或更多利益相关者之间，仍然留有协同合作的空间。"[②] 现阶段，基层综合行政执法中利益的合作型形态日趋稳定，不同利益相关者之间形成了较稳定的博弈关系。"博弈关系"逻辑具有实质性内涵，不同利益相关者之间博弈关系的差异性，必然会对执法效果产生重要影响。推进执法过程的良性互动，首先要对利益相关者作出明确界定，明确其利益诉求及行动偏好，划分不同利益相关者之间的多重博弈关系。

我们在W市的调研中发现，基层综合行政执法重构了新的利益相关者，并且出现了一些显性和隐性的较为复杂的利益矛盾或冲突，这向我们提出了一些不可回避的现实追问：这一执法模式究竟涉及哪些利益

[①] Ravenscraft David, "Ownership and control: Rethinking corporate governance for the twenty-first century", *Southern Economic Journal*, 1996, 34 (4): 1971-1972.

[②] John Bryson et al., "The design and implementation of cross-sector collaborations: Propositions form the literature", *Public Administration Review*, 2006 (66): 44-55.

第三章　博弈关系：基层综合行政执法中的利益相关者及博弈关系

相关者？不同利益相关者各自有着怎样的利益诉求及行动偏好？他们之间又存在着怎样的博弈关系？从本质上讲，执法是一个以共识为导向的决策过程，博弈关系的多种状态与可能性，就是为了提高复杂性条件下利益相关者创造或获取利益的主动性、合理性与协调性，推动不同利益相关者共同解决复杂的执法问题。为此，本章在界定基层综合行政执法中不同利益相关者的前提下，剖析其利益诉求及行动偏好，并对博弈关系进行类型学分析。

第一节　基层综合行政执法中利益相关者的界定和分类

基层综合行政执法具有体制上的相似性，呈现出"县乡一体、条抓块统"的结构情境。W市始终把试点工作放在全国层面上综合思考，充分尊重当地的客观现实和经济社会发展规律，在整体设计上做到与当地实际、上级要求和其他改革试点工作相结合，着力建成"实施范围全域化、职能整合集约化、机构设置扁平化、协调配合一体化"的执法模式。在整体性政府趋势之下，W市实现了对基层综合行政执法中不同执法主体的并构和重组。根据前文对利益相关者概念的定义，结合笔者在W市田野调查中获取的研究数据，基层综合行政执法中的利益相关者，可以界定为不同执法主体与行政相对人，即县区综合行政执法局、相关行政主管部门、镇街综合行政执法局、行政相对人。

不同的利益相关者在执法过程中有着各自的资源禀赋和价值取向，本节采用具有较强操作性和科学性的米切尔（Mitchell）评分法对基层综合行政执法中的利益相关者进行了分类。这一方法的分类依据在于，利益相关者可分为同时拥有对组织问题的合法性、权力性和紧急性的确定型利益相关者，同时拥有合法性、权力性和紧急性中两项的预期型利益相关者以及只拥有三项属性之一的潜在型利益相关者。在基层综合行政执法中,这种判别方法对于分析不同利益相关者的类型具有良好的适配性。因此,参照这一方法,在对合法性(legitimacy)、权力性(power)、紧急性(urgency)这三个利益相关者的主要属性进行评判的基础上,对基层综合行政执法中主要利益相关者的禀赋特征进行分析,从而判别出利益相关者的类别(见表3-1)。

表3-1　　　　　　基层综合行政执法中利益相关者的判别

主体属性	县区综合行政执法局	相关行政主管部门	镇街综合行政执法局	行政相对人
合法性	√	√	√	√
权力性	√	√	√	
紧急性	√		√	

资料来源:笔者自制(2021)。

一　县区综合行政执法局

县区综合行政执法局同时具有合法性、权力性和紧急性,属于确定型利益相关者。这一利益相关者具备县域内的行政执法权,并且是责任主体,扮演政策推动者和监控者的"主建"角色,遵循履行县域执法职能的导向逻辑,体现出某种程度的公共精神和公共价值。从我国现有的执法实践来看,基层综合行政执法机构设置情况主要分为三类:一是综合设置行政执法机构的城市管理与执法机构分设,如浙江嘉兴等地市普遍设立综合行政执法机构的"大城管"体制;二是城市综合执法局与城市管理委员会、城市管理办公室合署办公的城市管理机构与执法机构合设的情况,如山东省16个设区市中有14个采取这一合设的"大执法"体制;三是有的市县将综合行政执法部门以二级局的建制设在某个职能局之下,从属于一级委局的二级局,如四川省131个县市的城市管理执法部门设置在住建局下的"局中局"体制。可见,就执法机构的

第三章 博弈关系：基层综合行政执法中的利益相关者及博弈关系

性质而言，主要有政府工作部门和政府部门下设机构两种形式，2021年，全国2800多个县级以上综合行政执法部门中，确定为行政机关的比例尚不足20%。W市属于第二种情形，W市综合行政执法局是由法律法规授权，承担综合行政执法活动的行政机关，实行"一个机构、两块牌子、一套人马"的运行模式。W市综合行政执法局的执法职权的综合范围较广，集中行使20个方面的行政执法职责（见表3-2）。正是由于逐步将专业领域及其他部门的部分行政处罚事项转至W市综合行政执法局，统一行使执法职能，发挥"大执法"的优势，标志着综合行政执法由实体控制向程序正当、由分散执法向统一执法的转变。

表3-2　　W市综合行政执法局权责清单领域及数量

序号	权责内容领域	数量	序号	权责内容领域	数量
1	市容市貌	48	11	土地矿产管理	73
2	市政管理	16	12	人防管理	30
3	绿化管理	14	13	教育管理	28
4	规划管理	40	14	防震减灾	12
5	住房及房产	59	15	民政管理	37
6	住房建设法规	227	16	文广电新	184
7	环保管理	13	17	水行政执法	57
8	工商管理行政处罚	2	18	旅游管理	29
9	公安交通行政处罚	4	19	体育管理	8
10	食药监督行政处罚	1	20	宗教管理	17

资料来源：笔者自制（2021）。

W市综合行政执法局内设办公室、政治处、财务装备科、宣教科、安全生产科、督查科、综合科、行政审批科等8个机关科室；下设指挥中心、法制大队和直属分局三个直属执法机构，在综合设置的过程中，实现执法机构、职能、权限、责任法定化。就执法功能而言，法制大队为开展综合行政执法提供法律支撑，指挥中心负责综合行政执法信息化建设和指挥调度。W市综合行政执法局下属园林绿化管理局、城乡环卫局、公园管理处、市政设施管理处4个二级单位和1个控制查处违法建设办公室。结合W市实际，按照镇街户籍人口的万分之五、城区常住人口的万分之八配备执法编制，确定了全市综合行政执法人员395人，并按2∶1的比例配备协管员。笔者在调研中发现，全市现有正式在编执法人员332人，其中，局机关行政编制16人，直属执法机构、镇街综合行政执法局事业编制人员316人，配置协管人员50人。按照标准核定编制，通过转隶、遴选、招聘、政策性安置等方式择优选用执法人员，87%以上的下沉镇街执法一线。现有执法人员来源于原城市管理执法局145人，不同涉改行政主管部门考试遴选划转执法人员82人，面向全市事业单位遴选65人，公开招聘和人才引进12人，退伍军人安置28人。随着改革的推进，W市综合行政执法局的组织架构和编制管理日渐完善，并且制定县域综合行政执法的宏观政策，不断优化执法职能和流程。

二 相关行政主管部门

相关行政主管部门不具有紧急性，属于预期型利益相关者。这一利益相关者扮演执法的"协同配合"角色，遵循着部门利益最大化的导向逻辑。由于执法事项源于不同行政主管部门的管理服务领域，与执法工作相关的行政主管部门也就成为执法中的另一利益相关者。根据中央的试点要求以及H省、C市层面的政策支持，W市通过集约行政执法权优化运行方式，从2017年10月1日起，W市将城管、住建、教育、地震、旅游、环保、民宗、文化、公安、体育、水利、国土、人防等18家部门负责的827项行政执法权，划归W市综合行政执法局集中行使。① 需要说明的是，因为划转行政执法权的行政主管部门的共性特征，加之研究的代表性要求，在此，将相关行政主管部门界定为一类利益相关者开展研究。改革之后相关行政主管部门行使的行政监管权，主要监管辖区内管理服务对象日常履职尽责情况，并作为整个单位职能运行情况的依据。W 市发生了复合行使行政监管权和行政执法权到单一行使行政监管权的转变，改变了不同部门按照各自立法规定和职责权限管理各自执法事项的状态。相关行政主管部门按照法定职责，加强源头管理，依法履行审查审批、日常监管、事中事后监管和协调指导等职责，与此同时，为促进监管与执法的无缝衔接，W 市不断完善综合行政执法的协调机制（见表 3-3），促进相关行政主管部门与 W 市综合行政执法局之间的信息互通、资源共享、协调联动。

表 3-3　　　　　　　　W 市综合行政执法的协调机制

政策文件	政策目标	关键内容
《W 市工程建设项目联合巡检制度（2019 年）》	从源头上规范工程建设项目市场秩序，加强监管，明确各行政主管部门职能职责，杜绝违法违规建设行为	（一）W 市自然资源和规划局主要检查是否严格按照供地审批要求和规划许可进行建设等。包括：1. 供地审批条件的履行；2. 是否建设放验线；3. 按建设工程规划红线图建设情况；4. 规划核实及验收情况；5. 其他事项。对确认违法的行为应当在三个工作日内移送市综合行政执法局进行立案查处 （二）W 市住房和城乡建设局：主要检查是否严格按照建筑和相关技术规范要求进行建设等。包括：1. 建筑工程施工许可手续的办理情况；2. 消防工程的规范设计和施工；3. 水、电、燃气等工程施工的规范；4. 施工安全隐患的整改；5. 施工现场扬尘治理管控；6. 五大员制度落实情况、五方责任主体履责情况等。对确认违法的行为应当在三个工作日内移送市综合行政执法局进行立案查处

---

① 因涉及 2019 年 W 市政府机构改革，原划转行政执法权到 W 市综合行政执法局的行政主管部门实现了组织架构重建和机构职能调整。目前，W 市综合行政执法中的相关行政主管部门包括市住房和城乡建设局、市自然资源和规划局、C 市生态环境局 W 分局、市市场监督管理局、市公安局、市水利和湖泊局、市人民政府办公室、市教育局、市应急管理局、市民政局、市文化和旅游局。

续表

政策文件	政策目标	关键内容
		（三）生态环境局W分局：主要检查项目施工中的空气、水体、噪声等污染指数是否超标等。对确认违法的行为应当在三个工作日内移送市综合行政执法局进行立案查处 （四）W市综合行政执法局：牵头成立W市工程建设项目联合巡检办公室，主要检查各行政主管部门移送案件行政处罚履行情况及案件涉及的违建情况，对移送案件属于本部门管辖的，并于五个工作日内作出受理决定
《W市综合行政执法局W市水利和湖泊局、人民防空办公室、教育局、民政局行政执法协作配合机制（2020年）》	厘清职责边界，强化部门行业监管，整合执法力量，建立部门工作协调配合机制，加强部门间协作配合，促进监管与处罚衔接	（一）相关行政主管部门发现存在行政违法行为需要实施行政处罚的，应当在三个工作日内向市综合行政执法局移送，并将保存的相关证据、财物按随案清单移送，由市综合行政执法局依法处理；（二）市综合行政执法局对重大、疑难案件的处理，需要相关行政主管部门参加案件会审的，相关行政主管部门应当派员参加，并与其商定查处办法、处罚标准；（三）坚持"一案一移送，一案一受理"原则

资料来源：笔者自制（2021）。

相关行政主管部门主要参加联合执法或实施一般性的行政检查、巡查、行政劝导等行政职能，不再行使移交后的行政执法权，但其监管主体、监管责任不变。表3-3中出台的W市综合行政执法局与水利和湖泊局、人防办和教育局协调机制的关键内容有诸多一致性的要求。随着不同部门之间协调机制的建立，划转行政执法权的相关行政主管部门需要协同配合W市综合行政执法局开展执法工作，因而在本书中也将其定位为基层综合行政执法的执法主体。相关行政主管部门对监管中发现的尚不构成涉嫌违法的违规行为，采取行政管理指导并督促其改正；对涉嫌违法违规行为，将其涉嫌违法的案件材料移送至W市综合行政执法局，移送后仍负有部门监管责任。一般情况下，在与W市综合行政执法局的衔接配合上发挥要情通报、联合检查、线索移交、联合惩戒功能，执法职责因之更为明确，其中，为执法提供专业性支撑是作为协同配合执法角色的主要表现之一。以笔者调研的W市住房和城乡建设局为例，在基层综合行政执法中，W市住房和城乡建设局对涉及住房及房产、住房建设法规等执法检查和案件处理过程中，涉及技术鉴定和专家论证等事项的，必要时对W市综合行政执法局予以协助，并调派专业设备、专业人员协同，出具专业技术鉴定、专家论证报告或证明材料，与W市综合行政执法局商定查处办法。

三　镇街综合行政执法局

镇街综合行政执法局同时具有合法性、权力性和紧急性，属于确定型利益相关者。这一利益相关者承担执法中的"主战"角色，遵循着执行任务的导向逻辑，其成立的初衷在于做强乡镇、优化街道，服务保障群众生产生活需求，但县域内的具体执法者可能会关注团体利益甚至个人利益。就政策依据来看，2019年1月，中共中央办公厅、国务院办公厅印发的《关于推进基层整合审批服务执法力量的实施意见》明确指出，"整合现有站所、分局执法力量和资源，组建统一的综合行政执法机构"。[①] 从现有改革实践来看，镇街综合行政执法局的设立主要有隶属于乡镇人民政府或街道办事处和县区综合行政执法局"派驻制"两种模式。W市选取的是立足地方实际的后一种模式。作为W市综合行政执法局的派出机构，镇街综合行政执法局不具备执法主体资格，在执法业务上，由W市综合行政执法局统一指导管理，与镇街综合行政执法局办公室、镇街综合执法中心实行"一个机构、两块牌子、一套人马"。以K街道为例，执法局核定全额行政事业编制30人，配备协管员8人。内设综合股、执法一、二、三、四中队五个机构。综合股负责日常考核、财务、党建、宣传、档案管理、综合治理及后勤保障等工作；一中队、三中队负责13个社区（村）范围内的执法工作；二中队

[①] 《中共中央办公厅　国务院办公厅印发〈关于深入推进经济发达镇行政管理体制改革的指导意见〉》，中华人民共和国中央人民政府网，http://www.gov.cn/zhengce/2016-12/19/content_5150208.htm。

负责辖区内的城市管理工作；四中队负责辖区内的重要、复杂案件的查处工作。镇街综合行政执法局整体下沉到 K 街道办事处，中心主任由执法局局长担任，编制全部下划街道，执法人员下沉一线，由街道统一管理和指挥调度，为推动执法下沉建构起了"五项机制"（见图 3-1），避免了行政执法权和执法力量配置与执法需求之间的倒挂。与此同时，为了防止执法行为的主观偏误、选择性执法以及执法存在暴力等行为，执法人员都配备了执法记录仪和其他录音摄像设备。

镇街综合行政执法局试点之初是针对经济发达镇设立的，为政府全额拨款的事业单位，融合了县级政府部门和部门设立的派出机构和派出机关的执法职能。W 市关于镇街综合行政执法的探索是早于县区层面的，2016 年 4 月 28 日，W 市首先确立了条件比较成熟的 T 镇①作为改革试点的"点中点"，在 T 镇"两型"社会建设循环经济试验区管委会，设立了 H 省首家乡镇综合行政执法办公室。在取得试点成功之后，W 市在经济发达镇和有条件的街道探索"一支队伍管执法"的执法模式，建立了"超级管理机构"——镇街综合行政执法局，并有计划地实现了全域综合行政执法，由此推进行政执法权向镇街延伸。在市政公用、镇、村（社区）环境卫生、违章建筑、园林绿化、城乡规划、环境保护、土地和矿产资源、安全生产等多个领域实行了委托授权，突出城乡一体化。笔者调研的 K 街道、Y 镇在人口规模和经济总量方面早已超出一般建制镇水平，并且均于 2012 年被列为中部经济发达镇行政管理体制改革试点单位。截至目前，镇街综合行政执法局共承担"法定+赋权+相对集中"的执法权限 911 项。在执法过程中，根据执法职权，以 W 市综合行政执法局的名义出具执法文书，在负责行使辖区内执法

---

① 据 W 市委编办 L 副主任介绍，之所以选择 T 镇作为全市改革试点，一是考虑到 T 镇为区政合一（T 镇"两型"社会建设循环经济试验区和街道），并且是全国城镇化建设重点镇、C 市委编办确定的地市级经济发达镇试点；二是 T 镇作为 W 市重工业区，财政税收占了全市 40% 以上，并且执法主要集中在国土规划、安全生产及环保方面，执法压力大，亟须补充执法力量，为 W 市选取改革试点提供了前提条件。

职权时，具体由 W 市综合行政执法局为执法工作提供执法资源和经费保障，补充完善执法装备。此外，各镇街派出所 1 名副所长兼任综合行政执法局班子成员，为执法提供社会治安保障。

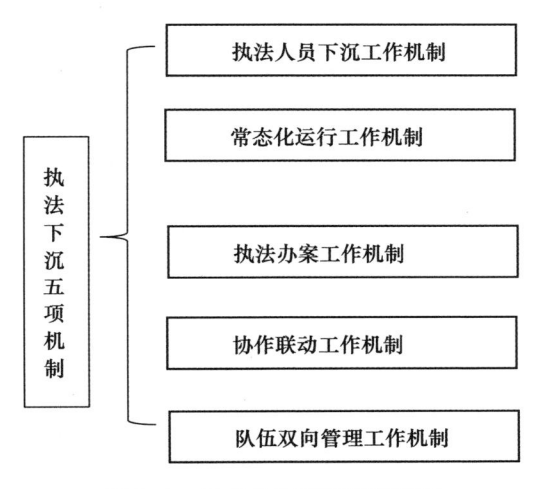

执法下沉五项机制：
- 执法人员下沉工作机制
- 常态化运行工作机制
- 执法办案工作机制
- 协作联动工作机制
- 队伍双向管理工作机制

图 3-1　W 市执法下沉五项机制

资料来源：笔者自制（2021）。

四　行政相对人

行政相对人不具备权力性和紧迫性特征，属于潜在型利益相关者。行政相对人是执法过程中的直接利益相关者，相对于执法主体而言，这一利益相关者具有客体属性，是基层综合行政执法的执法对象，遵循着自身效益最大化逻辑，扮演着"反馈"的角色。行政相对人几近于公共政策语境下的政策目标群体，政策目标群体即公共政策发挥其预期功能的靶向人群，是受特定公共政策影响的特定群体。[1] 一般认为，行政相对人是指参与行政法律关系，对行政主体享有权利或承担义务的公民、法人或者其他组织。[2] 这一概念可以从行政行为的相对人和权利义

---

[1] 王春城：《公共政策客体层次论及其对政策绩效评估的规定》，《江苏社会科学》2019 年第 1 期。

[2] 刘平：《行政执法原理与技巧》，世纪出版集团、上海人民出版社 2015 年版，第 56 页。

务关系的相对人两个角度理解。就前者而言，行政执法行为的相对人是从执法行为所指向的管理服务对象来理解，执法主体和行政相对人分别是执法行为的作出主体和承受客体，这些异质性主客体之间存在双向关系。就后者而言，行政相对人是与执法主体互有权利义务关系的对应一方，权利义务关系恰是行政相对人与执法主体联系的法理所在。更进一步讲，这种权利义务的对应性表现为：执法主体的权力与行政相对人的义务、行政相对人的权利与执法主体的义务互相对应，二者之间的自愿合作出于内心自觉自愿，非自愿合作表现出强迫特征。作为执法客体的行政相对人，处于矛盾的次要方面，其权利处于与执法主体的相互博弈状态下，权利与义务关系得到了强化。

行政相对人是执法主体依法行政的合作力量，[1]"行政是具有高度理性的人类合作努力的一种"。行政相对人在多数情况下作为一个学理概念出现，当行政主体作出的行政行为直接影响公民、法人和社会组织的权益时，他们就是行政相对人。[2]城镇、村庄、集镇是人民群众生产生活的主要场所，就W市而言，现阶段，土地矿产管理、规划管理、市容市貌等方面的行政相对人较为集中（如表3-4）。在基层综合行政执法中，主要针对包括公民、法人或其他组织在内的行政相对人采取行政执法行为，其作用的意义在于依据上级的方针政策，结合本地区、本部门的实际，遵循权变性和灵活性的原则维护社会公共秩序。行政相对人的合作一般是出于自愿，他们不是被动的管理者，而是实际参与行政执法程序、享有程序性权利并负有程序性义务的一方当事人。从一般意义上讲，行政相对人处于一种有限主体地位，具体包括市场主体、社会主体，并且行政相对人与执法主体之间存在互有权利义务的行政法律关系。对于行政相对人而言，由行政法律法规所规定或确认，发挥其行政执法程序参与者的角色，确保其权利的享有和义务的履行。

---

[1] 方世荣：《论行政相对人》，中国政法大学出版社2000年版，第177页。
[2] 关保英：《行政相对人介入行政行为的法治保障》，《法学》2018年第12期。

表 3-4　　　　　　W 市综合行政违法案件频发的十大领域①

序号	行政违法案件涉及领域	数量
1	土地矿产管理类	1077
2	规划管理类	1054
3	市容市貌类	1054
4	住房及房产类	135
5	水行政执法类	104
6	环保管理类	92
7	文广电新类	60
8	市政管理类	9
9	教育管理类	7
10	民政管理类	6

资料来源：笔者自制（2021）。

就调研访谈而言，笔者所在的课题组通过拟定科学的访谈提纲（见附录1），进行专业的访谈方法培训，选取访谈的六个调研单位除了包括 W 市综合行政执法的四类利益相关者，还涵盖了综合行政执法改革的主管部门 W 市市委编办，各类访谈对象分布在与综合行政执法相关的各个功能版块上。本研究通过对关键人物半结构访谈的方式，获取质性研究资料，并对所获访谈资料采用访谈日期进行编码，访谈内容主要记录不同利益相关者的看法和经历，并对访谈内容进行总结。与此同时，笔者所在的课题组成员亲自加入 W 市综合行政执法局和 K 街道、Y 镇综合行政执法局的执法实践中，通过参与综合行政执法的日常工作，了解执法流程，以执法主体和行政相对人的双重身份，了解和分

---

① 数据统计起止时间为：2017 年 9 月 26 日 W 市综合行政执法局成立起至 2021 年 7 月 21 日止。

析基层行政执法中不同利益相关者的行为逻辑。访谈对象具体信息见表3-5。

表3-5　　　　　　　调研访谈对象基本信息描述

访谈对象	性别	年龄	学历	政治面貌	单位	职务	本单位工作年限	编制类型
C主任	男	58	本科	中共党员	W市市委编办	主任	26年	公务员
W局长	男	54	专科	中共党员	W市综合行政执法局	局长	3年	公务员
Z局长	男	45	专科	中共党员	Y镇综合行政执法局	局长	2年	事业编制
M副书记	男	32	本科	中共党员	Y镇党委	副书记	6年	公务员
Z镇长	男	34	本科	中共党员	Y镇政府	镇长	7年	公务员
S局长	男	36	专科	中共党员	K街道综合行政执法局	局长	3年	事业编制
X科长	女	41	专科	中共党员	W市综合行政执法局	政策法规科科长	4年	公务员
L主任	男	47	专科	中共党员	W市综合行政执法局	政治处主任	4年	公务员
L书记	男	52	专科	中共党员	K街道党委	书记	7年	公务员
Q副局长	男	54	专科	中共党员	W市综合行政执法局	副局长	4年	公务员
L中队长	男	36	高中	群众	K街道综合行政执法局	中队长	3年	事业编制
G法制员	女	34	专科	中共党员	K街道综合行政执法局	法制员	3年	事业编制
K副局长	男	47	专科	中共党员	生态环境局W分局	副局长	3年	公务员
L副局长	男	49	专科	中共党员	W市住房和城乡建设局	副局长	5年	公务员

第三章　博弈关系：基层综合行政执法中的利益相关者及博弈关系

续表

访谈对象	性别	年龄	学历	政治面貌	单位	职务	本单位工作年限	编制类型
Z科长	女	43	专科	中共党员	W市住房和城乡建设局	住建管理科科长	3	公务员
H科长	男	39	本科	中共党员	生态环境局W分局	法规与标准科科长	2	公务员
L副主任	男	49	专科	中共党员	W市市委编办	副主任	7年	公务员
H中队长	男	39	高中	群众	Y镇综合行政执法局	中队长	3年	事业编制
S先生	男	33	高中	群众	K街道办事处	居民	5年	个体
W先生	男	48	初中	群众	K街道办事处	居民	12年	个体
Z女士	女	57	小学	群众	Y镇	居民	23年	个体
Q先生	男	55	初中	群众	Y镇	居民	26年	个体

资料来源：笔者自制（2021）。

第二节　基层综合行政执法中利益相关者的利益诉求及行动偏好

不同利益相关者的利益诉求及行动偏好，揭示了基层综合行政执法中的博弈局势。利益诉求是基层综合行政执法中协调社会利益关系的逻辑起点，不同的利益相关者将自身利益诉求输入决策系统，由此产生不同的行动偏好。主体性是人的本质规定性，[①] 面对同一执法问题，不同利益相关者之间的价值评判和理性考量会带来执法行为的"差异性反响"，博弈关系形塑的充分条件建立在个体层面对执法行为的共同参与，从而形成一个联结不同利益相关者的关系网络。利益博弈中的矛盾或冲

---

① 李雪松：《社会治理共同体的再定位：一个"嵌入型发展"的逻辑命题》，《内蒙古社会科学》2020年第4期。

突源于不同利益相关者对自身利益最大化的追求，因此，剖析各方主体的利益诉求及行动偏好是厘清博弈关系的前提。

一 县区综合行政执法局的利益诉求及行动偏好

基层综合行政执法搭建了县域内的综合行政执法平台，W市综合行政执法局整合了不同部门的行政执法权，在优化执法流程的同时，规范了执法行为。为了达成既定行政目标，实现自身利益最大化，W市综合行政执法局在统筹推进和指导协调综合行政执法过程中，及时协调与镇街、部门之间执法工作的矛盾和争议，提升执法精密度，但也有着自身的利益诉求及行动偏好。

（一）县区综合行政执法局的利益诉求

从实际情况看，综合行政执法是城市管理最早涉及的领域，也是实施范围最广、暴露问题比较突出的领域。可以说，W市综合行政执法局承担的执法职能是基层行政执法中最复杂的部分，一度成为社会矛盾的聚焦点。随着行政执法权配置从条块分割的部门化向综合化发展，行政执法的能力和水平得以不断提升。政府是经济理性和公共理性的矛盾统一体，经济理性是其内在要求和主要动力，而公共理性是外在要求，合理有效的竞争需要公共理性进行不断地规范。① "公共行政的目的是维护和促进公共利益或者大众福祉"，并且"公共利益是所有行政活动的理由和界限所在"。② W市综合行政执法局是县域内公共利益的代表，在微观层面，整合了原本属于不同行政主管部门数量众多的行政执法权；在宏观层面，基层社会的多元利益诉求指向W市综合行政执法局，聚焦于执法职能的履行和执法活动的开展。

---

① 汪伟全：《地方政府竞争中的机会主义行为之研究——基于博弈分析的视角》，《经济体制改革》2007年第3期。
② ［德］汉斯·J.沃尔夫、［德］奥托·巴霍夫、［德］罗尔夫·施托贝尔：《行政法（第1卷）》，高家伟译，商务印书馆2002年版，第323—324页。

第三章 博弈关系：基层综合行政执法中的利益相关者及博弈关系

自推行综合行政执法改革以来，我们依据国家住建部陆续出台的规范性文件和省政府的文件精神，在全市推进综合行政执法，明确了我们单位的职能范围，负责承担全市政府职能部门划转过来的执法事项，简单点说，"我们就是个筐，啥都往里装"。我们执法本着"稳定压倒一切"，特别是在上级领导视察、外商考察、"创城"检查时段，整洁有序的城市形象是我们的硬要求。说到底，我们的执法是为了维护社会的生产生活秩序，建设法治政府。现在我们对执法行为规范的监管是很严格的，不存在行政执法不规范、乱作为，如果在执法中出现"以罚代管""选择性执法""逐利式处罚"将会受到严厉问责。过去一年，我们单位没有一起执法案件被行政复议纠错或行政诉讼败诉，第三方评估满意度达100%。（访谈记录：W市综合行政执法局W局长，20210721）

由此可见，作为县域内综合行政执法的责任主体，W市综合行政执法局的利益诉求主要体现在社会效果（稳定）和执法规范（法治）两个层面。具体而言，追求社会效果的本质是提供公共服务，承担着对行政违法案件的公正裁判职责，避免社会不满情绪，所追求的政治利益是保障人民群众的生存环境。为了维护社会稳定、促进社会公正、保障公民权利，必然涉及社会利益的重新调整，需要确保执法能力跟上社会建设脚步。与此同时，追求执法规范的本质是建设法治社会，W市综合行政执法局为了实现自身利益，会理性地追求县域内公共利益最大化，提高法治化程度。现阶段，执法更注重行政系统的整合协同，通过合理设计和安排，有效控制和整合执法资源，推进机构职能优化和协同高效。这就要求依法规范履职范围和活动方式，调和利益诉求与执法行为的张力，有效解决当地社会、民生问题。

（二）县区综合行政执法局的行动偏好

W市综合行政执法局按照综合行政执法的相关法律法规，维护基层社会公共秩序。从一般意义上讲，效率是实现执法目标的核心原则，即在最小执法成本下履行执法职能。对于 W 市综合行政执法局而言，如果不重视违法行为，产生较为严重的社会问题，届时会成为媒体和社会关注的焦点，遭受社会的批评和指责，甚至短期内对社会环境产生较大的负外部性。个体的行动，源于系统的结构和功能。个体追逐个体的利益，实现了共同的利益。① 在基层综合行政执法中，W 市综合行政执法局的个体功能和理性特性驱动个体或整体的行动，在理性计算或情绪等因素的影响下，有着自身行动偏好。

> 我们在推行综合行政执法中，实行以城市建成区为主体的执法体制。我们市局主要承担全市综合行政执法工作的行业管理和组织协调工作，负责各镇街城镇管理工作的监督、检查、考核工作。根据市政府授权，指导并考核各镇街城镇管理综合执法、镇容镇貌环境卫生、园林绿化等行业管理工作，各镇街综合行政执法局的人、财、物都在我们这里，接受我们的监管。就具体的执法活动来说，根据市里的精神，我们在各镇街都设置了综合行政执法中心，统筹组织协调镇街内派驻和执法力量，实行属地管理，我们对镇街实施业务指导和执法监管。（访谈记录：W 市综合行政执法局 W 局长，20210721）

由此观之，W 市综合行政执法局具备县域内的执法主体资格，在对镇街综合行政执法局的监管过程中，通过各种行政手段的运用，履行县域内执法职能。在日常工作中，W 市综合行政执法局制定的执法标准和规则都需要镇街综合行政执法局来落实，而镇街综合行政执法局则选择付出一定程度的努力来实施执法行为，达成县域内的政策目标。无

---

① 李齐、李松玉：《治理主体行动逻辑的"四维分析框架"——兼论乡村治理中乡镇政府行动逻辑演变及趋向》，《政治学研究》2020 年第 4 期。

论这一执法机构主观意愿如何,履行职责直接决定了其考核结果甚至"饭碗"能否端稳。W市综合行政执法局对镇街综合行政执法局的职权配置,二者利益诉求及价值取向的功能调试,导致利益相容之处与冲突之处的共生,形塑着角色共存、利益共享和功能互补的格局,但二者效用函数并非绝对一致,对镇街执法行为的监管成为影响执法职能履行的关键因素。

二 相关行政主管部门的利益诉求及行动偏好

经历行政执法权划转之后,相关行政主管部门在负有纯粹的行政监管职能的同时,需要承担协同配合执法的职责,建设性地配合W市综合行政执法局的执法工作。执法需求与权责主体的有序对接,离不开二者功能上的互补和行动上的协同。此外,行政违法行为直接影响到行政监管秩序,这一行为的纠正也是相关行政主管部门的诉求。

(一) 相关行政主管部门的利益诉求

相关行政主管部门是综合行政执法的需求者和监督者,也是一个具有独特利益诉求的执法主体。按照法定职能,相关行政主管部门采取多样化的行政监管方式和手段履行行政监管职能,如检查、专项整治、抽样检验、检疫、年度报告等。基层综合行政执法是一个联结整个执法体系的过程,如果预期政策取得较好的效果,必须考虑到利益不一致性。[①] 相关行政主管部门的利益集群中包含着"行业稳定"或者"不被扰乱"的利益,而行政相对人的违法行为可能直接或间接地影响这一利益。比如,有的居民在焚烧秸秆时会冒出刺激性气体,而这种空气污染又会影响周边居民的生活和健康;再如,部分摊贩使用大功率电子扬声器或高音喇叭播放宣传广告,而这种噪声污染会影响周边居民的工作和休息。为了回应执法活动的科学化、技术化与精细化发展方向,执法活

---

① 周彬:《部门利益、管制俘获和大部制改革——政府机构改革的背景、约束和逻辑》,《河南大学学报》(社会科学版) 2018年第6期。

动的开展同样离不开相关行政主管部门的支持，在这个过程中，相关行业主管部门也有着自身的利益诉求。

> 在我们生态环境领域，按照谁审批、谁监管的原则，行政执法权移交后，我们仍旧保留原有的监管权，比如，我们配合检测建筑噪声超标、秸秆焚烧污染，在行政执法权划转之后，我们也需要综合行政执法局执法，纠正违法行为，维护我们行业监管的正常秩序。"群众利益无小事"，如果违法行为得不到及时制止和纠正，对我们这个行业主管部门的影响也不好，上级部门会督查，人民群众也会不满意。我们的行政执法权交给了综合行政执法局，需要他们去执法，去维护我们的行业秩序。但是配合执法有时候加重了我们部门的负担。（访谈记录：生态环境局 W 分局 K 副局长，20210723）

从理论上说，为了应对各种社会事务，基层行政人员被分配到特定的部门，专门处理相关事务，工作界面逐渐生成。① 相关行政主管部门在履行监管职能的同时，需要与 W 市综合行政执法局的执法协调和衔接。相关行政主管部门的协同配合执法既是执法有效性和针对性的需要，也是维护行政监管秩序的要求。但在实际运行过程中，不同执法主体因各自利益诉求的差异出现利益分化，难免会考虑部门利益，部门利益导向成为不可回避的一种利益诉求。一般而言，相关行政主管部门往往会从政治和行政层面的因素中，寻找有利于自身的利益诉求，并诉诸利益正当性来维护本部门利益。

（二）相关行政主管部门的行动偏好

在基层综合行政执法中，相关行政主管部门与行政相对人并不存在

---

① Hand Laura, "Producing a vision of the self-governing mother: A study of street-level bureaucrat behavior in coproductive interactions", *Administration & Society*, 2018, 50 (8): 1148-1174.

直接的执法冲突。按照协调机制的规定，相关行政主管部门与W市综合行政执法局之间是一种敏感的组织行为。前者可以通过参与综合行政执法来将自身的意见、愿望、要求传达给后者，并由后者决定是否采纳并予以反馈。从功能上说，这为相关行政主管部门提供一个利益表达的机会，即让其能够影响那些关乎行业监管秩序的执法方案的制定与执行。但对于协同配合执法角色而言，自身利益最大化仍是其参与执法的行动偏好，利益分配结果直接关系到利益关系变化和利益实现程度。

> 我们在监管中发现了违法问题，就发函告知综合行政执法局，如果综合行政执法局要求我们协助执法，一般情况下，我们会积极配合，这是维护W市广大人民群众环境权益，提升我们部门的形象，我们何乐而不为？说到底，我们就是扮演着一种配合执法的角色，主要是我们在监管中掌握的信息资源和执法中提供的专业技术鉴定等方面的支持。尽管我们对这种执法行为也有需求，但有的时候也确实没有办法提供支持，划转之后，执法权在他们手里，他们的办法总比我们多。但我们行业领域出了问题，我们也会被追责。（访谈记录：W市住房和城乡建设局L副局长，20210725）

随着执法协调机制的不断健全，相关行政主管部门参与综合行政执法，并为执法提供专业性支撑。不同执法主体之间的配合存在许多复杂微妙之处，执法人员的职业操守、处事方式、沟通技巧等都可能会对执法产生一定影响，其行动偏好主要体现在两个方面：第一，积极配合执法。相关行政主管部门的部门特性、法律依据、职责权限和执法方式与协同到位、及时、精准与否密切关联。第二，消极配合执法。受不同执法主体法律性质及执法权限的影响，相关行政主管部门与W市综合行政执法局在立场、目标、偏好和执法资源的差异性较大，并且呈现出对W市综合行政执法局的高度依赖特征，博弈预期目标可能落空，造成行政系统的利益失衡。此外，面对违法行为，对部门利益和集体利益以及部门参与成本的衡量，会影响相关行政主管部门的配合程度，综合行政执法的背后却是各部门对责任追究的担忧。

三 镇街综合行政执法局的利益诉求及行动偏好

镇街综合行政执法局是镇街执法的组织载体，也是镇街内的责任主体。在综合行政执法改革进程中，推动执法力量下沉到镇街，使得执法意图通过科层制从县区自上而下传递至镇街。作为行政序列的一线执法主体，镇街综合行政执法局直接面向基层社会，在不断强化镇街统一指挥和统筹协调职责的过程中，这一利益相关者有着自身的利益诉求及行动偏好。

（一）镇街综合行政执法局的利益诉求

镇街综合行政执法局负责组织实施辖区内辖区日常管理和执法工作，统筹指挥调配镇街执法力量。根据W市政府授权，W市综合行政执法局通过对经费和其他执法资源的控制与约束，统筹各镇街的执法人员结构与规模、执法权力与事项，并拥有对镇街执法工作进行业务指导和督办考核的权力。作为执法体系中的义务主体，镇街综合行政执法局的执法行为直接关系到行政执法状况，在规范履行行政行为的同时，忠实履行维护行政秩序的义务。此外，以自身利益最大化为利益诉求，避免行政相对人的对抗和上级主管部门的惩罚。

> 我们镇街执法局具体处理辖区内执法案件，市局下沉执法人员的工资关系、镇街工作补贴、办公经费等划转到我们局。我们中队执法主要是维护经营秩序和占道经营管理这方面。日常执法肯定会有冲突，现在网上的舆论一发生执法人员摊贩的冲突就是"执法人员打人了！"的负面印象，网上的"执法人员下跪"那真是没有办法了啊！舆论传播很容易混淆视听，我们执法是很谨慎的，"法无

授权不可为"，执法的关键是老百姓要服从我们的执法决定啊！老百姓不服从我们的管理，执法工作开展起来就很麻烦，甚至会对我们造成伤害，我们要对市局负责。（访谈记录：K街道综合行政执法局 L 中队长，20210722）

镇街综合行政执法局既是 W 市综合行政执法局的镇街代理人，又是镇街利益的代表者，这一双重身份决定了其价值目标的多元性。现阶段，行政相对人与执法主体之间的关系日渐具体明确，表现为双向的权利义务关系。现阶段，大部分冲突都会止于身体接触阶段，包括推搡和殴打，极少数才会出现流血或死亡事件。① 镇街综合行政执法局负责具体行使的行政执法权属于国家公权力，"即国家权力体系中负责执行权力机关意志，维护社会经济文化秩序、增进社会福利、管理社会事务的支配权"。② 这种利益诉求主要表现在争取执法资源、减少执法消耗，追求以最小代价、最大收益维护辖区内的秩序和形象为利益诉求。这是由完成工作任务的行政属性、获得社会认同的社会属性和自我实现的内在价值属性所共同决定的。"就公共行政而言，最重要的并且最有价值的就是我们为公民服务以增进共同的利益。"③ 任何一项执法行为都不是简单地设计社会秩序、分配社会角色、处置社会关系，追求的最大收益在于完成执法任务并获得上级认可和社会认同。

（二）镇街综合行政执法局的行动偏好

随着 W 市执法依据、执法范围、执法内容等的不断完善，镇街综合行政执法局的执法行为逐步走向规范。这一利益相关者的行动偏好不是简单的"上传下达"，而是有效应对复杂执法局面，化解与 W 市综合

---

① 闫岩、毛鑫：《失真的镜像——对优酷视频中"城管 vs. 商贩"冲突的内容分析》，《新闻与传播研究》2015 年第 2 期。
② 应松年主编：《行政法学新论》，中国方正出版社 2004 年版，第 9 页。
③ ［美］珍妮特·V. 登哈特、［美］罗伯特·B. 登哈特：《新公共服务——服务，而不是掌舵》，丁煌译，中国人民大学出版社 2010 年版，第 2 页。

行政执法局以及与行政相对人之间的矛盾和张力。具体而言，改革破解了各县直派出执法机构在镇街面临的点多面广、有责无权等执法困局，由于镇街综合行政执法局所属执法人员的职务晋升和获得荣誉的机会主要来源于 W 市综合行政执法局，他们一方面为县区助力、努力维护执法主体的执法权威，另一方面又亲身参与博弈、为自己及本部门成员获取更多利益和机会。这就导致了镇街综合行政执法局的行为选择并非基于权力自主逻辑展开，并且会受到其他力量的影响。

> ……我们是镇街执法的新机构，依靠市局配备的人力、物力、财力去开展工作，具体承担执法职能，处在与老百姓打交道的第一线，如果我们开展工作不到位，老百姓要举报，上边也要追责，我们行动的开展自然是希望干好我们属地范围内的工作，并且"不出事"啊！我们的"常规动作"是以批评教育为主，通过规劝引导老百姓自愿纠正。如果遇到类似于拆迁等执法阻力大的案件，我们就会向市局申请支援，由市局调度其他执法力量协助我们执法。对于"两违"治理工作，我们确保在执法一线上得到落实。（访谈记录：K 街道综合行政执法局 S 局长，20210722）

推进基层综合行政执法，前移了基层执法端口，倒逼各镇街种好"责任田"。具体而言，镇街综合行政执法局的行动偏好主要体现在两个方面：第一，地方保护主义。在现行执法体制下，镇街综合行政执法局具有较大自主性，在处理全局与局部、长远与眼前的利益关系时，可能会出现为了眼前和局部利益而损害长远和全局利益的不良倾向。在传统经济学中，政府是没有自己特殊利益的超社会存在，但镇街综合行政执法局因为自身利益诉求而出现行为分歧，地方保护主义更多地表现为执法阻滞现象。第二，有限理性。镇街综合行政执法局对所处的环境及其未来的变化作出判断，并选择正确的行动方案。由于决策时的不完全信息限制和不确定性因素的影响,导致其在决策中是有限理性而非完全理性,致使未必能做出最优选择。镇街的行动空间相对有限,但掌握行政执法权且信息资源丰富,一般而言,执法人员在行为选择上谋求责任最小化。① 根据利益契合度和执法压力的不同,镇街综合行政执法局可能会对上级政策采取变通的执法策略。

四 行政相对人的利益诉求及行动偏好

现阶段,行政相对人不再怯于采取合法性途径维护正当性权利,而是积极参与执法活动。基层综合行政执法已经非常具体、实在地体现在基层社会之中,甚至已经镶嵌到非常细小、琐碎的百姓生活。基层综合行政执法是执行法律和政策的利益分配过程,回应着行政相对人的利益诉求。

(一) 行政相对人的利益诉求

一般而言,行政相对人希望执法主体的执法行为降低对自身的利益损失,并且将自身置于一种信息完全的博弈环境下。目标群体是政策行为调整的主要对象和政策利益分配的承担者,② 执法的利益分配带有一定普遍性,直接影响到目标群体的利益。作为利益空间被压缩的群体,可能会存在抵制执法进行的倾向。执法主体与行政相对人之间的关系是一个动态发展的过程,执法行为是执法主体的义务和责任,同时在完成执法过程中,行政相对人最大限度地谋求自身利益。行政相对人的利益诉求主要关注的是能否尽可能地降低执法对自身切实利益的影响,为自身利益争取到一定存续空间。同时,由于基层社会被注入多元化的价值观念,不同的目标群体寻找特定理由支撑自己的利益诉求。

---

① Weaver Kent, "The politics of blame avoidance", *Journal of public policy*, 1986, 6 (4): 371-398.
② 朱亚鹏、李斯旸:《目标群体社会建构与政策设计框架:发展与述评》,《中山大学学报》(社会科学版) 2017 年第 5 期。

我很清楚这个时候不允许在这里摆摊设点，但我就是个菜农，我需要生存，我要多赚些钱，过上好日子。我权衡了这件事的利弊，权衡之后还是决定要这样干。有的时候我能躲过执法局的执法，有的时候躲不过就只能认栽。如果光是批评教育还好，有的时候批评教育次数多了之后，他们就会处罚，给我开罚单。一张罚单下来，我一天卖的菜钱就全搭进去了。现在执法比以前文明多了，我没遇到过暴力执法的情况。如果开了罚单我会比较配合地去交罚款。我算是个小摊贩吧，我就是想好好活下去啊！我特别想有一个客流量大的固定摊位，这样不光不用担心执法局的罚款，我也就稳定下来了，能多赚些钱，改善家里的生活。（访谈记录：Y 镇摊贩 Q 先生，20210807）

正因为执法主体在一定的执法时空内作出行为选择，行政相对人同样有着一定的生存空间和社会需求，其日益多样的利益诉求主要归结为三个方面：一是经济收益最大化，如果将执法问题视为经济交易行为，表现出遵循着收益大于成本行为准则的"经济人"取向。从社会经济活动意义上看，收益最大化被行政相对人视为经济收益最大化，经济收益成为主要利益诉求。二是改善生活品质，物质生活以及精神生活的综合提升是生活品质改善的内涵所在，目标群体对文化生活、社会参与等精神生活的追求也逐渐被重视。三是渴望获得新的发展机会，目标群体对自身发展有着清晰的目标追求，受客观条件限制而产生违法行为。一般情况下，作为与执法主体进行博弈相对弱势的一方存在，行政相对人的执法参与能力远低于执法主体，从维护自身利益考虑在应对其行为选择中难免存在瑕疵。如果因为执法不当造成执法资源的浪费，同时可能会对目标群体的合法权益产生消极影响。

（二）行政相对人的行动偏好

相对于行政相对人，执法主体占据着执法资源，二者之间在行政执法行为上的利益诉求,在很大程度上取决于双方有效的策略选择。诚如日本法学家盐野宏所言:"从法治国原理来看,一旦以行政行为的形式确定了相对人的义务,关于是否履行,就应该赋予相对人以判断的机会。"① 从程序上看,执法行为是一种方案选择的过程,相对于行政相对人,执法主体处于执法过程的主导位置,往往占据了利益博弈优势地位。由于资源的稀缺性,利益分配是一个"谁得益"的问题,当违法行为对公共利益造成不良影响时,就会衍生出利益矛盾或冲突。公共政策的成功关键在于能够有效影响与改变目标群体的态度与行为,激励公民做出政策遵从行为。② 行政相对人作为基层综合行政执法的执法对象,具有在执法活动中与执法主体互动的合法性,但在执法主体强化执法遵从过程中也有其行动偏好。

> 今年我经历了两次执法局的执法,第一次是摆摊设点搞培训招生宣传被执法局的处罚,因为像我们这种企业,要想生存的话,必须在招生季有生源,光是线上宣传的力度还是不太够。我就在招生的黄金期在执法局很少巡查的时间段带着几个老师去摆摊宣传,向路人发传单。刚开始宣传不一会儿,就看到执法局的车子过来了,他们暂时扣留了我们的宣传物件,跟我说要在规定时间内去执法局处理,第二天,我就去交了罚款。第二次是因为我们培训机构的广告牌挂在道路旁,两名执法人员来执法,我与执法局沟通了一下说并不知道不允许在外面挂牌子,我当场把牌子拿了回来,这次没有开罚单。(访谈记录:K街道青少年宫负责人S先生,20210807)

整体而言,随着执法能力水平的提升,"暴力执法—暴力抗法"的

---

① [日]盐野宏:《行政法》,杨建顺译,法律出版社1999年版,第169页。
② 李燕:《公民政策遵从:理论基础、形成机制与干预策略》,《探索》2020年第3期。

怪圈得以解决。执法是相关各方利益主体及执法者开展博弈的过程,[①]上文的调研数据反映了行政相对人的行动偏好（见表3-6），执法主体坚持执法以法为据，行政相对人的行动偏好主要表现为主动服从执法主体执法行为的"迎合"和为维护自身利益宁愿违背政府意志的"规避"。但就进入公众视野的执法实践而言，仍然存在利益驱使下敢于与执法主体进行博弈的目标群体，特别是对旧城改造、违章建筑、违法占地、移民搬迁等无利或是有损害的政策往往会消极执行或是不执行，也可能通过明争暗斗的方式争取利益补偿。尽管现阶段的执法在刚性约束中注入了温情，但执法冲突是高度情境化的，行政相对人会随情境改变，情绪反应决定了在每个关键节点上的行动选择及相应结果。这就要求执法主体以合法合理方式回应基层社会需求，更加注重执法的经验性、应变性和灵活性。

表3-6　基层综合行政执法中利益相关者的利益诉求及行动偏好

利益相关者	利益诉求	行动偏好
W市综合行政执法局	1. 社会效果 2. 执法规范	1. 履行县域执法职能 2. 监管镇街执法行为
相关行政主管部门	1. 维护监管秩序 2. 争取部门利益	1. 积极配合执法 2. 消极配合执法
镇街综合行政执法局	1. 上级认可 2. 社会认同	1. 地方保护主义 2. 有限理性
行政相对人	1. 经济收益最大化 2. 生活品质改善 3. 获取发展机会	1. 迎合 2. 规避

资料来源：笔者自制（2021）。

综上观之，基层综合行政执法是一个在不同利益相关者之间实现资

---

① 刘磊：《执法吸纳政治：对城管执法的一个解释框架》，《政治学研究》2015年第6期。

源重新配置及利益再次分配的过程。通过对四类利益相关者的利益诉求及行动偏好的分析和梳理,表明不同利益相关者呈现出多元利益状态。由于执法具有明显的直面特点,不同利益相关者利益诉求的表达和实现程度,可能会较大程度地延缓或促进执法活动的开展。利益分化必然导致利益诉求由愿望变成行动,利益矛盾和冲突从隐形走向显性。① 因此,需要作出有效回应,调节不同的利益矛盾或冲突。利益分配由行政执法权主导,但执法中存在较大的利益博弈空间,各方在利益博弈中追求自身利益最大化。博弈关系是在社会空间中嵌入的互动演化的利益博弈的脉络,多元交织的利益诉求及行动偏好,必然催生出厘清基层综合行政执法中博弈关系的要求。

第三节 基层综合行政执法中博弈关系的类型学分析

利益博弈的显现往往借助关系形态,不同子结构间的关系搭建起基层综合行政中博弈关系的整体框架。基层综合行政执法中利益的重新分配,必然涉及博弈关系的调整。从执法体制来看,不同执法主体之间以及执法主体与行政相对人之间存在协同与被协同、领导与被领导、服务与被服务的关系,本节将对基层综合行政执法中的博弈关系进行类型学分析。

一 基层综合行政执法中利益相关者的关联性

基层综合行政执法涉及利益的分配和调整,决策更多地在一个开放性的公共参与和协商讨论平台进行,利益各方在公共平台上从各自利益

---

① 蒋俊明:《利益协调视域下公众参与型公共政策机制建构》,《政治学研究》2013年第2期。

出发进行公开辩论和利益表达。① 不同利益相关者之间形成了复杂的关联性，其中，以 W 市综合行政执法局与相关行政主管部门之间、W 市综合行政执法局与镇街综合行政执法局之间、镇街综合行政执法局与行政相对人之间的关联性最具代表。不同利益相关者之间的关联性（见图 3-2），搭建起了基层综合行政执法中不同利益相关者之间的结构性关系。

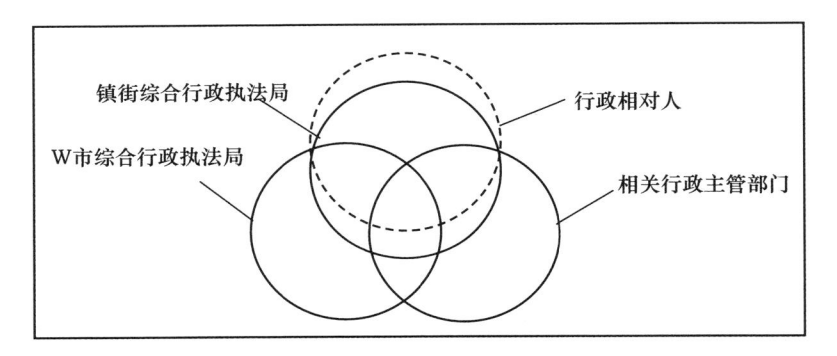

图 3-2 基层综合行政执法中利益相关者的关联性

资料来源：笔者自制（2021）。

（一）县区综合行政执法局与相关行政主管部门的关联性

基层综合行政执法离不开县区综合行政执法局与相关行政主管部门的协同执法，最终实现双方利益的"兼容"。就 W 市综合行政执法局与相关行政主管部门的关联性而言，一是相互排斥。按照 W 市的政策部署推进具体执法工作，二者对综合行政执法的实际推动应该表现出较强的主动参与，但受部门利益等因素的影响，当面临许多困难和障碍时，存在二者目标一致并相互支持的特征并不明显的特殊情况。从某种意义上讲，特别是随着行政执法职能划转，相关行政主管部门行政监管职能

---

① 黄小勇：《决策科学化民主化的冲突、困境及操作策略》，《政治学研究》2013 年第 4 期。

得以"松绑"的同时，行政执法权的丧失使部门利益受损，二者在衔接上也可能存在空当。二是合作共赢。W市综合行政执法局和相关行政主管部门的共赢具体体现在合作上，这既存在外在推动力，也存在内生动力。执法的外在推动力来自W市综合行政执法改革的政策导向，而内生动力则来自W市综合行政执法局和相关行政主管部门对执法案件有效激活的共同期望，力求通过解决行政违法问题，促进执法职能的履行和监管秩序的维护。在可见的责任追究案例中，负有行政监管职责的部门在其监管领域内发生导致财产特别是人身伤亡的重大事件，无论是否履职尽责，主管领导被追究责任是大概率事件，严重的甚至被追究刑事责任。

（二）县区综合行政执法局与镇街综合行政执法局的关联性

为了实现全域综合行政执法，在"县乡一体"模式下，W市综合行政执法局向各镇街派驻执法机构，逐步引导其向一个更具主动性的政府角色转变。镇街综合行政执法局代表W市综合行政执法局在镇街内行使行政执法权，作为代理人，需要贯彻上级指令、执行上级的政策、实现上级的意志；作为自利者，要追求自身利益最大化。[①] 在此过程中，随着W市综合行政执法局下放了执法权限，镇街综合行政执法局的财权事权和发展责任同步增加，独立性逐步加强，二者之间的关联性相应变化为"宏观利益一致和局部利益相容"的关系。就前者而言，执法职能的履行需要形成县区和镇街在行动目标上的一致合力，W市综合行政执法局与镇街综合行政执法局的隶属关系确保二者的行动目标总体一致，即实行便于县域内统一调度的派驻机制。特别是W市较为完备的制度保障使二者在面临利益矛盾或冲突时二者均能采取有利于社会整体利益的共同行动。就后者而言，由于镇街综合行政执法局承担着向W市综合行政执法局负责并开展属地内具体执法工作的双重责任，

[①] 徐建牛、施高键：《相机执行：一个基于情境理性的基层政府政策执行分析框架》，《公共行政评论》2021年第6期。

因而对其利益诉求而言，局部利益和 W 市综合行政执法局的宏观利益是基本趋同和相容的。特别是在不同镇街发展竞争性加剧的背景下，需要从上级获取更大力度支持和发展认同。因此，基于实现共同利益的角度，W 市综合行政执法局与镇街综合行政执法局之间的总体目标必然是相容的。

（三）镇街综合行政执法局与行政相对人的关联性

社会多元作用的发挥通过与政府的合作实现，[①] 镇街综合行政执法局承担属地内执法事务，执法目标是具有高度抽象性的一般行为准则，[②] 与行政相对人表现为统一和对立的关联性。一是统一的利益共同体。执法行为的良性运转需要执法主体和行政相对人的行动统一，镇街综合行政执法局是公共利益的代表，也是法律法规的执行者。只有通过执法服务实现行政相对人同社会其他因素的有机结合，才能促进社会长远发展。执法最根本的服务对象不是城市本身，而是生活在其中的人，这也是执法合法性的来源之一。行政相对人对执法主体具有天然的信任感，但同时也是信息不完全、最不具有谈判地位的角色。一般情况下，只要一线执法人员严格规范公正文明执法，行政相对人往往会选择合作而非对立方式。二是利益相对立的主体。镇街综合行政执法局行使行政执法权，占据着得天独厚的执法权威，同时，也可能与行政相对人的利益诉求存在差异，形成利益冲突。执法行为直接影响行政相对人的切身利益，镇街综合行政执法局则是对行政相对人"量刑"的主体。但是，如果行政相对人的利益诉求超越法律的合理界限，就会高于执法主体的满足程度。由于二者都是追求自身利益最大化的"经济人"，在后者不顺从的情况下，执法产生矛盾的风险较大。

---

① Syal Reetika, "Margit van Wessel and Sarbeswar Sahoo, Collaboration, cooptation or navigation? the role of civil society in disaster governance in India", *International Journal of Voluntary and Nonprofit Organizations*, 2021（32）：795-808.

② Christensen Tom, Lægreid Per and Arne Kjell, *Organization Theory and the Public Sector: Instrument, Cultureand Myth*, London: Routledge, 2007, p. 89.

二 基层综合行政执法中的博弈关系分类

在基层综合行政执法中，不同利益相关者类似市场交易主体间的互惠激励，为协调主要博弈关系提供了前提。在执法过程中，既需要充分激发各自的主动性和积极性，又需要命令、规则、角色或既定事实等外在压力助推合作程度。为明晰不同博弈关系的本质属性，本部分对基层综合行政执法中的博弈关系进行了分类（见图3-3），总体而言，不同执法主体之间以及执法主体与行政相对人之间的博弈关系，可归纳为主体横向、主体纵向、主—客体三种类型，这三类博弈关系成为影响利益博弈的主要关系脉络。

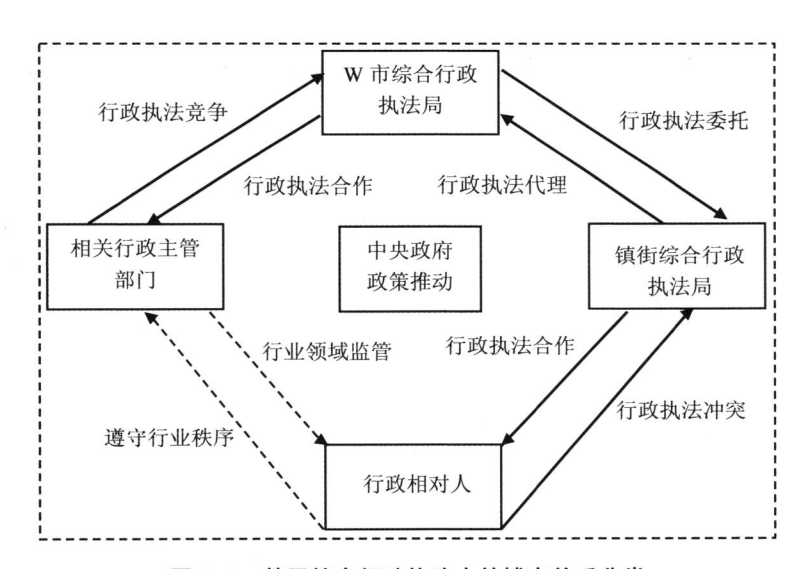

图3-3 基层综合行政执法中的博弈关系分类

图片来源：笔者自制（2021）。

（一）基层综合行政执法主体的横向博弈关系

基层综合行政执法主体的横向博弈关系是为了达成既定的行政执法

目标，在没有层次关联和隶属关系的 W 市综合行政执法局①和相关行政主管部门之间，平衡差异化的利益诉求的关系。横向关系通常包括模仿、学习和竞争，相互学习和经济竞争是政策横向扩散最常见的原因。② 对于综合执法改革，整合是形式，制造分工是宿命，协同是实质需求。③ 更进一步讲，由于行政权力运行流程中的部门权力环节截段，集中交付给一个执法机构执掌，④ 相关机构之间有统有分、有主有次，配合联动。具体而言，以 W 市综合行政执法局为责任主体，辅之以相关行政主管部门的协同配合执法，推动执法服务的协同供给，故而搭建起了主体横向博弈的关系框架。尽管承担执法职能的部门和协同配合执法的部门之间通过多种形式发挥信息传递、资源共享及利益分担作用，但二者之间仍呈现部门博弈表征。这一博弈关系与府际横向关系有着某种程度的相似性，在府际横向关系上，存在竞争和合作两种形态。⑤ 类似地，主体横向博弈关系下的博弈参与者处于一种部门竞争和合作状态。一方面，由于不同执法主体之间经济和财力等资源的相对稀缺性，行政部门利益的追逐造成了二者之间的竞争性；另一方面，存在横向分工的执法主体之间，权力运行的顺畅离不开双方的配合联动。在实践中，部门合作执法和部门不合作执法的形成是视博弈结果而定的，如果二者难以达成合作，则无法完成执法任务。

由于主体横向博弈关系产生于整合分散的行政执法权之后，因此这种关系来自行政系统内部的有效整合，是一种由行政监管权和行政执法权两类要素组成的类似生物有机体的整体。按照改革规定，划转行政执

---

① 之所以选取 W 市综合行政执法局作为主体横向博弈关系中的综合行政执法部门，是因为 W 市综合行政执法局是县域内具备执法主体资格的责任主体，并且属于与相关行政主管部门处于同一行政层级的执法主体。
② Shipan, Charles R. and Craig Volden, "The mechanisms of policy diffusion", *American Journal of Political Science*, 2008, 52 (4): 840-857.
③ 刘国乾：《效能导向的综合执法改革原理与操作》，《法学家》2020 年第 6 期。
④ 杨小军：《深入推进城管执法体制改革研究》，《行政法学研究》2016 年第 5 期。
⑤ 黄溶冰：《府际治理、合作博弈与制度创新》，《经济学动态》2009 年第 1 期。

第三章 博弈关系：基层综合行政执法中的利益相关者及博弈关系

法权到 W 市综合行政执法局的行政主管部门，在履行执法事项职责时，理应做好彼此之间的衔接，促进各类执法事项互补衔接。为此，W 市出台的综合行政执法协调机制，破除了部门壁垒，开展 W 市综合行政执法局与相关行政主管部门的协同执法。在基层综合行政执法中，只有推动不同功能的执法主体方向一致、相互合作，通过跨部门执法实现共同目标，才能作出针对特定问题的综合性回应。在主体横向博弈关系上，主要是表现为"块系统"上的"横向协调"，相关行政主管部门切实落实行政监管主体责任，加强源头监管和协调指导，依法履行制定政策、审查审批、批后监管、业务指导等职责。在某种意义上，协同政府更有可能为公民提供无缝隙而非碎片化的公共服务，[①] 这种协同执法关系，融合了综合性和专业性的特点，通过协调主体的横向博弈关系，促进协作互动、共建共治。但是，在一定的规则约束下，不同博弈参与者依靠所掌握的信息，权衡如何进行决策以及如何实现这种决策的均衡。

（二）基层综合行政执法主体的纵向博弈关系

在基层综合行政执法中，主体纵向博弈关系有两类：一类是 W 市综合行政执法局与议事协调机构 W 市综合行政执法联席会[②]之间的关系，这是地市层面缺少综合行政执法归口管理部门的 W 市推进综合行政执法体制改革试点过程中的特有现象；另一类 W 市综合行政执法局与镇街综合行政执法局之间的博弈关系，这是主体纵向博弈关系的重点所在，下文将以此为典型代表来分析这一博弈关系。经 H 省委编办同意，W 市综合设置镇街综合行政执法局，属于 W 市综合行政执法局自

[①] Pollitt Christopher, "Joined-up government: A survey", *Political Studies Review*, 2003, 1 (1): 34-49.

[②] W 市建立了综合行政执法联席会议制度，成员单位由市政府法制办、市监察局、市法院、市检察院、市委编办、市综合行政执法局、市公安局、市住建局、市规划局、市教育局、市水利局等相关部门和 12 个镇街组成，具体由市长任组长，常务副市长、分管副市长和综合行政执法局局长任副组长，各成员单位主要负责人为成员，负责市综合行政执法局与其他成员单位之间的执法协调工作，及时研究解决管理与执法工作中的问题，形成事前预防、事中检查、事后查处有机结合的长效监管机制。

上而下地派驻下级单位，并由其负责业务管理。从体制上看，上下级之间表现为一种领导与从属、服从与被服从的关系。① 因为自上而下层级节制的科层制组织形式使各层级政府以及各层级职能部门之间形成纵向"条条分割"的压力型关系，② W 市综合行政执法局与镇街综合行政执法局围绕执法目标相互作用、相互影响，调动镇街综合行政执法局的积极性，成为主体纵向博弈关系的关键。就执法体制而言，镇街综合行政执法局接受 W 市综合行政执法局的委托授权，开展日常监督、检查、考核，并对关键决策和重点目标进行追踪、纠偏及问责。在主体纵向博弈关系下，存在诸如派驻机制下的执法机构拥有人事权、财政权和资源分配权等相应的政治利益关系，W 市综合行政执法局对镇街综合行政执法局施加约束性压力、目标任务压力、监督考核评估压力等指导内容，这些关系和内容影响和制约着镇街综合行政执法局的行为选择。

纵向关系一般包括更高层级政府自上而下的强制，指令（mandate）是一种相对温和的机制。③ 作为代理方的镇街综合行政执法局是相对独立的利益主体，是执法行为能否落地的执行者。W 市综合行政执法局的垂直管理，以监督型控制来增强执法体系的凝聚力，实现纵向上层级划分的统合。在推动执法重心下移过程中，这种权责下移离不开 W 市综合行政执法局的协调和统领，镇街处于规制、监督和问责下，但在行政压力下可能会采取变通的方式与之博弈来完成自身目标。目前的行政考核制度也使各级执法主体之间有着不同政治偏好和利益诉求，导致执法行为的实施效果存在差异。从某种意义上讲，W 市综合行政执法职能的履行由县区委托、镇街代理行政执法权来实现。主体纵向博弈关系的实质是不同层级执法主体对行政执法权的再分配过程，表现为委托代

---

① 程臻宇：《中国地方政府竞争研究》，山东大学出版社 2011 年版，第 39—40 页。
② 陈世香、邹胜男：《地方政府公共文化政策执行阻滞的生成逻辑——基于制度环境三维度理论框架的分析》，《上海行政学院学报》2019 年第 3 期。
③ Walker Richard, Claudia Avellaneda and Frances Berry, "Exploring the diffusion of innovation among high and low innovative localities: A test of the berry and berry model", *Public Management Review*, 2011, 13（1）：95–125.

理关系下"条系统"上"纵向推动"的博弈关系。位于科层制结构底端的镇街综合行政执法局,承受着组织内部自上而下的压力,对W市综合行政执法局负责并执行其战略部署,权力和资源上的相互依赖,使博弈关系得以持续和稳定。

(三) 基层综合行政执法中的主—客体博弈关系

基层综合行政执法中的主—客体博弈关系是镇街综合行政执法局①与行政相对人之间的博弈关系,在这一关系下,行政相对人作为执法过程中的客体存在。从本质上看,这是一种正式权威基础上的谈判,是合作冲突情境下执法主体针对行政相对人执行法律产生的博弈关系,其根本要求是合法性和合乎情理性。在执法过程中,尽管在法律上可以强化执法主体的权力,但这并不意味着在执法过程中权利就能够实现。② 一切执法行为以满足社会公众愿望和实现社会公共利益为依归,在信息不对称和激励不相容的条件下,执法主体和行政相对人基于自身利益的博弈行为,将不可避免地导致执法阻滞现象。现代政府作为"公共权力"的委托代理人,寻求公共利益最大化是它责无旁贷的义务。③ 如果行政执法中形成了一定的秩序,执法人员和执法对象间都存在比较稳定的预期和行为选择。④ 镇街综合行政执法局及其执法人员在执法过程中对行政相对人作出法律解释并作出执法决定,解释范围包括对所有其所执行的法律、行政法规、地方性法规、自治和单行条例、部门和地方政府规章以及规章以下的规范性文件的广义法律。这种法律解释和执法决定更多情况下分别以口头形式和行政决定法律文书为载体的书面形式呈现。

---

① 之所以选取镇街综合行政执法局作为主—客体博弈关系中的执法主体,是因为镇街综合行政执法局具体行使行政执法权,按照属地管理原则开展执法活动,是与行政相对人直接发生相互作用的执法主体。
② 岳书光:《城管执法冲突何以形成——基于嵌入式执法的分析》,《中国行政管理》2017年第5期。
③ 刘祖云:《政府与企业:利益博弈与道德博弈》,《江苏社会科学》2006年第5期。
④ 陈柏峰:《城管执法冲突的社会情境——以〈城管来了〉为文本展开》,《法学家》2013年第6期。

现阶段，镇街综合行政执法局与行政相对人之间并不是简单的管理者与被管理者的关系，也不再是过去的"命令—执行"的关系，而是通过长期的、动态的、重复的博弈行为形成博弈结果。就主—客体博弈关系而言，权力来源于包括行政机关和执法人员在内的执法主体，由社会公众赋予其行政执法权，代表社会公共利益对行政违法行为进行执法，需要通过彼此之间的对话沟通，充分回应社会关切。就作为目标群体的行政相对人而言，主要包括市场和社会两类，就市场主体而言，镇街综合行政执法局需要与企业充分对话磋商，实现从"管理"到"治理"的转变；就社会主体而言，镇街综合行政执法局需要重视目标群体的利益诉求，平衡公共利益和个人利益关系。在基层综合行政执法中，镇街综合行政执法局利用可支配的权力和权威优势，通过制度规则给予行政相对人执法压力，在案件查处过程中依法对违法行为作出执法决定。对于行政相对人拒不配合执法行为，依照民事诉讼程序申请人民法院强制执行。总体而言，主—客体利益博弈调整着个人与他人、社会之间博弈关系，但现阶段合作已经取代冲突成为执法的主要趋势。

第四节 本章小结

本章主要结合笔者田野调查获取的数据，对基层综合行政执法中的利益相关者及博弈关系进行了论述。基层综合行政执法中的利益相关者主要包括县区综合行政执法局、相关行政主管部门、镇街综合行政执法局、行政相对人，通过对不同利益相关者复杂多样的利益诉求及行动偏好的分析发现，基层综合行政执法中形成了局部冲突、整体平衡的状态。随着执法流程和组织再造的推进，基层综合行政执法实现了由"执法主体—行政相对人"链接向"县区综合行政执法局—相关行政主管部门—镇街综合行政执法局—行政相对人"链接的转变。在多元利益状态下，不同利益相关者之间呈现出一种相互依赖、相互作用的双向互动线性关系。

不同利益相关者之间的博弈关系揭示了基层综合行政执法中利益博弈的关系样态,通过博弈关系的类型学分析发现,基层综合行政执法中主要包括三种类型的博弈关系,即县区综合行政执法局与相关行政主管部门之间的主体横向博弈关系、县区综合行政执法局与镇街综合行政执法局之间的主体纵向博弈关系、镇街综合行政执法局与行政相对人之间的主—客体博弈关系。由于不同利益相关者在利益博弈中所掌握的资源和所受约束的差异,催生出不同性质的行为选择,不同利益相关者往往会作出理性决策以实现自身利益最大化,利益博弈的行为机理是下一步应该研究的重点。而本章的研究则为后文针对利益博弈行为机理的博弈分析、质性分析、综合分析提供了关系脉络。

第四章
博弈机理：基层综合行政执法中利益博弈的行为机理

在前文的研究中，我们发现不同执法主体之间以及执法主体与行政相对人之间的博弈关系是由县区综合行政执法局、相关行政主管部门、镇街综合行政执法局、行政相对人四类利益相关者组合而成的较为典型的四个参与人的利益博弈问题。由于四人博弈一般无法用得益矩阵表示，并且这种博弈的表达通常只能通过文字描述和函数式，因此，本章立足于主体横向、主体纵向、主—客体三种不同类型的博弈关系，采取相应的博弈分析模型，结合 W 市田野调查获取的质性访谈资料进行分析，实现对不同类型利益博弈行为机理的充分审视，为提升行政执法效能提供行动依据。

第一节 基层综合行政执法主体横向利益博弈的行为机理

基层综合行政执法主体横向利益博弈的行为机理，集中表现为实现行政执法权划转之后，W 市综合行政执法局与相关行政主管部门之间存在的诸多矛盾。一种有效的协同创新机制，取决于如何使博弈方的创

第四章　博弈机理：基层综合行政执法中利益博弈的行为机理

新收益与目标分析获得权衡。① 因此，通过考察主体横向利益博弈过程，着重从策略选择、现实困境和影响因素层面，对利益博弈的行为机理作出合乎逻辑的解释。

一　基层综合行政执法主体横向利益博弈的策略选择

在基层综合行政执法中，出于对资源争取、执法收益等部门利益的考量，W 市综合行政执法局和相关行政主管部门之间的利益博弈表现为执法中的微观自利性与集体宏观理性之间的矛盾。在这一意义上，通过构建主体横向利益博弈模型来说明不同博弈参与者的策略选择，着重分析主体横向利益博弈中追求利益最大化而可能导致的集体利益受损情形。

（一）模型假设

就博弈过程而言，需要对相关预设前提进行设定：首先，作为同级执法主体的 W 市综合行政执法局和相关行政主管部门，均是围绕着各种利益与资源、政治晋升机会等展开竞争的"经济人"，产生了实质上的博弈行为；其次，W 市综合行政执法局和相关行政主管部门都能了解对方策略空间和支付函数，且作为博弈参与者的 W 市综合行政执法局与相关行政主管部门对执法行为都存在着两种策略选择：对于 W 市综合行政执法局而言，根据自己的部门利益可以选择积极执法（合作）或消极执法（不合作）两种行为策略；对于相关行政主管部门而言，根据自己的部门利益有选择配合（合作）或不配合（不合作）两种行为策略。W 市综合行政执法局和相关行政主管部门的协调受到 W 市综合行政执法联席会统筹负责并直接监管。

就参数假设而言，假设当 W 市综合行政执法局和相关行政主管部门都选择"合作"时，双方需要行使自己的一部分行政权，并付出一

---

① Erkal Nisvan and Daniel Piccinin, "Cooperative R&D under uncertainty with free entry", *International Journal of Industrial Organization*, 2010, 28 (1): 74-85.

定的行政成本，将合作的成本记为 C。由于合作行为，各博弈参与者分享到对方提供的信息收入记为 Q。双方合作后，降低了执法难度的收入记为 D。Q+D 两部分收入之和记为总收入 P。当 W 市综合行政执法局或者相关行政主管部门中一个选择合作，另一个选择不合作，则选择不合作者得到的收益和付出的成本分别记为 Q 和 C。当一个博弈参与者作出决策时，假设对方策略是给定的，据此，构建一个完全信息静态博弈矩阵如表 4-1 所示。

表 4-1　　　　基层综合行政执法主体横向利益博弈模型

博弈参与者及策略	相关行政主管部门配合	相关行政主管部门不配合
W 市综合行政执法局积极执法	A（P-C，P-C）	B（-C，Q）
W 市综合行政执法局消极执法	C（Q，-C）	D（C-P，C-P）

表格来源：笔者自制（2021）。

（二）博弈分析

在基层综合行政执法中，只有 W 市综合行政执法局和相关行政主管部门对执法行为具有同样的偏好和兴趣，双方均以整体利益为行为基点，并以配合性态度开展合作推进执法，才能实现预期的执法目标。因此，W 市综合行政执法局和相关行政主管部门各获得了 P-C 的收益，处于表中 A 区域范围内。如果二者的偏好和兴趣存在差异，缺乏对整体利益的考量而产生分歧，在履行执法职能时，双方的行为选择会以相悖的态度进行，致使难以实现预期的执法目标。W 市综合行政执法局积极执法，付出了各项执法成本，但由于相关行政主管部门不配合执法行为，导致 W 市综合行政执法局损失-C，不能实现预期的执法收益；而相关行政主管部门在未付出执法成本的前提下，基于 W 市综合行政执法局的执法行为增加了 Q 的便利，二者共同承担外部成本，反之亦然，这里处于表 4-1 中的 B、C 区域范围内。如果 W 市综合行政执法

第四章 博弈机理：基层综合行政执法中利益博弈的行为机理

局和相关行政主管部门对执法行为的偏好和兴趣背道而驰，博弈双方就会偏离整体利益的衡量基点，二者对执法行为采取的态度是拒不合作，排斥执法行为，选择不作为或不合作，难以实现预期执法目标，形成零和博弈，在W市综合行政执法局联席会追责、问责时面临"各打五十大板"的惩罚。因此，处于表中的D区域范围内。

当W市综合行政执法局和相关行政主管部门的策略选择处于A区域时，执法成本最低、收益最大，属于"和谐型博弈"。对于博弈双方而言，这种博弈效果和收益是最佳策略组合。在这种博弈情景中，博弈双方形成了不对称的收益与成本，付出多的执法主体收益反而低，这种博弈介于"和谐型博弈"和"不和谐性博弈"之间。当双方都选择不合作时，则双方在付出成本和得到收益上皆为零。当双方选择合作所付出的成本大于合作后因执法行为带来的收益时，则作为理性的博弈双方都会选择不合作，纳什均衡在这一节点上达成。更进一步讲，在没有外力干扰的环境下，理性的博弈参与者都难以付出过多的执法资源而选择与对方合作。实际上，不同博弈参与者在执法中的矛盾冲突所产生的负外部性，往往会蜕变为目标群体生成和发展的困境。如果执法主体的公信力和行为动机受到质疑，就演化成了"不和谐型博弈"。虽然二者由于双方不合作也可能带来部分收益，但从长远来看，双方的不合作致使执法难以开展，侵害了公共利益，因而对现代政府的合法性构成了挑战。

通过上面的博弈分析可知，W市综合行政执法局和相关行政主管部门的价值取向、技术手段、行政程序往往存在较大差异。在主体横向利益博弈行为中，二者都在思考如何扩大本部门在执法行为上的收益，作为同一层级不存在隶属关系却具有紧密执法业务关系的两个部门，二者之间能否选择协调合作，对利益博弈中均衡状态的实现至关重要。然而，二者之间实质性合作共识的达成有着前提条件，那就是只有当W市综合行政执法联席会干预下，主导制定出W市综合行政执法局和相关行政主管部门公认的合作规则，进一步明晰各类执法行为都必须遵守的部门合作规范，才能实现县域整体公共利益的最大化。

二 基层综合行政执法主体横向利益博弈的现实困境

基层综合行政执法是通过组织重建、流程再造、职能整合而建构起的执法模式，相关行政主管部门协同配合 W 市综合行政执法局的执法工作。由于利益诉求的不一致性，不同博弈参与者围绕各种有形或无形资源而展开博弈时，集中体现为部门间的矛盾或冲突，但利益博弈中面临的诸多现实困境，影响执法效能的提升。

（一）部门合作的职权争议现象

现代政府组织部门基于公共事务领域划分呈现出条条分布，职责权限被分散于多个部门。根据特定的政策目标，在明确部门边界前提下实现跨部门执法合作，促进复杂系统内各子系统之间的互动，规范推进综合行政执法。只有不同博弈参与者之间衔接流畅，才能达到整体大于各部分之和的执法效果。现阶段，横向运作的部门协同执法，改变了分散化、碎片化的执法样态。值得注意的一点是，由于综合行政执法打破了现行的条条块块，触及了执法结构，使行政执法权和行政监管权之间出现空当。在整合并由 W 市综合行政执法局统一行使原本分散的行政执法权的同时，职责权限争议明显，阻碍执法活动的顺利开展。由于执法职能的广泛性和复杂性，W 市综合行政执法局与相关行政主管部门之间部分职责权限尚未完全厘清，存在职责交叉、权责脱节问题，衍生出推诿、扯皮的职权争议现象。那么，不同性质行政权力的摩擦，必然造成监管空白或执法阻滞，难以有效回应基层社会需求。

其他单位的行政执法权划转到我们单位后，监管和执法之间的职责界限很难厘清，这是影响我们执法的一个大问题。现在推行的综合行政执法把相关行政主管部门分散的行政执法权剥离出来移交

第四章 博弈机理：基层综合行政执法中利益博弈的行为机理

给我们，其他机构、部门都不再行使相应的执法权，实现行政执法权的相对集中。但是有的监管部门混淆了管理和执法的性质，比如，在土地执法领域，我们作出执法之后要对违法土地整改进行复审，我们是行使行政执法权的综合行政执法部门，作为监管部门应该有事前事中事后的监管责任，他们在将执法权力移交的同时，将监管职能也移交到综合执法部门。这样既不利于对违法行为的管理，也增加了我们执法局的工作量，让事情复杂化，降低了工作效率。（访谈记录：W市综合行政执法局W局长，20210721）

由此观之，由于职权争议现象，执法行为难以转化为行动上的自觉配合和支持，极易滋生职权交叉点上的避责问题。基层综合行政执法在很大程度上缓解了权力集中与机构分散存在的掣肘和矛盾，W市综合行政执法局承担执法职能，适用了执法集中性、综合性的要求。但是，如果博弈双方混淆了各自职能导致"缺位""错位"现象，则会阻碍执法资源的有效配置。"个人的理性策略导致了集体的非理性结果的反论，似乎向'经济人'获得理性结果这一基本信念发起了挑战。"[①] W市综合行政执法局和相关行政主管部门互为表里，职责权限的争议导致部门职责无序、无效或低效配置，未能考虑不同部门的自身特点与实际需求，造成监管或执法的盲区。由于执法职能为核心的全方位职能转变与协同不到位，未建立动态反馈的闭合管理回路，主体横向利益博弈中职责权限的争议现象对利益博弈造成困扰。同时，由于不同的策略选择相互影响，导致利益关系交织在一起，难以形成持续发力的协同效应。

（二）部门合作的"信息孤岛"现象

"信息孤岛"一般是指各个政府部门的信息来源彼此独立、信息平台相互排斥、信息处理难以关联互动、信息运用不能互换共享的信息壁

---

① [美] V. 奥斯特罗姆、[美] D. 菲尼、[美] H. 皮希特编：《制度分析与发展的反思——问题与抉择》，王诚等译，商务印书馆1992年版，第86页。

垒和信息堵塞现象。① 由于专业化分工的部门属性，W 市综合行政执法局对相关行政主管部门执法信息资源上存在高度依赖性，执法行为有着执法信息资源的需求，但二者之间却形成了制约信息资源有效利用的壁垒，阻塞了信息传递渠道，W 市所建立的协调机制并未完全消解这一现象。W 市综合行政执法局集中行使行政执法权，消除了行政执法权原属于各相关行政主管部门的分割与交叉，但不同博弈参与者各自掌握着执法不同环节所需的信息资源，加之执法数据难以及时共享，信息沟通与交流呈现一种新的相互孤立、相互封闭状态。从本质上讲，相关行政主管部门能提供的监管和技术鉴定等方面的信息，是执法的关键信息资源。由于执法案件信息的自由流动受阻，信息无法形成有效对接，使组织内难以形成有效信息共享，利益博弈中极易造成执法阻滞现象。

> 执法是我们单位的主责主业，关于违法行为的"定性"是我们跟其他们部门协调的障碍，现在的问题是在"定性"方面迟迟不能确定。前些年的时候，土地违法行为比较多，我们执法人员在现场调查取证的时候需要有技术支撑的住建部门对是否影响规划、是否可以采取改正措施消除对规划影响、违法建设的具体建筑面积等情形需要专业认定。我们发函过去让他们协助执法，时间是拖得比较久的，还有比如以前像土地执法，自然资源部门集行政审批和行政执法是一起的，现在把行政执法权剥离出来交给我们，对于"定性"问题的衔接，在费用和认定时间方面，也不能及时反馈信息。尽管有协调机制，但我们是要求及时办理，他们有时候根本不搭理我们，我们就一直结不了案，但案件办理都是有规定期限的……（访谈记录：W 市综合行政执法局 W 局长，20210721）

---

① 陈文：《政务服务"信息孤岛"现象的成因与消解》，《中国行政管理》2016 年第 7 期。

第四章 博弈机理：基层综合行政执法中利益博弈的行为机理

由于相关行政主管部门追求自身利益最大化，策略性地作出行为选择以保障部门利益，自身行为是否在最终结果上取得全局最优可能会被忽略。在主体横向利益博弈中，W 市综合行政执法局难以掌握专业领域衔接的完整信息，致使对执法信息资源的统一规划和管理未能实现。一般而言，相关行政主管部门在行政监管工作中建立了庞大的信息收集系统并积累了大量业务数据，较之 W 市综合行政执法局在执法利益权衡上的差异，使同样的信息资源在不同执法主体决策视域内反映出不同结果，导致执法行为方式的不确定性增加，从而衍生出自利性的策略选择。信息资源意味着权力，信息资源的垄断和应用是实现内外控制的辅助性策略，信息鸿沟可能会引起利益博弈的失衡现象。现阶段，W 市综合行政执法局和相关行政主管部门之间迅捷、安全、可靠的信息沟通机制尚未建立。前者对执法行为的有效控制需要通过对信息资源的掌握，由于后者掌握着专业知识、技术认定和相应的检测设备，协同配合执法积极性不足，这就存在垄断信息以寻求利益博弈最优结果的可能性。

(三) 部门合作的负外部性现象

外部性反映的是综合行政执法带来的结果，具体表现为正外部性和负外部性两种形式。合作的负外部性与部门利益以及晋升利益最大化行为准则的冲突，致使利益博弈陷入困境。就主体横向利益博弈而言，主要表现在合作共识的达成以及成本收益的均衡上，由于不同博弈参与者利益诉求及行动偏好的差异导致执法的"危""机"并存，综合行政执法在带来正外部性的同时，可能会给相关行政主管部门带来负外部性。"负外部性是指决策者并未承担政策背后的成本和收益，大气和水污染是最为典型的例子。"① 相关行政主管部门在行使行政监管权时，作为利益受损方面临的权利义务不对等以至于产生负外部性。竞争是主体横

---

① Jensen Michael, "Value maximization, stakeholder theory and the corporate objective", *Business Ethics Quarterly*, 2002, 12 (2): 235-256.

向利益博弈的主旋律,直接利益关系主要体现在部门收益、晋升考核上,在难以完成的执法事项中往往倾向于"搭便车",加大了达成协同执法共识的难度。从现代政府运行角度看,W市出台的综合行政执法的协调机制类似于W市综合行政执法局与生态环境W分局、住建局、教育局、水利局等部门自主签订的合作协议,作为协调性机构的W市综合行政执法联席会更是缺乏必要的约束力。利益博弈需要双方开展多种契约性、制度性的联合,但负外部性致使双方都认为各自策略占优,执法阻滞现象也随之衍生。

> 现在综合行政执法面临的最关键的问题就是执法和监管分离带来的监管部门的工作影响,因为成立综合行政执法局之后,行政执法权移交后行政监管权没有移交,两种权力之间脱节面对一个最现实的问题是我们监管但我们没有行政执法权。毕竟行政执法权是由综合行政执法局履行,矛盾在于我们局发现违法行为要移交到综合行政执法局,并将与执法案件有关的所有材料进行整理作为行政执法的依据向综合行政执法机关移交,由他们开展执法活动。同时,为了维持我们的行业监管秩序,我们要依托综合行政执法局,但他们能否有效处理我们行业内违法案件的主动权在他们手里。尽管市政府专门出台了协调机制,但综合行政执法局才是主管部门,凡事以他们的意见为主,问题是罚了款之后,违法行为改变了没有?
> (访谈记录:生态环境局W分局K副局长,20210723)

当相关行政主管部门获得了W市综合行政执法局查处执法对象所引起的部门收益时,两者都具有正外部性,例如,目标群体是当地污染水体的化工企业,若不查处化工企业会引起水体污染事件时,水利局会承担责任,相反,若查处化工企业,污染风险得以降低,此时,两者之间皆存在正外部性。相反,两者之间的负外部性也随着W市综合行政执法局承担了查处执法对象所引起的成本而出现降低部门利益的情况。由此可知，主体横向利益博弈的实质表现为与相关行政主管部门之间部门协同执法上的新问题。外部性直接影响博弈双方的情绪态度，在正外部性条件下，相关行政主管部门倾向采取合作态度配合 W 市综合行政执法局执法；在负外部性条件下，它们则倾向于采取拒绝合作的态度，不愿协同配合执法，如是，相关行政主管部门的公信力降低。从某种意义上讲，任何一项改革模式的成功主要不是由于行政资源本身，而在于资源的协调方式。如果自利与利他关系得不到妥善处理，执法行为中自利动机驱逐利他动机会引致社会资本流失，循此逻辑，必然会加剧双方紧张状态，提高执法合作的组织成本，阻碍部门行政向公共行政的转变。

三　基层综合行政执法主体横向利益博弈的影响因素

W 市综合行政执法局与相关行政主管部门之间所掌握行政权力的差异，使沟通和合作受阻。主体横向利益博弈强调竞争状态下执法合作的形成，虽然不同执法主体处在新的执法结构之中，根据特定职责、标准与程序推动执法，但各部门倾向于独立化与利益化，在利益博弈行为中埋藏着深层次的影响因素。

（一）职责权限的模糊不清，加剧了部门合作的职权争议现象

职责权限的科学界定是规范和保障利益博弈的前提，但从综合行政执法改革对职责权限的界定而言，目前，只有依靠一些不成文的规则和政策性文件以及一些地方性行政法规和规章，针对 W 市综合行政执法局与相关行政主管部门执法协调机制的界定也较为宏观。由于职责权限模糊不清，导致执法事权调整的权威性不足，加剧了部门合作的职权争议现象，从根本上影响利益博弈的良性运转。法律与理性、实践在本质上是一致的，具有天然的亲和性。[①] 对于执法主体而言，执法行为能获

---

① 姚建宗：《论法律的规范实践及其实践理性原则》，《江汉论坛》2022 年第 1 期。

得执法收益，并且能最大限度地促进社会公共利益的增长。不同执法主体间的政策关联度高，执法环境不确定性大，执法主体要依据职责权限，灵活套用"法条"。就目前而言，执法所依靠的是政出多门的行政法律、行政规章，缺乏相应的规范予以控制和调整，可操作性差。目前，职责权限的模糊性明显，以行政处罚标准的确定为例，综合行政执法改革之后并未作出明确规定。行政处罚制度是国家行政法律体系中的一项基本制度，① 是基层综合行政执法的一种基本手段，但由于法律法规并未明确、细化，尚未形成一个完善、统一、权威的法律体系，职责权限模糊不清，导致执法中存在职权争议现象，难以落实严格执法的要求。

> 目前，我们跟各单位的衔接有很大的问题，住建和规划是一个主管部门对违法行为有专业性意见，这个不存在争议，凡是他认为违反规划会给我们告知函，只要违法行为确凿我们就会立案查处，但是环保不一样，比如，油烟对大气污染达到什么程度才算违法？此外，我们在与综合行政执法局合作中一直面对需要解决的难题是执法标准的制定，他们一直要求我们拿出罚款的标准，但罚款的标准我们怎么拿？面对执法案件，他们没有标准就没法罚款，市里的"三定"方案也没写具体要谁来拿标准。每当遇到这种问题，他们就会给我们来函要求技术认定出具专业性意见，我们也没有办法，只有给他们回函根据城市管理办法你们可以申请第三方出具鉴定。这种情况的根本原因就是职责权限的不清晰，到底是谁的责任需要有个"说法"。（生态环境局 W 分局法规与标准科 H 科长，访谈编号：20210723）

在法治政府建设中，执法体系围绕执法权力配置，逐渐生成相对独

---

① 李洪雷：《论我国行政处罚制度的完善——兼评〈中华人民共和国行政处罚法（修订草案）〉》，《法商研究》2020 年第 6 期。

立的内在逻辑和相对封闭的运作体系，但职责权限模糊造成的负面效应日益凸显。现阶段，监管与执法的衔接是执法协调机制问题，职责权限的模糊性导致权力运行的规则缺失，成为衍生部门职权争议现象的关键。归根结底，是缺乏一个由遵守、执行和监督有机衔接的整体制度规范。一个突出的问题是，部门法律法规和规章之间不一致，不利于作出统一的法律规定，导致不同执法主体及其行为选择自利倾向明显，容易出现程序不公现象。不同执法主体之间的事权实际划分不明晰成为阻挡基层综合行政执法的障碍，导致执法活动的"野蛮生长"。目前，对 W 市综合行政执法局和相关行政主管部门的职责权限界定的法律法规建设相对滞后，并未对不同部门协同执法的具体细节性问题作出明晰分工。质言之，职责权限模糊加剧了机械性和灵活性的边界争议，使执法衔接内容的细致度和准确性低，最终阻碍不同类型行政权力的相互衔接。

（二）部门利益的本位驱动，加剧了部门合作的"信息孤岛"现象

W 市综合行政执法局与相关行政主管部门之间的利益博弈实质是一种部门博弈，部门利益是一种部门集体主义，也是一件虚假的道德外衣。部门利益的直接表现是"地盘战"（turf wars），[1] 经历行政执法权划转的相关行政主管部门认为自身利益受损，在利益博弈过程中的部门利益的本位驱动尤为严重，在部门协同执法中，部门利益受损成为"信息孤岛"产生的原因。行政权力和政策的部门化导致交易成本增加，加之自利倾向使各部门从自身利益出发，并可能会演化为部门利益最大化倾向。"各个部门从本部门的利益出发，都有将信息牢牢捏在自己手中的动机，从而增加自身在整个体系内的地位和增大与其他部门的博弈能力。"[2] 信息作为一种重要资源，可以成为部门发展非正式关系的筹码。[3] 如果缺乏有效的规则约束，部门利益的本位驱动会阻碍部门之间

---

[1] Simmons Annette, "Turf wars at work", *Strategic Finance*, 2002, 84 (2): 51.
[2] 《打通政务信息孤岛》，《学习时报》2015 年 5 月 25 日第 A6 版。
[3] 何艳玲、钱蕾：《"部门代表性竞争"：对公共服务供给碎片化的一种解释》，《中国行政管理》2018 年第 10 期。

的沟通协调。部门利益的争夺不仅不利于部门间执法信息相互衔接、协同联动，反而造成不能互换共享的信息壁垒和信息堵塞现象，加剧了"信息孤岛"。具体而言，相关行政主管部门必然产生提供执法所需专业信息数据的抵触情绪。如果这种不当策略选择得不到及时纠正，必然造成执法资源的浪费。

  因为成立综合行政执法局之后，我们的行政执法权移交但行政监管权没有移交，矛盾在于我监管但没有处罚权，那么我的经费来自哪里？这个上面都没有界定，这是一个很大的矛盾。因为原来有行政执法权的时候，相应的罚没收入会以某种形式反馈到自己部门，这样年终的绩效方面会有保障，但现在行政执法权被拿走后就没有保障了。现在我们局的综合行政执法改革还没有全面铺开，这个问题还没有出现，但在农业农村局、自然资源局、水利局等部门就存在。我们发现违法行为移交到综合行政执法局，他们的罚没收入交到市财政，综合行政执法局经费有困难向市财政打报告申请经费再由财政划拨，而其他部门没有罚没收入向市财政申请经费，财政不可能再安排太多经费给你，说实话，我们配合综合行政执法局执法的积极性也就减退了。（访谈记录：W 市住房和城乡建设局住建管理科 Z 科长，20210723）

对于相关行政主管部门而言，推进综合行政执法改革无异于"革自己的命"，错综复杂的利益诉求使执法过程中的合作协议充满博弈与冲突，影响执法行为的规范化。但现实情况是，政府的专业化程度越高，部门利益分化就越严重。[①] 一般而言，被触及部门利益的部门，"即使

[①] 高楠、梁平汉：《为什么政府机构越来越膨胀？——部门利益分化的视角》，《经济研究》2015 年第 9 期。

面对单一部门无法解决的问题，也不愿意协作解决"。① 相关行政主管部门自然通过垄断信息来作出回应，并且信息资源的掌握程度直接决定了其在行政体系中的作用和地位，W市的实践恰恰印证了这一点。只有通过利益协调机制平衡部门利益，才能调动利益受损方的积极性。从"经济人"假设看，每个部门都倾向于扩张本部门的职能，以局部性的部门利益为主导，忽视整体性的国家利益。② 有部门就有特定利益，通过目标管理、过程督查、业绩考核考量行政成本和行政效益关系，部门利益会对良性博弈产生较大影响。从现代政府的组织结构来看，在基层综合行政执法中，并未在地方党委和政府的统筹下，推进部门间的利益补偿，致使相关行政主管部门存在协同配合执法的抵触情绪，策略性地拒绝提供专业信息是部门利益受损后的一种表现。

（三）行政监管职能弱化，加剧了部门合作的负外部性现象

根据监管内容的不同，监管常被分为经济性监管和社会性监管。③ 本书是侧重于后者的讨论，即以保护健康、安全、环境与社会内聚力等公共利益为目的的监管。④ 在综合行政执法改革之前相当长的一段时间里，行政执法权作为相关行政主管部门手中实现特定政策目标的手段和工具而存在，二者存在依附关系。而综合行政执法改革之后，W市综合行政执法局集中了相关行政主管部门的行政执法权，这在整合行政执法权和执法力量的同时，却使得相关行政主管部门无权主导具体执法工作，但仍需按照各自的内设程序，严格执行监管流程和监管标准，强化行业自律，必然对行政监管职能的履行提出了更高要求。从本质上讲，行政执法权是与行政监管权并列的一种行政权力，二者不可等同。但

---

① Lieberthal Kenneth and Michel Oksenberg, *Policy Making in China*, Princeton：Princeton University Press, 2020：139.
② 杜春林、张新文：《农村公共服务项目为何呈现出"碎片化"现象？——基于棉县农田水利项目的考察》，《南京农业大学学报》（社会科学版）2017年第3期。
③ 郁建兴、朱心怡：《"互联网+"时代政府的市场监管职能及其履行》，《中国行政管理》2017年第6期。
④ OECD, *The OECD Report on Regulatory Reform：Synthesis*, Paris, 1997：2.

是，部分相关行政主管部门仍然存在以"罚"代"管"的传统思维。在主体横向利益博弈中，不同博弈参与者都是不会因私人感情影响最优策略的"经济人"。因此，拘泥于传统的部门"各自为政"的桎梏，对于存在传统惯性思维的相关行政主管部门而言，从自身利益出发弱化了行政监管职能，最终导致监管或执法效率降低，加剧部门合作的负外部性。

> 不同部门行政执法权相对集中后，相关行政主管部门没有行政执法权，监管缺少有力手段，存在监管质量不高问题。同时，在大力打造良好营商环境的大背景下，"执罚养人"的现象正在逐步改善，但是有的行政主管部门就认为自己的监管手段被拿走了。这个问题是计划经济时代演变过来，原来一些行政主管部门认为"管理就是处罚，我没有处罚就没有管理"。推进综合行政执法是为了将相关部门的行政执法权剥离出来交给综合行政执法机构，他们认为自己的监管没有手段了，在老百姓面前的行政权威减弱了，说到底，他们认为自己是综合行政执法的受害者，本应该由他们履行的行政监管职能不履行，行政监管职能的弱化就造成了对综合行政执法的不利影响。（访谈记录：W 市市委编办 C 主任，20210720）

改革之前的行政执法权是相关行政主管部门的一种刚性监管手段，监管形式表现出显著的"命令—服从"特征，行政监管依靠权力和强制主导，却也造成了制度性和政策性障碍。从根本上讲，我国正处于社会系统的不稳定期，执法面临高强度的冲击力和波动性，切割与重组着利益格局，这就要求不同执法主体增强包括认知情势的敏感性、调动资源的灵活性、消化冲突的控制力在内的回应能力。对于相关行政主管部门而言，对可能直接影响公共秩序、公民生命健康的核心区域开展无条件严格监管，就需要充分考量其他可替代性手段的积极作用，捍卫秩序价值不得逾越红线。由于不同博弈参与者之间以及群体内部的差异性，只有执法行为的价值取向与基层社会长远利益相契合，才能促进部门协同执法的良性推进。就基层综合行政执法中执法方案的制定而言，需要相关行政主管部门承担行政备案、行政许可、行政裁决等职责，构建以事前合理规划为前提，将监管重心从事前审批向事中、事后转移，利用有限的执法资源实现最大化的公共利益。但相关行政主管部门的监管职能弱化，致使监管和执法衔接不畅，最终导致部门合作的负外部性现象。

第二节 基层综合行政执法主体纵向利益博弈的行为机理

在基层综合行政执法中，主体纵向利益博弈行为机理主要表现为W市综合行政执法局与镇街综合行政执法局委托代理关系之下的互动机理。从职责定位上看，W市综合行政执法局在管宏观、定政策、出标准之外，还需要向镇街综合行政执法局配置行政执法权履行执法职能。本节旨在分析二者利益博弈的行为机理，为形成上级统筹协调、下级具体落实执法模式提供行为依据。

一 基层综合行政执法主体纵向利益博弈的策略选择

在基层综合行政执法中，W市综合行政执法局和镇街综合行政执法局具有不同发展定位和价值取向，对执法目标侧重有所不同，造成二者在策略选择上的矛盾或冲突。鉴于W市综合行政执法局对镇街综合行政执法局的监管是落实县区"主建"角色、镇街"主战"角色的主要方式，在此主要讨论县区对镇街最为普遍的监管机制下的策略选择。

（一）模型假设

假设W市综合行政执法局和镇街综合行政执法局都是执法中的

"经济人",W市综合行政执法局关注县域整体利益,镇街综合行政执法局追求镇街局部利益,在这种情况下,镇街综合行政执法局可以采取积极执法的"守规"策略或者地方主义追求利益最大化而选择消极执法的"违规"策略。W市综合行政执法局对县域内各镇街综合行政执法局的执法行为行使监管职责有"检查"和"不检查"两种策略选择。为了抑制镇街综合行政执法局的投机行为并摸清其日常行政执法行为,W市综合行政执法局的"检查"意在督促其遵循相关法律法规和W市综合行政执法局的各种调控政策,确保公共利益最大化落到实处。

在基层综合行政执法中,W市综合行政执法局与镇街综合行政执法局之间构成一种委托代理关系,W市综合行政执法局为委托人,镇街综合行政执法局为代理人。由于信息的不完全性,为了确保镇街执法行为的规范性,W市建立了"县乡一体"模式下的组织协调机制,其中,W市综合行政执法局的监管职责尤为关键。为及时掌握镇街执法行为的基本情况,W市综合行政执法局要求镇街要定期上报执法案件和结果,根据执法数据对镇街综合行政执法局进行考核评估。虽然镇街综合行政执法局将统计资料上报给了W市综合行政执法局,但一线执法场景的特殊性,决定了W市综合行政执法局不能充分掌握执法的实际情况。镇街综合行政执法局可以利用信息优势,作出有利于自身的策略选择,而W市综合行政执法局只能通过检查才能了解真实情况,但这一行为却需要花费较高的行政成本。

由于W市综合行政执法局和镇街综合行政执法局各自掌握的有关信息是不完全的,它们之间的博弈可以看成不完全信息下的静态博弈。对此提出以下假设:(1)镇街综合行政执法局有两种策略:守规和违规;① W市综合行政执法局也有两种策略:检查或不检查;(2)镇街综合行政执法局选择守规,可获得固定收益记为W;如果选择违规,除了

---

① 本书的"守规"和"违规"并非严格意义上的守规和违规,而是镇街综合行政执法局是否按照W市综合行政执法局的期望或要求进行执法。

第四章 博弈机理：基层综合行政执法中利益博弈的行为机理

固定收益，还可以获得额外收入记为 U，违规给 W 市综合行政执法局造成损失记为 C_1，面临 W 市综合行政执法局的处罚风险记为 P；（3）W 市综合行政执法局的正常收益记为 E，如果 W 市综合行政执法局选择检查，面临的检查成本记为 C_2；如果检查发现综合行政执法局违规，将对其进行处罚，处罚收益记为 B；（4）所有参数均大于 0。在这一假设之下，W 市综合行政执法局与镇街综合行政执法局之间的任一策略选择，便构成了二者之间的策略组合，双方之间存在的"激励不相容"证明这一博弈属于非合作博弈。根据以上假设，得到博弈矩阵如表 4-2 所示。

表 4-2　　　　　**基层综合行政执法主体纵向利益博弈模型**

博弈参与者及策略	W 市综合行政执法局检查	W 市综合行政执法局不检查
镇街综合行政执法局守规	A（W, E-C_2）	B（W, E）
镇街综合行政执法局违规	C（W-P, E-C_2+B）	D（W+U, E-C_1）

表格来源：笔者自制（2021）。

（二）博弈分析

从镇街综合行政执法局的策略来看，如果 W 市综合行政执法局选择不检查，违规是镇街综合行政执法局的最优策略，因为 W+U>W；如果 W 市综合行政执法局选择检查，守规是镇街综合行政执法局的最优策略，因为 W>W-P。从 W 市综合行政执法局来看，如果镇街综合行政执法局选择守规，不检查是 W 市综合行政执法局的最优策略，因为 E>E-C_2；如果镇街综合行政执法局选择违规，W 市综合行政执法局的最优策略取决于违规损失 C_1、检查成本 C_2 和处罚收益 B。要使 W 市综合行政执法局检查，需要满足 E-C_2+B>E-C_1，即 C_2-B<C_1，表示扣除处罚收益后的检查成本小于不检查时的违规损失。同理，要使 W 市综合行政执法局不检查，需要满足 C_2-B>C_1，表示不检查时的违规损失小于扣除处罚收益后的检查成本。在实际过程中，W 市综合行政执法局对镇街综合行政执法局的处罚只能止损或修复，并不能从镇街综合行政执法局那里直接获得罚金，W 市综合行政执法局对处罚的评价决定了处罚收益 B。一般而言，处罚收益具有稳定性，在镇街综合行政执法局违规的情况下，违规损失和检查成本是 W 市综合行政执法局的策略决定因素，如果不检查面临的违规损失大，W 市综合行政执法局则会选择检查；如果检查成本较高，W 市综合行政执法局可能会选择不检查；如果不检查面临的违规损失较大，W 市综合行政执法局则选择检查。

二 基层综合行政执法主体纵向利益博弈的现实困境

基于上文关于基层综合行政执法主体纵向利益博弈模型的分析，在委托代理关系下，W 市综合行政执法局和镇街综合行政执法局之间的利益博弈能否达成利益均衡是检验执法行为科学性及合理性的重要标准。"当代理人不为委托人利益而是为了自己利益行事时，就会出现代理问题。"① 在主体纵向利益博弈中，仍存在诸多现实困境，致使利益博弈难以达到均衡状态。

（一）执法主体的道德风险现象

执法主体的道德风险是由于委托人与代理人"事后的信息不对称"导致的，即"当一个人（代理人）为另一个人或机构（委托人）工作，工作的成果同时取决于投入的努力和不由主观意志决定的各种客观因素，且两种因素对委托人来说无法完全区分时，就会产生代理人的'败德行为'，如偷懒、偷工减料等"。② 由于 W 市综合行政执法局与镇街综合行政执法局都是"经济人"，机会主义是策略选择过程中的一种

---

① Jensen M. C., "The evidence speaks loud and clear", *Harvard Business Review*, 1989, 67 (6): 186-188.

② 黄亚钧、姜纬：《微观经济学教程》，复旦大学出版社1995年版，第306页。

第四章 博弈机理：基层综合行政执法中利益博弈的行为机理

倾向。"在大多数机构中，一线人员在判断具体操作问题上比上层领导处于更为有利的位置，上层领导只能通过事后极为简略的报道了解问题。"① 基层综合行政执法中的道德风险主要表现为镇街综合行政执法局为了追求自身利益最大化而采取的象征性、选择性、机械性、替换性执法和共谋等执法现象，导致执法行为偏离原初政策意图与政策精神。在委托代理关系下，道德风险往往产生在委托人不按照代理人的意图行事且委托人无法完全识别的情况下，造成执法能力的损耗。

> 我们市局与镇街综合行政执法局看似简单的隶属关系却有着一套执法系统的复杂关系，我们的执法模式是全省先行先试的典范，市局"主建"下的镇街"主战"是一个既落实上级属地管理原则的实践，也是我们局履行镇街综合行政执法职能的改革创新。这样一来，既有利于提高执法效率和质量，也有利于各镇街执法队伍的规范化建设。但是有些东西是执法行为所固有的，我们同样难以避免。处于执法一线的镇街综合行政执法局与市局相比，更接近行政违法行为和群众，他们掌握着信息优势，有的时候我们之间的信息是不对称的，在执法中如果出现"上有政策、下有对策"现象，我们市局也可能会受到蒙蔽。（访谈记录：W市综合行政执法局政治处L主任，20210721）

在主体纵向利益博弈中，镇街综合行政执法局可能会利用自身信息优势弄虚作假、阳奉阴违。这种现象可以看作博弈双方的交易过程，是一种执法阻滞现象。具体而言，主体纵向利益博弈中存在下级在向上级汇报中"报告有利信息、隐藏不利信息"的道德风险。在向上负责的层级组织架构自上而下的委托授权下，信息反馈的方向则是同其他政府

---

① ［美］詹姆斯·威尔逊：《官僚机构：政府机构的作为及其原因》，孙艳等译，生活·读书·新知三联书店2006年版，第176页。

部门相同的自下而上的信息反馈。镇街综合行政执法局拥有W市综合行政执法局无法获知的"私人信息",并且后者无法获取执法行为的"完全信息",因而前者具备了可隐藏行为和信息的优势。由于组织领导体制的强制性和权威性,镇街综合行政执法局无法拒绝执行上级,必须接受上级工作部署,但其执法行为仅是基于层级隶属关系或上级机关的强制性公共权利,而并非出自其本身意愿。W市综合行政执法局所制定政策法规的依据是实现社会公共利益的需要,不可能覆盖所有镇街的个性化利益诉求,由此为其"违规"提供了博弈机会。W市综合行政执法局的监管具有宏观性,难以具备为所有镇街提供充分激励的行政成本。对于镇街综合行政执法局而言,希望为执行政策法规贡献尽可能少的努力,在满足自身诉求上投入更多成本,最终可能会演化为借助处于执法一线的信息优势对委托人隐藏行为,执法效果与委托人意愿出现偏差。

(二) 执法主体的逆向选择现象

所谓逆向选择,是指委托人与代理人由于"事前的信息不对称"所导致的委托方信息缺乏,从而出现"劣货驱逐良货"的"柠檬市场"① 现象,使整个市场运作失灵。② 在主体纵向利益博弈中,执法行为是县区与镇街综合行政执法局在履行执法职能过程中发生的交易行为。作为委托人的W市综合行政执法局往往在执法前无法掌握镇街综合行政执法局的行为动机、执行意愿等"私人信息",而作为代理人的镇街综合行政执法局可以利用其信息优势和对方信息匮乏的劣势,有选择性地执法(即对自己有利的执法条款就忠实执行,对自己不利的执法条款就敷衍执行)。在某些特定情况下,对于镇街综合行政执法局而言,守规就意味着必须承担由此带来的不安全感、高风险、不稳定性和不确

---

① "柠檬市场",也称次品市场、阿克洛夫模型,是指信息不对称的市场,即在市场中,产品的卖方对产品的质量拥有比买方更多的信息。
② 杨跃:《教师教育课程改革的困境及其突围——基于委托—代理理论的分析》,《湖南师范大学教育科学学报》2017年第2期。

定性，因此，为实现自身利益最大化，违规是他们优选的变通策略。因此，在主体纵向利益博弈中，处于信息优势的代理人可能会做出对委托人的不利选择，侵蚀着社会公共利益。

  在（综合行政执法）改革前，镇街执法机构人员配置有限，地域上各自为政，执法人员分散，总体执法力量偏弱，执法人员调整较频繁，岗位不固定、临时性工作多，执法人员"一人多职"的现象很普遍，没有相对固定的专业执法队伍。改革后，镇街的执法力量得到了充实，在案件办理上，我们执法局上面对接市局法制大队，下面对接执法中队，审核案件情况，我们执法局推行全员办案，一般案件的自由裁量由办案人员自己定，年底优秀考核依据案件办理情况。现在都在讲执法重心下移，我们乡镇是最'接地气'的地方，需要任何执法资源我们都要向市局申请，如果我们没有足够的执法力量支持，我们的执法案件可能就会被搁浅，我们也没法执法，只有"变通"一下。（访谈记录：Y镇综合行政执法局Z局长，20210722）

  由于职责同构和层级节制的双重叠加，W市综合行政执法局与镇街综合行政执法局之间存在着层级隶属关系，当前者的政策导向与后者的发展目标不相符时，以政策变通为主要表现形态的位差博弈现象出现。一般而言，博弈双方根据自身目的与利益诉求行事的同时，还要考虑其决策行为对"对方"的可能影响，旨在通过最佳策略寻求最大化收益或效用。事实上，在主体纵向利益博弈中，上下级位差影响着W市综合行政执法局与镇街综合行政执法局之间互动策略选择。具体而言，上下级之间的位差增加了W市综合行政执法局的行政权威与政治影响，其博弈能力等同于"个体能力+上位助力"，对于镇街而言，其博弈能力等同于"个体能力—上位减力"，正是由于"上位助力"与

"下位减力"两个常量改变了二者的博弈能力组合。W市综合行政执法局除了占据宏观政策信息方面的优势，也更多占有政策、项目、资金、编制等资源，倾向于追求县域内的整体公共利益。但镇街综合行政执法局直接面对目标群体，接近基层信息源，当自身不能获得W市综合行政执法局的充足支持时，只能选择变通策略以维护自身利益最大化。

（三）执法主体的权责不对等现象

在主体纵向利益博弈中，执法主体的权责不对等现象是一个体制性问题。镇街综合行政执法局是W市综合行政执法局下沉镇街的派出机构，其机构性质并不是独立的行政机关，在没有法律法规规章授权的情况下，派出机构不能以自己名义执法，否则将因执法主体资格欠缺问题导致执法无效，面临行政诉讼败诉的风险。依据现行法律法规规章，镇街综合行政执法局发现或接到举报的违法行为，以W市综合行政执法局名义进行执法，在责任承担上，表现为"镇街请客，县区买单"的逻辑。在基层综合行政执法中，为避免报批程序冗杂、执法效率低下、办案期限拖延等问题，W市综合行政执法局赋予镇街综合行政执法局较大的自主权，这在提升镇街执法能力的同时，势必会带来权责不对等现象。就主体纵向利益博弈而言，表现出"行政发包制"的组织关系，一方面，前者对后者具有绝对权威，通过各种绩效考评制度引导行为选择，二者之间是自上而下地传递行政指令的不对等从属关系；另一方面，县域内行政执法职能能否得到有效履行还取决于后者对前者的配合意愿，尽管二者之间组织同构且等级分明，但具有反向依赖性。

> 从某一个方面讲，我们实行的是委托执法，镇街综合行政执法局是一线执法主体，镇街内的执法任务交给他们了，"出了事"我们市局负全责，要兜底，这有利于执法力量和执法资源的下沉，但目前面临的一个突出问题是权责不一致，我们的派出机构以我们的名义执法，因为如果一个镇街执法局没有执法权面临行政诉讼败诉

第四章　博弈机理：基层综合行政执法中利益博弈的行为机理

的风险，所以我们市局是法律意义上的责任主体。我之前在法院工作过两年，有行政诉讼案件过来之后，我们市局要派人代诉，我们现在用的是市局的公章，在法律风险越来越大的环境下，这种体制下，我们经不经得住考验？这个有很大的风险。（访谈记录：W市综合行政执法局K副局长，20210721）

经验表明，权责问题表现为W市是具备执法主体资格的责任主体，镇街综合行政执法局的执法权力来自W市综合行政执法局的委托。由于相关法律法规的不完善、机构设置的局限，镇街综合行政执法局"有权无责"现象的后果不言而喻。现阶段，镇街综合行政执法局缺乏执法主体资格，并且欠缺独立行使行政执法权的合法性依据，行政执法权存在呈现出明显的层级配置过高的特征。W市综合行政执法局与镇街综合行政执法局之间的权责不对等，必然削弱了执法能力。利益是人们执行政策或违反政策的重要助推器，① W市综合行政执法局与镇街综合行政执法局在执法中既相互合作，又存在利益冲突。为了争取有利于自身的利益，权责不对等也就加大了后者违规的可能性。首先，W市综合行政执法局与镇街综合行政执法局对执法效用的评价不同，前者侧重考虑县域利益，而后者更多考虑镇街利益。当面对执法行为的负外部性时，镇街综合行政执法局就会产生将执法案件成本转嫁给W市综合行政执法局的行为动机。其次，由于执法的成本和收益难以准确衡量，各级执法主体容易因成本分担不均存在分歧。由于镇街综合行政执法局的注意力、时间和资源有限，可能会策略性地回应来自W市综合行政执法局的监管，追求自身利益最大化，而这个过程却使W市综合行政执法局的利益受损。

---

① 丁煌：《政策执行阻滞机制及其防治对策——一项基于行为和制度的分析》，人民出版社2002年版，第63页。

三 基层综合行政执法主体纵向利益博弈的影响因素

在基层综合行政执法中,只有在充分发挥镇街综合行政执法局主观能动性的前提下,才能让县域内的政策目标成为具体的法治。主体纵向利益博弈中的现实困境,源于不同博弈参与者存在着既定的影响因素。下面将系统分析这些因素,为基层综合行政执法优化路径的提出提供依据。

(一) 监督约束制度不健全,加剧了执法主体的道德风险现象

道德风险产生的一个基本条件是监督约束制度的乏力,W市综合行政执法局将行政执法权委托镇街综合行政执法局行使以后,监督约束制度的不健全,致使其难以及时、准确、完整地获得执法的相关信息,导致控制其按照自己意志和利益行使权力的行为约束不足。但建立健全监督约束制度,在预防了代理人逃脱委托人的约束而采取机会主义违规行为的同时,却增加了委托代理关系建立和维持过程中的成本。由于W市综合行政执法局和镇街综合行政执法局之间的信息不对称和较高的监督成本,后者在某一方面可能会掌握只有自己了解或者别人了解成本过高的执法信息,前者根本不可能监控到的所有违规行为。于是掌握了信息优势的镇街综合行政执法局为了自身利益最大化而隐瞒处于信息劣势一方的W市综合行政执法局从事违规行为。由于现行监督约束制度处于一种粗放性和松散性的状态,W市综合行政执法局对镇街综合行政执法局难以进行及时的跟踪和指导,难以发挥权威优势对其执法行为的有效约束。镇街综合行政执法局在面对利益追求和自我道德约束相冲突时,可能会导致执法行为偏离公共利益,造成博弈结果与政策目标之间的反差。

目前来说,我们对镇街综合行政执法局日常执法行为的监管主要以抽查为主,监督约束上还是比较薄弱的,这样执法风险就比较

第四章　博弈机理：基层综合行政执法中利益博弈的行为机理

高，执法本来就是一种复杂的行为，有太多的不稳定性和不确定性。我们根本无法控制镇街综合行政执法局日常运转的所有事项，因为这个行政成本太高了。我们也没有足够的人力物力，虽然有执法记录仪，但这个也是靠人打开才行啊！除了只能要求它们提供数据、台账、卷宗，没有其他手段。但是，如果对镇街可能存在的避重就轻、瞒报等方式规避惩罚缺乏监督，就极易导致考核失效。（访谈记录：W市综合行政执法局政策法规科X科长，20210721）

由上可知，W市综合行政执法局对镇街综合行政执法局的监督，除了包括采用执法记录仪对具体执法过程中一线执法行为的监督，还包括查阅档案资料等方式，但对镇街所有执法信息的掌握不够充分，监督约束制度的不健全，极易引发道德风险。监督约束制度孕育于权力的委托与受托过程之中，因为"没有委托人愿意在失去信息控制权的基础上承担代理人的风险"。[1] 中国正处于体制改革期和社会转型期，法律运作的外部条件时常发生变动，执法实践也随之呈现复杂多样的特征。[2] 在主体纵向利益博弈中，W市综合行政执法局对镇街综合行政执法局缺乏全程化、动态化的监管，使二者委托代理关系处于道德风险，极易衍生出博弈失衡现象。在科层制形成的权威链上，镇街综合行政执法局利用一定信息优势，可能会采取隐蔽信息的手段，通过违规行为，实现自身利益最大化。由于W市综合行政执法局的监督约束制度乏力，各项工作和计划分工难以从根本上落实，镇街综合行政执法局的执法异化现象成为主体纵向利益博弈中的道德风险现象。

（二）执法资源的供给不足，导致了执法主体的逆向选择现象

在主体纵向利益博弈中，W市综合行政执法局与镇街综合行政执

---

[1] Harris Milton and Artur Raviv, "The design of securities", *Journal of Financial Economics*, 1989, 24 (2): 255-287.

[2] 刘杨：《执法能力的损耗与重建——以基层食药监执法为经验样本》，《法学研究》2019年第1期。

法局处于执法结构的不同位置中，一线执法场域是行政违法行为的高发区，需要结合行政相对人的处境和执法互动的形势来选择执法方案。正因为镇街综合行政执法局在执法中更容易接触群众、发现违法行为，需要投入充足的执法资源以确立优势，确保在特定时空下对目标群体保持适当压制，这就需要 W 市综合行政执法局为其提供执法活动所需执法资源。执法能力取决于执法资源的绝对值，由于执法资源的限制，镇街综合行政执法局衍生出了组织发展与资源约束的矛盾，造成执法能力的损耗。在主体纵向利益博弈中，面临执法资源的制约，处于无奈之下的镇街综合行政执法局，必然会选择符合自身利益的策略选择，从而达到缓解执法压力的目的。

> 从执法资源来看，我们现在是应对不过来的。市局为我们局配了 20 个编制，但只有 8 个人，2 台 6 座综合行政执法车辆，每天都忙得焦头烂额。我们的编制多于实际工作人员，因为每招一个人都是财政的负担。这是全市编制统筹的安排，今年给我们分配增加 1 个人。据我了解，其他镇街执法局也是这种情况。我们市局上面是没有归口管理的部门的，也可以说就是没有"娘"，我们得不到地市的执法资源支持。市局对我们的督导是很严的，有的工作，我们也不想敷衍，但是忙不过来啊！（访谈记录：Y 镇综合行政执法局 Z 局长，20210722）

对于 W 市这一改革试点地区而言，改革之前的编制资源不足的突出问题转变成"编多人少"的新现象。执法资源是执法重心下移的运行保障，有限的执法资源难以做到面面俱到，执法资源不足是全国层面上的共性问题。面对点多、线长、面广的基层执法事项，在人员、装备、经费等方面的配置不足，是制约主体纵向利益博弈的关键。W 市综合行政执法局在配置执法资源时，也会面对"僧多粥少"的局面，在日常运转中，W市综合行政执法局一般不会干涉镇街综合行政执法局的具体执法工作，但在政策目标设置上与镇街综合行政执法局的实际条件和现实能力并不匹配。面对自上而下传导的行政压力，镇街综合行政执法局的压力堆叠现象突出，但掌握的人力、物力、财力却明显不足，出现了执法需求与资源供给的脱节。面对高度负压状态下的组织运作，呈现出"小马拉大车"现象，负重运作下难免滋生消极思维，加剧逆向选择现象，最终引发一定程度的组织失能。在执法事务复杂化驱使下，执法资源不足必然难以提供精准化、精细化的执法服务，凸显了主体纵向利益博弈过程的局限。

（三）委托授权的体制约束，造成了执法主体的权责不对等现象

从某种意义上讲，镇街综合行政执法局的定位并不完全符合传统行政理论要求，导致主体纵向利益博弈中的权责关系不清，致使利益博弈陷入困境。执法主体资格是一线执法主体的必要条件，只有具备执法主体资格，才能具备完全独立行政执法权。2021年正式施行的新《行政处罚法》也作出明确规定，"行政处罚由具有行政处罚权的行政机关在法定职权范围内实施。行政机关不得委托其他组织或个人实施行政处罚"。[①] 目前，W市各镇街综合行政执法局的定位为事业单位，为避免与相关法律规定相抵触，所以，以W市综合行政执法局的名义实施行政处罚。在这之前，国务院办公厅印发的《国务院办公厅关于继续做好相对集中行政处罚权试点工作的通知》明确规定，"集中行使行政执法权的行政机关的执法人员必须是公务员"。[②] 目前，W市各镇街综合行政执法局的执法人员编制类型与这一规定冲突，有相当数量的辅助人员身份为"工勤"，根据W市委组织部门的意见，明确规定工勤

---

① 《中华人民共和国行政处罚法（2021年修订版）》，2021年8月20日，http://www.bjtzh.gov.cn/zjxys/c109500/202111/1496133.shtml。

② 《国务院办公厅关于继续做好相对集中行政处罚权试点工作的通知》，2021年9月4日，中国政府网，http://www.gov.cn/gongbao/content/2000/content_60489.htm。

等辅助人员①不能执法。

> 目前我们12个镇街执法单位是没有执法主体资格的，我们授权给镇街去执法，在这样的情况下，局机关授权给二级单位去执法，出了法律层面的问题是我们来兜底。其实，权责不对等，根本上就是镇街没有被赋予行政执法权，因为下放的话，镇街可能'接不住'。我们单位公务员编制只有16个，12个镇街执法单位工作人员全部为事业编制；此外，新组建股室已明确牵头人身份是事业编制。由于我们本身对自己的身份认知存在疑惑，如果说执法人员必须是公务员，行政执法职责与人员身份编制不对应是执法行为潜在的风险点。目前行使执法的人员为事业编制人员，未纳入参公管理，执法人员身份的合法性存在"先天不足"。长此以往，镇街的所有责任都由市局来兜底能不能承受得住？（访谈记录：W市综合行政执法局W局长，20210721）

根据调研情况来看，由于镇街综合行政执法局缺乏独立的执法主体资格，不能以自己的名义独立行使行政执法权、承担相应责任。在法律性质上，委托授权成为镇街执法的常态，导致权责不对等。由于设立的特殊性，派出机构对其设立机关具有很强的依赖性，没有独立的法律地位与行政职权，不能以自己的名义行使权力。② 如果作为派出机构的镇街综合行政执法局出现滥用职权和不负责任等违背委托代理关系契约的情况，必然会产生代理成本，这个成本却需要由W市综合行政执法局承担，因契约不规范而产生委托代理失效。此外，一线执法人员面临执法身份困扰，这不仅使执法人员在执法工作、福利待遇、个人晋升等方

---

① 这里的辅助人员是指未取得执法资格证书的在编在岗参公人员，以及不能登记为参公人员的工勤人员和非在编人员。
② 夏正林、何典：《我国乡镇政府执法权配置研究》，《江淮论坛》2019年第6期。

面受到限制,也极易引起执法行为的合法性危机。在执法冲突情境下,目标群体所负载的法定权利被激活,执法主体则从正面维持身份优势转向法理挑战。从这个意义上讲,镇街综合行政执法局执法的法理不依据充分,引发了主体纵向利益博弈中的权责不对等现象,成为执法体系的完善空间。

第三节 基层综合行政执法中主—客体利益博弈的行为机理

在基层综合行政执法中,主—客体利益博弈行为机理是镇街综合行政执法局与行政相对人如何决策以及决策如何达至均衡,也是履行执法职能履行的必然要求。诚然,执法行为是执法体系系统运作的结果,观察主—客体利益博弈的行为机理,旨在剖析面临的现实困境和影响因素,为后文有针对性地补足执法中的短板提供依据。

一 基层综合行政执法中主—客体利益博弈的策略选择

基层综合行政执法是与群众生活息息相关的民生领域,随着综合行政执法改革的推进,执法方式朝着公正文明方向发展。一般而言,镇街综合行政执法局普遍采用比较温和的柔性手段或非强制性执法手段,呈现出灵活性和多样性的特征,力求系统性地拆解"执法—抗法"的双输格局。因此,本部分重点针对镇街综合行政执法局执法方式的策略选择进行探讨。

(一) 模型假设

就博弈过程而言,需要对相关预设前提进行设定:首先,作为博弈参与者的镇街综合行政执法局和行政相对人均是围绕各种利益诉求展开争夺的"经济人",形成了二者之间的利益博弈行为;其次,镇街综合行政执法局和行政相对人都能了解对方策略空间和支付函数,主—客体利益博弈的实质是基于公共利益的镇街综合行政执法局,在与基于个人利益的行政相对人之间博弈过程中所作出的策略选择。与此同时,在策略选择的过程中,"动员"和"管控"是镇街综合行政执法局可以选择的两种不同策略。在主—客体利益博弈中,行政相对人基于自身利益权衡利弊之后进行策略选择,可分为正向和逆向的选择,即"合作"和"抗争"的策略选择,这些选择会导致不同的博弈结果。

就参数假设而言,假设博弈参与者的成本和收益代码,镇街综合行政执法局采取管控方式的收益 F_1,管控方式面临的冲突成本 D_1;行政相对人合作的收益 F,行政相对人合作时支付的成本 C_1;镇街综合行政执法局动员方式的收益 F_2,动员方式需要支付的成本 D_2;行政相对人抗争时镇街综合行政执法局面临的来自 W 市综合行政执法局的问责和压力以及其他隐忧成本 D_3,行政相对人抗争的成本 C_2;二者在执法过程中通过双向、动态的博弈行为,最终形成博弈均衡的结果。在具体的执法情境中,行政相对人并不知晓是否会被严格执法并查处,二者之间的行动策略是双方基于未来预期收益做出的,是一种不完全信息静态博弈。在此,主—客体利益博弈可以分为契合效应和冲突效应两种博弈结果,表中 A 区域是博弈参与者的契合效应,B、C、D 区域是博弈参与者的冲突效应,如表4-3所示。

表4-3　　基层综合行政执法中主—客体利益博弈模型

博弈参与者及策略	行政相对人合作	行政相对人抗争
镇街综合行政执法局动员	A（F_1-D_1, $F-C_1$）	B（$F_1-D_1-D_3$, C_2）
镇街综合行政执法局管控	C（F_2-D_2, $F-C_1$）	D（D_3, C_2）

表格来源：笔者自制（2021）。

（二）博弈分析

在动员情境下,镇街综合行政执法局在履行执法职能过程的初期采取温和的"动员"策略,面对执法主体的耐心劝说和诚恳交流,行政相对人一般会采取"合作"策略,因之形成了执法的"和谐"局面。在主—客体利益博弈中,要求作出不确定条件下的理性选择,追求镇街综合行政执法局和行政相对人的合理利益分配,使得二者达成利益博弈的均衡状态。在处理二者关系时,遵循不偏不倚的原则,满足博弈均衡的条件、平等的机会和适当的利益。如果镇街综合行政执法局选择"动员",行政相对人选择"合作",此时前者的成本收益情况为 F_2-D_2,后者的成本收益情况为 $F-C_1$;如果行政相对人选择"抗争",镇街综合行政执法局不需要支付强制成本 D_3,只需要支付申请同级人民法院强制执行的成本 D_3,行政相对人需要支付的成本为 C_2。镇街综合行政执法局选择"管控",如果行政相对人选择"合作",此时前者的成本收益情况为 F_1-D_1,后者的成本收益情况为 $F-C_1$;如果行政相对人选择抗争,此时镇街综合行政执法局的成本收益情况为 $F_1-D_1-D_3$,行政相对人需要支付对抗"管控"行为的成本 C_2。

在管控情境下,迫于上级政府的压力和少数行政相对人的抵制,执法主体选择采取"管控"行为通过强制性权力开展执法工作,比如,包括"钉子户"在内的目标群体则与之针锋相对地进行"抗争",两种行为的冲突极易导致博弈困局。镇街综合行政执法局和行政相对人互动行为的选择存在相互影响,主—客体利益博弈呈现出脆弱性和不平衡性,二者之间博弈的结果取决于策略选择及其关联效应。行政相对人采取维权行为主要是因为认为自身合法权益受到侵害,但是缺乏合理有效的利益诉求机制,其目的在于减少行政执法对自身造成的负外部性。如果镇街综合行政执法局选择"管控"策略,需要支付上级政府的惩罚成本 D_1 和政策执行不力的压力成本 D_3;如果选择"动员",只需要支付执法不力的压力成本 D_3,镇街综合行政执法局在"动员"无效之后必然会选择"管控"以获得收益 F_1,只不过这种管控具有间接和变相特点。由此可知,博弈矩阵的纳什均衡就是镇街综合行政执法局"动员"无效之后的"管控",与行政相对人"抗争",而执法主体的变相强制行为激发了行政相对人的逆反心理,形成了行政相对人的"抗争",影响了执法效果。

由上可知,镇街综合行政执法局与行政相对人的博弈策略如下:行政相对人的"合作"行动是以公共利益为核心的权利实现行为,是在利益博弈互动中正向的利益诉求表达。相反,行政相对人的"抗争"行动以个人利益最大化诉求为核心,行为动机并非维护自身正当权益,而是谋求个体利益最大化的自我保护行为,表现为极端利己主义,致使抗争情绪的泛化与行动态势升级。对于镇街综合行政执法局而言,获得行政相对人"合作"行动,有助于增进自身公信力与权威性,但也可能面临行政相对人自我保护"过度"、社会秩序混乱等不利后果;镇街综合行政执法局"管控"而与行政相对人"抗争"的策略,可能会导致执法阻滞等间接不利后果。同样,对于行政相对人而言,采取与镇街综合行政执法局"合作"的策略,虽然面临自身利益受损的可能性,但也必须面对合理利益在野蛮执法中被侵犯等直接风险;采取"抗争"行为则有可能使自身正当利益最大限度地得到保护,进而实现自身利益最大化,甚至引发主—客体利益博弈中的沟通不力、执法陷入僵局等消极后果。

二 基层综合行政执法中主—客体利益博弈的现实困境

基于上文关于基层综合行政执法中主—客体利益博弈模型的分析,博弈双方根据各自利益最大化,考虑其策略选择及可能形成的作用和影响,据此选择行动方案。公共政策过程经过主体的作为或者不作为,带有个人的价值偏好和利益需求。[①] 在主—客体利益博弈中,镇街综合行政执法局在实现公共利益最大化过程中面临诸多困境。

---

① 毛劲歌、庞观清:《公共政策过程中政策主体的伦理建设途径研究》,《中国行政管理》2015年第7期。

第四章　博弈机理：基层综合行政执法中利益博弈的行为机理

（一）执法主体的人情困扰现象

人情关系不仅存在于中国社会，而且深入社会基因，部分行政相对人甚至存在将人情关系视为社会资本的认知倾向。人情关系根植于中国情境，受到传统的农耕经济、儒释道思想教化以及中央集权统治传统的影响。从某种意义上讲，人情关系是行政相对人适应现实社会的体现，符合在现实乡土社会的生存实践，这在建构起和谐人际关系和丰富人脉的同时，也成就了重亲情、友情、乡情之义，但人情关系对执法行为的牵制可能会造成原则性、是非观、大局观的失落。由于执法人员处在世俗的人情网和公共关系的关节处，人情关系自然会对执法存在潜在影响。一般而言，人情社会通过人际关系网络干扰行政执法权的行使以及利益的分配方式，其惯性冲击容易滋生人际关系庸俗化，对执法行为产生越来越明显的消极影响。可以确证的是，一旦权力因素掺杂进一些原本淳朴的亲情友情，就容易被个别别有用心之人拐弯抹角地利用亲戚或朋友关系达到不可告人之目的。在主—客体利益博弈中，如果执法人员顾及人情关系必然会影响理性判断，从而使国家和人民的利益受损，造成执法阻滞现象，最终阻碍法治社会的建设步伐。

说句实话，我这个岗位风险太高，有矿产资源的乡镇都是高风险地区，最近，我也跟市局主要领导提过要求轮岗，有句话叫"润物细无声"。我在这里担任局长一年半左右了，差不多了，要换一下岗位。我们镇说起来有7万人，但经常面对的行政违法群体总是这几个人。中国是一个典型的人情社会，人情关系不能与我们一直倡导的"人性化执法"相提并论，身边人在不停地"找熟人""托关系""打招呼"。如果执法者职业操守不高，就很容易被买通，执法的公正就得不到保证。我的工作处于抗腐蚀的第一线，在我手上没有任何"人情案""关系案"，但在一个地方比较固定，可能会存在执法风险，存在熟人关系，这个镇只有这么大，在同一个地

方待的时间很长，对不同群体执法的尺度可能会不一样。（访谈记录：Y 镇综合行政执法局 Z 局长，20210722）

从调研资料可以看出，由于社会上具有相当的资源和影响力的强势群体注重发展社会网络，行政相对人的"抗争"方式发生了转变，在执法过程中利用人情左右利益分配格局，妄图获得非法收益。关系常被视为一种从社会中获取资源的能力，①"找关系"是一种工具性的关系实践，② 在一线执法场景中，正因为执法人员拥有一定权力，处在各种人情世故的交汇处，人情纷争难以绕开。从根本上讲，绝不能因人情关系影响执法行为，如果对人情关系与政治原则问题分不清孰轻孰重，把对行政违法行为的纵容视作"人之常情"，则会罔顾党纪国法。随着强势群体阶层社会参与意愿日益增强，他们在参与执法活动表达意愿时，在组织、渠道、程序上有着优势资源。如果执法人员抵御不了"糖衣炮弹"的攻击，被目标群体所"俘获"，在执法中滋生私人交易甚至非法交易等异化行为。由于掌握了行政执法权的执法人员唯一遵从的行为准则不再是法律，并且受到人情关系因素的影响，容易滋生权力滥用风险。总之，运用人情关系是执法中行政相对人自私的、意识形态的一种非理性倾向，直接影响到法律的客观性和公信力，造成不良社会影响。

（二）执法主体的自由裁量阻滞现象

有关数据显示，我国现行有效法律、行政法规 800 多部，现行有效的地方性法规、政府规章及部门规章约 1.3 万件。其中，涉及行政处罚条款占 85% 以上，授予行政机关"自由裁量权"的条款有 90% 以上。③

---

① Ruan Ji, *Guanxi, Social Capital and School Choice in China: The Rise of Ritual Capital*, London: Palgrave Macmillan, 2017: 1.
② Guthrie Douglas, "The declining significance of guanxi in China's economic transition", *The China Quarterly*, 1998 (154): 254-282.
③ 《"自由裁量权"过大的五大危害》，2021 年 10 月 7 日，http://sft.hlj.gov.cn/web/service/administration-enforce-discretion-detail/841.html。

第四章 博弈机理：基层综合行政执法中利益博弈的行为机理

行政自由裁量权是指在法律规定的条件下，行政机关根据其合理的判断，决定作为或不作为，以及如何作为的权力决策者所拥有的机动行为的机会。① 自由裁量权是酌情作出决定的权力，而且这种决定在当时情况下应当是正义、公正、正确、公平和合理的，② 在理想的制度中，每一项政府工作都应当是自由裁量与法规适用的精确调和。③ 在基层综合行政执法中，执法人员是自由裁量权的具体实施者，对现场情况立即采取措施是通常情况，这无疑对其个人素质提出了较高的要求。面对纷繁复杂的基层社会，尽管在简化和压缩大量冗长执法程序的基础上，设定了更加详细具体的执法裁量基准，但现实中的各种可能性永远无法在纸面的法规上呈现。由于灵活执法是执法人员的履职要求，执法中的模糊地带和自由裁量权的运作空间则对一线执法人员提出了挑战。

> 我们综合行政执法属于典型的"借法执法"，法律条文冗杂，但关于法律修订的滞后对我们的执法行为产生了消极影响，比如，现行的《中华人民共和国环境噪声污染防治法》规定了噪声污染的违法情形，但在'违法责任'方面只规定了'……可以并处罚款'，没有规定具体的'处罚金额'标准；《H省环境保护条例》也没有对噪声污染违法处罚的具体规定。这就造成我们在执法过程中"无法可依"。现行的法律法规规定，我们确保镇街"有人执法""持证执法"，那么面对这种情况该怎么执法？其实，最主要的是自由裁量权尺度的拿捏，让我们无所适从，有时候我们不知道怎么处罚。（访谈记录：K街道综合行政执法局一中队L中队长，20210722）

---

① 罗豪才、湛中乐主编：《行政法学》（第二版），北京大学出版社2006年版，第121页。
② [英]戴维·M.沃克：《牛津法律大辞典》，李双元等译，法律出版社2003年版，第329页。
③ [美]肯尼思·F.沃伦：《政治体制中的行政》（第三版），王丛虎等译，中国人民大学出版社2005年版，第393页。

从一定程度上讲，过度的裁量基准压缩了裁量空间甚至除掉自由裁量权反而侵犯了行政执法机关的合法权利，不利于执法工作的正常开展，因此，自由裁量权成为执法人员作出执法决定的必要手段。约翰·洛克（John Locke）认为，"有许多事情非法律所能规定，这些事情必须交由握有执行权的人自由裁量，由他根据公众福利和利益的要求来处理"。① 一线执法人员处于国家公共政策与民众的中间执行环节，是国家与社会关系的集中表现点，② 但是执法人员的自由裁量权既是福也是祸。③ 行政执法权行使应与行政相对人构成一种权力与权利的平衡关系，自由裁量权吸收和化解行政相对人的不满与抱怨，直接关系到决策的内容和质量。一线执法人员可以利用自由裁量权为本地区、本部门或个人的利益通过诸如附加条件、替换情形重新塑造执法。如果自由裁量权运用不当，存在僵化裁量适用风险，使自由裁量权的行使未能真正回归到能动行政的裁量本质，从而影响到主—客体利益博弈的均衡。因此，在追求公平正义的裁量价值过程中，除了遵循执法实践积淀的经验惯例，也对执法人员提出了更多的专业化要求。

（三）执法主体的权威弱化现象

在基层综合行政执法中，执法主体需要对客观违法事实作出有效回应，这需要执法权威发挥威慑作用。执法权威是一种来自人们自发授权的权力形式，权威力量来自行政相对人的自愿服从。在行政执法规则的约束下，执法权威的形成有赖于两种情形：一是通过大规模的社会动员，引导目标群体向规则靠拢；二是对违规行为进行常态化制裁以引导目标群体行为。在主—客体利益博弈中，执法主体往往被要求以更加灵

---

① ［英］约翰·洛克：《政府论（下篇）》，瞿菊农、叶启芳译，商务印书馆1964年版，第98—99页。

② 陈那波、卢施羽：《场域转换中的默契互动——中国"城管"的自由裁量行为及其逻辑》，《管理世界》2013年第10期。

③ Alcadipani Rafael et al., "Street-level bureaucrats under COVID-19: Police officers' responses in constrained settings", Administrative Theory & Praxis, 2020, 42(3): 394-403.

活和弹性的行动规则来应对反复的博弈、对话与协商，这个过程却需要通过执法权威将个人行为凝聚为集体行动。如果执法权威弱化，"抗争"往往成为行政相对人倾向性的策略选择。更进一步讲，政府信任是目标群体对执法主体的认可和支持程度，只有树立执法权威，才能形成目标群体对执法主体的信任关系。一般而言，在微观、具体的执法行为中，执法权威的有效与否直接影响到政府信任得到了强化还是消解，执法权威的弱化降低了目标群体相应作出或不作出某种行为的控制力，导致本该由执法主体主导的执法行为发生扭曲。

> 在日常执法中，我们把行政执法决定书交给行政相对人，最高处罚是200元，但他们不一定履行，行政相对人如果没有在固定期限内履行行政执法决定，我们需要申请人民法院强制执行。但是我们这边属于城乡接合部，果农和菜农多一点，执法案件就很多。我们在执法中发现了一些"惯犯"通过各种手段跟我们对抗，肆无忌惮地挑战我们的权威。个别"惯犯"把我们的执法决定当儿戏，动不动就告我们侵权，现在是"官怕民"啊！执法之后违法行为有没有改变？这样下去类似的"惯犯"会不会越来越多？（访谈提纲：Y镇综合行政执法局 H 中队长，20210722）

无论在"动员"还是"管控"过程中，执法权威都是影响主—客体利益博弈的关键因素。从本质上讲，执法权威取决于行政相对人对于期待是否满足的态度，是行政相对人对执法行为的感知、认知以及整体评价。执法行为最终要回归到"权威—服从"关系上，但执法权威弱化致使利益博弈的均衡状态难以实现。随着基层社会价值取向多元化的增强，目标群体的博弈态度对博弈结果的影响越来越大。政府公信力的获取主要依赖公共政策的有效性，需要在最大程度上确保政策目标与政策结果的一致性。① 执行力是政府的生命力，也是政府公信力的基石。如果执法权威不断遭到挑战，则会影响到目标群体对未来的积极预期，执法场域的互动与合作关系难以维持。良好的执法结果是政府执行力的集中体现，也是执法权威的合法性来源，执法权威的弱化将直接对公信力产生影响。执法阻滞现象直接影响到目标群体对公共政策和执法活动的支持程度，自然难以避免基层社会不满、仇视和不信任情绪的增加。

三 基层综合行政执法中主—客体利益博弈的影响因素

在主—客体利益博弈中，必然会受到真实社会空间的现实约束，衍生出镇街综合行政执法局与行政相对人之间利益博弈的现实困境。执法行为并不是在单一政策逻辑下运行的，而是会面临多种影响因素。从这一点来说，下文将围绕主—客体利益博弈的现实困境进行详细剖析，以期准确把握现实情境中的影响因素。

（一）公共精神的培育不足，滋生了执法主体的人情困扰现象

公共精神是在构建公共秩序、参与公共事务、改善公共生活中所表现出来的公共态度与行为方式，② 从广义上理解，公共精神可区分为两种类型：社会（公民）公共精神与政府（公务员）公共精神。③ 在基层综合行政执法中，执法人员的公共精神是政府公共精神的体现，行政相对人所展现出的是一种自律、责任以及为共同体利益而牺牲自身利益的公共精神。一般而言，执法人员对个人行为的成本与收益行为计算进行理性选择，通过积极执法来回应行政相对人的需求，去预防、了解和解决问题，恪守着将公共利益置于个体利益之上的行政伦理。公共精神并

---

① 司林波：《基于公共政策过程的政府公信力生成机理研究》，《行政论坛》2013年第6期。
② 戚万学：《论公共精神的培育》，《教育研究》2017年第11期。
③ 张国庆、王华：《公共精神与公共利益：新时期中国构建服务型政府的价值依归》，《天津社会科学》2010年第1期。

非通过强制产生，而是有赖于人的自觉。作为一种具有平等、开放、富有亲和力的公共和谐品性的生活态度，也是一种关心公共利益的精神力量。马克思认为："人是受理性精神支配下的动物。"① 但是个别行政相对人只关心自身利益，缺乏对规则规范的敬畏，采取极端抗争行为维护个人不当利益。特别是公共精神缺失的目标群体利用人情关系等各种不当方式争取个人利益，阻碍了执法工作的开展，不仅践踏了公共价值，也损害了社会公共利益。

>以我们市里的"三违"问题为例，除了老百姓确实有建房的刚性需求，但房子意味着暴利，在我们市里一栋建筑成本60万的房子建成三层就能卖120万，这中间有60万的暴利。部分群体一心想着谋取暴利，公共精神缺失，我们现在"三违"的管控压力非常大，我们市里出台的《违法建设治理条例》明确规定，"三违的管控责任在属地，由镇街来主导，社区是第一责任人"。去年有一个旧房翻建的村民，规划局审批通过了四层，但他要建五层之后，还要继续建六层。他先是到处找关系，见找关系没用又对抗我们执法。我们去执法的时候，他还义正辞严地说"我在自家宅基地上盖房子谁管得着？"然后拿着一桶汽油抱着我们的执法队员扬言要"同归于尽"……（访谈记录：K街道综合行政执法局S局长，20210722）

从本质上讲，公共精神以公共性为核心，公共精神的缺失必然会加剧执法主体的人情困扰，影响执法行为的公信力、向心力、聚合力。在实然层面，执法活动中表达的可以被观察的公共精神是一个政府话语、政策、行为以及与公民互动内容的公共性状态。对于目标群体而言，注重个人正当利益的维护，也是在公共精神语境下有效解决社会矛盾、协

---

① 《马克思主义文艺理论研究》编辑部编：《马克思恩格斯论人性和人道主义》，光明日报出社1982年版，第180页。

调社会关系的发轫点。① 但需要指出的是，无论是暴力抗法，抑或强力抗法的目标群体，都是缺乏公共精神的群体，他们并未走出一己之私的藩篱，而是任由个人权利和自由的扩大。公共性是人类公共生活的本质属性，也是人的社会性本质的凝练表达。一个高度文明社会的公民应以具备公共精神为生存发展的前提，面对现代社会的公共生活形态，个体应秉持自主、宽容、理解、正义、责任、奉献等价值取向。如果不能把握好个人利益与公共利益之间的平衡点，任由功利主义观念和利己主义思想的侵蚀，必然会导致逃避、对抗等不良博弈态度滋生，造成执法阻滞现象。

（二）执法人员法律知识匮乏，导致了执法主体的自由裁量阻滞现象

由于一线执法人员需要与行政相对人面对面直接互动，自由裁量权的运用难题是贯穿于主—客体利益博弈的关键。尽管立法者在立法时会有一定前瞻性，但是人的认知的有限性加之现实发展的复杂性，未来社会发展的全部细节难以预料。换言之，法律的滞后性和局限性需要自由裁量权的存在，一线执法人员的执法能力和价值观时刻影响着执法行为。只要有法律规则的地方，就应当有或者最好有法律人的参与，因为制定、解释并执行法律是法律人的本行。② 在快速发展的社会以及复杂的执法事务面前，法律知识匮乏是影响自由裁量权运用的重要因素。由于自由裁量权的运用不是一种纯粹的机械行为，执法人员在决策时必须考察个案的情境因素，专业法律素养有助于识别并纠正决策偏差，而且由法律人才制定执法方案，也有利于健全执法工作体系。如果执法人员没有受过系统的专业培训，法律知识学习不够，在处理一些复杂行政执法案件时，缺乏开展执法工作中的法治思维和法治方式，往往把握不准事实认定、法律与程序适用、裁量基准等方面的问题，容易造成执法不

---

① 郑士鹏：《公共精神培育与社会责任建构——学习伟大抗疫精神启思》，《中国特色社会主义研究》2020年第Z1期。
② 程金华：《法律人才与中国"新文治"》，《中国法律评论》2021年第1期。

力的局面。

> （综合行政执法）改革之后，我们组建了专业的执法机构和执法队伍，但我们执法局缺乏专业的法律人才的问题很突出，因为综合行政执法要涉及不同部门方方面面的法律条文，这就对我们这些执法人员的法律素养提出了较高的要求。相较于市局法制大队只是对我们的执法案件进行审核，我们执法局在具体的执法中法律把关不够权威，除了法律法规建设不配套，我觉得主要是因为缺乏专业的法律执法人员。我是我们局的法制员，但我也不是法律专业毕业的。近几年考录的公务员，基本没有到基层从事执法工作的，镇街缺乏专业法律人才。在具体的执法活动中，我们缺乏法律人才支持，自由裁量尺度的把握上是个问题，说实话，执法办案每一个环节的质量难以保证。（访谈记录：K街道综合行政执法局G法制员，20210722）

W市的综合行政执法改革受益于中央、H省层面的政策支持，但结合当地的基础条件来看，镇街执法队伍中的法律人才匮乏是制约执法行为的瓶颈，进而导致主—客体利益博弈进入困境。因为工作环境复杂且缺乏明确规则，所以执法也被视为一种自由裁量行为。[1] 自由裁量权赋予了执法人员很大的自由空间，有助于灵活化解冲突，但如果掌控不好执法分寸反而会引发冲突。[2] 决定执法行为好坏的不是自由裁量权，而是如何行使这一权力。一线执法人员在裁量判断时，需要作出正确的决策。法律人才不仅为政法部门所必需，也是基层综合行政执法队伍中

---

[1] Scott Patrick, "Assessing determinants of bureaucratic discretion: An experiment in street-level decision making", *Journal of Public Administration Research and Theory*, 1997, 7 (1): 35–58.
[2] Dai Ning, Taiyang Zhong and Steffanie Scott, "From overt opposition to covert cooperation: Governance of street food vending in Nanjing, China", *Urban Forum*, Springer Netherlands, 2019, 30 (4): 499–518.

急需的专业人才。目前，镇街层面法律人才储备有待增强，又综又专且有执法经验的执法人员可谓"凤毛麟角"。由于法律素养的不足致使执法人员在自由裁量权运用上面临本领恐慌，难以提出破解执法过程中遭遇法律问题的系统性方案。这不仅影响到执法主体与行政相对人的利益博弈，也阻碍了依法行政理念与政策目标的有效融合。

（三）行政信访情况复杂，加剧了执法主体的权威弱化现象

在主—客体利益博弈中，执法权威弱化使执法主体处于不利位置，这一现象与现行的信访制度密切相关。信访制度是民意表达、权利救济、民主监督机制的补充，从设立初衷来看，这一制度有利于反映社情民意和提供权益保护、化解社会矛盾和实现社会治理效能，但是，相对于其他的民主表达方式，信访的准入门槛很低。[①] 少数信访人在信访过程中存在诸如缠访、闹访、集体访、重复访、赴京访等不妥或违法行为，甚至一些信访人以信访为职业，出现指使他人信访，甚至违反国家法律的信访行为，这些不当行为在有些地方和行业甚至引起连锁反应。执法主体在实际工作中承担着截访、一票否决制维稳等超出职责范围的维稳功能，针对信访行为的随意性和非理性情况，在基层综合行政执法中，当顺从与合作的常规举措无法达到目的时，当事人还可以使用"闹大"的法宝反制一线行政人员。[②] 在主—客体利益博弈中，信访成为目标群体进行非常规利益博弈的"后盾"。

> 我们执法的时候，面对动不动就要上访的群体使我们没有什么权威。老百姓不分青红皂白地就上访，上个月，我们执法中发生的一个真实信访案件，两个人同时在信访局上访，一个是商户去告我们执法局，"摊贩乱摆摊把我们都挡住了，执法局都不管"，另一

---

① 孔凡义：《补充民主政制：人民信访制度的再阐释》，《学海》2020年第5期。
② 韩志明：《利益表达、资源动员与议程设置——对于"闹大"现象的描述性分析》，《公共管理学报》2012年第2期。

个是摊贩,"我们老百姓要求生存,执法局暴力执法,不让我们生存"。这是一个场景下的两个群体。国家的信访制度是好的,能倾听民意,但是现在的群众信访已经异化了。最突出的是,我们这里有几家"专业信访户",他们通过这种行为获得非法收益。我觉得他告就让他告啊,但是"一票否决制"也把我们害惨了。真是一部苦辣辛酸史……(访谈记录:K 街道综合行政执法局 S 局长,20210722)

总体而言,行政信访实际承担着利益协调、矛盾化解功能,通过上下沟通、情绪宣泄、疏导教育、权利救济等多种方式改善干群关系,吸纳社会不稳定因素。执法主体通常会遵循自身获利最大、受损最小的行为逻辑,采取策略性手段规避行政执法风险。"一票否决制"[①]的目的是限制下级政府行为的自由度,提升对上级政府的回应性。[②] 在基层综合行政执法中,群众信访是一种同体问责手段,并借此形成了"逆向强激励",但在主—客体利益博弈中导致权力与责任不匹配、责任界定不清晰,加剧了执法权威的弱化,致使执法结果偏离政策初衷。究其原因,如果这种非常规手段被群众作为解决问题的常规手段,并不断消解执法主体的行政权威,那么信访制度就成为对基层法治秩序的一种破坏。由于部分行政相对人过度追求自身利益最大化,尚未树立依法信访的正确导向,信访制度极易被转化为谋取不当利益的工具和手段。如果行政相对人歪曲利用的信访制度削弱执法权威,就会使主—客体利益博弈在"一票否决制"的扭结缠绕下,难以达到博弈均衡状态。

[①] "一票否决制"始于 20 世纪 80 年代的湖南省,此后,中央层面先后曾就计划生育、社会治安综合治理、农民减负、环境保护、食品安全监管等工作,实行"一票否决制"的绩效考核。

[②] 陈硕:《"硬指标"的"软约束":干部考核"一票否决制"的生成与变异》,《四川大学学报》(哲学社会科学版)2020 年第 1 期。

第四节　本章小结

　　本章基于前文对博弈关系的分类，结合 W 市田野调查的访谈数据，从个案实践的角度对基层综合行政执法中利益博弈的行为机理进行分析，分别建构起主体横向、主体纵向、主—客体的利益博弈模型，并提炼出三种类型利益博弈面临的现实困境和影响因素，形成对执法效果细致而具体的了解。基层综合行政执法中不同博弈参与者以自利性决策方式实现自身利益的最大化，其策略选择会随着不同博弈情景发生变化，之所以没有形成与原初政策设计相兼容的利益博弈的均衡状态，就在于现实中仍存在影响执法行为的无效率症状。

　　具体而言，主体横向利益博弈中面临着部门合作的职权争议、"信息孤岛"和负外部性现象，分别受到职责权限模糊不清、部门利益本位驱动、行政监管职能弱化的影响；主体纵向利益博弈中面临着执法主体的道德风险、逆向选择、权责不对等现象，分别受到监督约束制度不健全、执法资源供给不足、委托授权的体制约束的影响；主—客体利益博弈中面临着执法主体的人情困扰、自由裁量权阻滞、执法权威弱化现象，分别受到公共精神的培育不足、执法人员法律知识匮乏、行政信访情况复杂的影响。博弈的结果必然是，理论的升华和实践的完善。公共利益的实现需要经过一个利益聚集、平衡与协调的过程，利益协调与平衡必须在新的舞台上展开。[①] 如此，本章对利益博弈行为机理的刻画，找到了基层综合行政执法优化的基本方向。

[①] 景跃进：《演化中的利益协调机制：挑战与前景》，《江苏行政学院学报》2011 年第 4 期。

第五章
利益均衡之经验借鉴：不同基层试点地区的综合行政执法模式

基于全国综合行政执法体制改革的县级试点 W 市的经验证据，观察基层综合行政执法，并盱衡参酌其他改革试点的经验，将有利于基层综合行政执法中利益博弈的行为逻辑及其优化路径与全国范围内执法实践的有机结合。与此同时，基层综合行政执法优化路径的提出应当借鉴不同改革试点的成熟经验，来进一步提升基层综合行政执法的绩效。其中，山东省滕州市、江苏省昆山市、河北省新乐市、湖南省耒阳市是基层综合行政执法中可资借鉴的典范，本章将探索以上四个县级试点的执法模式以及对后文重点分析的 W 市的案例的借鉴和启示。

之所以选择这四个县级试点，一是因为这四个县级试点都是 2015 年 4 月确立的全国综合行政执法体制改革的县级试点，执法模式日臻成熟，均已摸索出一套适合本地区实际、相对稳定的执法模式；二是这四个试点对 W 市都有其参考价值，我们可以从中获得有益的借鉴和启示，探讨提出基层综合行政执法优化路径的经验借鉴。因此，研究滕州市、昆山市、新乐市、耒阳市的执法模式，对本书 W 市案例研究中基层综合行政执法优化路径的分析研究具有积极的参考借鉴作用。

第一节 滕州市综合行政执法的经验做法及启示

滕州市是山东省辖县级市，由枣庄市代管，总面积约1495平方公里，下辖5个街道、16个镇，城市建成区面积约100平方公里，截至2021年末，常住人口约为157.35万人。随着城市规模的扩大，滕州市面临严峻的城市管理执法形势和任务，自被确立为全国综合行政执法体制改革试点以来，在深入调研的基础上全面摸清执法现状，通过统筹谋划，科学地确定改革方案，健全工作运行体制机制，有效解决了权责交叉、多头重复执法等问题，改革试点成效明显。

一 整合执法范围，划分执法的行为领域

滕州市按照"深化转职能、转方式、转作风、提高效率效能"的机构改革要求，在市城市管理局、市城市管理行政执法大队集中的执法领域基础上，将多个领域的全部或部分行政执法权划入市综合行政执法局。滕州市综合行政执法局成立于2016年1月，为市政府直属行政执法机构，依据国家有关法律、法规和规章，开展跨部门、跨领域综合执法，集中行使城市管理、国土资源管理、文化广电新闻出版管理、民政管理、旅游管理、商务管理、粮食流通管理等16个领域的跨部门综合执法，并且负责全市环境卫生、市政设施、园林绿化等管理工作，实现了对不同领域综合行政执法的梳理。这一机构的成立"聚合"上述领域的执法队伍，实现了执法范围的系统整合。在执法领域范围的整合上，为进一步理顺执法体制，优化资源统筹，滕州市结合推进相对集中行政许可权、行政处罚权改革，整合审批服务执法力量，突出执法主责主业，调整理顺执法职能，有效避免了交叉执法、重复执法现象，致力于形成职责清晰、队伍精减、协同高效的执法体系。

二 搭建统一平台，优化执法的行政环境

滕州市实行"1+x+y"① 综合行政执法模式，推进联合执法向综合执法转变。目前，市综合行政执法局、公安局、市场监管局、自然资源局共明确了派驻人员 232 名；市应急管理局按区域划片明确分管领导 1 名和执法人员 3 名；市住建局、交通运输局、农业农村局、卫健局、生态环境分局、税务局共明确分管领导 7 名和执法人员 197 名。为搭建综合行政执法的统一平台，优化机构编制资源配置，严格执行机构改革方案、综合行政执法体制改革方案、镇街行政管理体制改革方案等政策规定，依据"三定"方案，在调整部门权力清单的基础上，整合市城市管理局、市城市管理行政执法大队及国土资源、人防、文化市场、旅游、粮食流通等执法职责和机构，组建作为市政府直属行政执法机构的滕州市综合行政执法局，就机构组成而言，下设执法大队，内设 22 个执法中队派出镇街和经济开发区开展综合行政执法，其中，重大执法任务和跨镇街执法活动由直属总队负责。在编制管理上，按照"编随事调、人随编走"原则，将人员编制划入综合行政执法局及执法大队。滕州市不断完善执法体系，使执法事项步入了法制化、规范化、科学化的轨道，有力保障了全市综合行政执法工作的快速持续发展。此外，为优化基层社会发展环境，不断提高执法水平，推进城乡精细化管理，强化镇街公共服务能力，滕州市优化综合行政执法平台，构建"镇街吹哨、部门报到"工作机制。坚持"综合执法要吹哨、重点工作可吹哨、应急工作必吹哨"的原则，遵循按需配置原则，执法人员随时听候镇街吹哨，完善跨部门协同运转机制，强化协调联动。

---

① "1+x+y"，"1"是指以镇街现有综合执法中队为主体；"x"是指从公安（交巡警）、市场监管、应急管理（安全生产、消防）、自然资源等执法部门，各选派 2 名左右具有执法资格的骨干力量常驻镇街，开展日常执法巡查工作；"y"是指住建、交通运输、农业农村、卫生健康、生态环保、税务等执法部门。

三 下移执法重心，增强镇街的执法力量

为推动执法重心下移，滕州市积极推进镇街行政管理体制改革，规范属地管理，为建立"县乡一体"的基层综合行政执法体系提供经验。在推动执法重心下移过程中，一是设置一线执法机构，将资源、服务、管理放到镇街。滕州市综合行政执法局向镇街和经济开发区派驻实行双重管理的执法中队，设立综合行政执法办公室，与派驻执法中队联合办公，日常管理以镇街和经济开发区为主，有效防止"降格落实""悬空落实"，及时协调解决职能部门和镇街工作运行不畅、具体事务推诿扯皮等问题。综合行政执法办公室负责承担执法信息事前预警、发现上报以及执法联络配合等工作，这一机构的设立既理顺了政府职能部门与市级、镇街综合行政执法机构职责关系，加强了事中事后监管，又强化了监管与执法的长效机制，破解了制约综合行政执法科学发展的体制机制障碍。依托各镇街现有综合执法中队，推动执法机构队伍下沉，在提高日常巡查效率和机动性的同时，降低了执法成本。二是推动行政执法权下沉，坚持依法放权，激发镇街活力，按照"依法下放、能放则放、权责一致"的原则，扩大包括事权和人事权在内的镇街职权。一方面，将确需下放的部门市级行政执法权，通过直接放权、委托行使、联合执法、派驻机构等不同方式下放给镇街，做到管理权限下移、执法力量下沉。另一方面，同步推进人事权改革，对镇街"双管部门"党组织纳入属地管理，部门考核实行条块结合，以镇街为主，"双管部门"主要负责人的任免，上级部门需提前征求镇街党委意见。在这一过程中，镇街向上级主管部门就工作不力的"双管部门"负责人提出调整建议，加大镇街之间干部交流，优化干部队伍结构。

四 厘清职责清单，明确执法的权责边界

滕州市按照法律法规和部门"三定"规定，在调整部门权力清单

第五章　利益均衡之经验借鉴：不同基层试点地区的综合行政执法模式

的基础上，厘清职责边界、吹哨情形和标准，突出吹哨清单的"检索表""施工图""指挥棒"作用，明确"吹哨""报到"工作机制的主要问题、处置程序、方法步骤，并将清单作为评价镇街、部门履职情况以及镇街、部门互评的重要参考。吹哨清单聚焦镇街反映比较集中、自身难以解决，需要协调职能部门进行管理的共性个性问题，明确市直部门、镇街各自主体责任和配合责任，为"镇街吹哨、部门报到"属地管理的工作机制提供行动标准。经充分征求镇街和市综合行政执法局、司法局等部门意见建议，编制形成的《"镇街吹哨、部门报到"属地管理工作机制专项吹哨清单》涵盖生态环境、市场监管、应急管理、城乡建设、自然资源、综合执法等8大领域97项吹哨事项，积极推进清单动态管理。明确巡查责任分工，规范巡查工作流程，统一台账档案管理，确保"现场巡查—受理举报—立案调查—依法处罚—申请法院执行"的全过程环环相扣，使整个执法过程更具有操作性。滕州市建立了执法案卷、巡查台账的定期评查分析和考核表彰制度，促进综合行政执法全面推进、注重实效、规范运行和稳步提高。

第二节　昆山市综合行政执法的经验做法及启示

昆山市是江苏省辖县级市，由苏州市代管，总面积约931平方公里，下辖10个镇，截至2021年11月，常住人口约为209.25万人。昆山着眼全市经济社会发展大局，注重顶层设计和目标设定，突破体制机制的障碍和束缚，充分整合行政执法机构，赋予综合行政执法部门独立行使有关行政执法职权，将综合行政执法向有条件的经济开发园区、经济发达镇延伸，整合不同执法队伍，设置综合行政执法机构。形成了"七个一"[①]为主要特点的综合执法格局。"大部制"是综合行政执法体

---

① "七个一"，即"一张清单管权责、一个部门管市场、一支队伍管执法、一个平台管协同、一个号码管服务、一个中心管检测、一个盖帽管综合"。

制改革的主要特征，昆山市将职能相同或相近的部门整合后组建精干的大部门，整合后的大部门履职范围、涉及领域、组织形式、协调机制得到不断优化，部门内部工作联系衔接融洽，承担政府某一方面的职能，是大部制在基层综合行政执法试验中的有益探索。

一 理顺职责权限，明晰执法的职能边界

在镇街层面，昆山市在苏州市先行先试开发区多领域相对集中行政处罚权，理顺执法职责关系，下放执法权限，统筹镇街执法力量，积极推动综合行政执法工作。在市级层面，整合跨部门综合执法领域的执法机构和职能职责，通过梳理基层综合行政执法领域的法律、法规、规章规定的行政处罚以及相关行政监督检查、行政强制权力，建立行政权力清单制度。建立权限管理收放相济制度，跟踪评估下放权限承接情况，动态调整下放行政执法权，充分平衡执法效率性与执法专业性之间的关系，制定属地管理主体责任和配合责任清单，厘清区镇与市级部门在行政处罚、日常监管等方面的职责边界。在区镇层面，各区镇统一组建综合执法局，通过横向整合、纵向贯通、上下联动，基本实现"一支队伍管执法"，全面梳理、精准赋权，统一下放11个市级部门的674项行政执法权。在行政执法权下放过程中，行政执法权坚持"放得下、接得住"，在不增加编制人员前提下，集中城管、规划、住建、文广新、卫生食药监、农委、环保、民防、教育、水利水务、计划生育、安全生产、劳动保障、燃气管理、质监、商务等16个执法部门的执法权限，行政处罚权由镇街综合行政执法局承接。厘清行政监管职能与行政执法职能的关系，由综合行政执法机构行使的执法职能不再由行政监管部门行使，部门编制根据权限下放情况同步调整职责下沉，划转事业编制充实到基层一线，整合事业编制资源。

二 优化运行机制，规范执法的运转过程

昆山市统筹推进市、区镇两级综合行政执法，建立健全体制完善、

运行高效、执法规范的体制机制。一是建立健全综合行政执法日常管理制度，规范综合行政执法工作机制，开展区域内执法事项的常态化监管活动，切实维护社会公共利益和行政相对人合法权益。二是建立区镇综合行政执法体制改革联席会议制度，定期召开会议解决执法权限下放后权责不对等、责任不明确、边界不明晰以及执法装备保障不到位等瓶颈、难点问题，会同各区镇、市级执法部门，及时主动有效地组织协调解决。三是权限下放部门执法人员弹性下沉，明确下沉服务期限，破解"编随事走、人随编走"较难实现的问题，明确下沉人员编制和组织关系、调动晋升、工作考核和日常管理等事项。昆山市依托市、区镇两级统筹联动的集成指挥体系，在镇级一体化平台中设置综合执法模块，并与网格管理、指挥调度等其他模块协调联动，集实时控制、信息归集、研判预警、协调联动、督查考核于一体，实现部门端口前移、信息数据共享，探索"大数据+指挥中心+综合执法队伍"新模式，用现代科学技术手段对行政执法活动进行实时监管，规范执法行为，提高综合执法的智能化水平。在现有各部门信息平台基础上，充分发挥政务服务平台作用，实现统一信息标准下的行政监管部门和综合行政执法部门的信息共享，通过互联互通平台将与执法活动相关的行政监管业务数据和行政执法信息技术传输处理，建立两类数据的分析机制，充分运用大数据技术为综合行政执法提供有效信息。

三 强化制度约束，解决执法的行为难点

为加强执法规范建设，实行执法主体、执法证件、执法标识和服装、执法流程、执法文书、执法平台、自由裁量权和执法责任在内的八项统一制度，建立执法监督机制，严格执行行政执法公示、执法全过程记录、重大执法决定法制审核等三项制度，开发全市统一的综合执法网上平台，推进权力网上透明公开运行，确保执法公平公正。与此同时，委托专业律师团队，对照统一标准对区镇综合行政执法案卷从主体资

格、事实证据、法律适用、释法说理、执法程序、文书制作、立卷归档等方面进行全面评查，实现专项评查权力下放区镇、权力下放领域两个"全覆盖"，增强执法人员执法程序和执法责任意识。在执法队伍建设方面，采取市级部门集中培训、镇街按需资助培训以及上下联动蹲点指导、跟班带学和挂职锻炼等形式，建立完善市级部门和涉改镇街沟通对接长效机制。围绕区镇共性培训需求，针对性开展执法程序风险防范、新《行政处罚法》等专题培训，编制区镇综合行政执法领域涉企违法行为减免罚"两张清单"和违法建设处置执法指引，进一步规范对相关违法行为的处置。昆山市先行先试，对市镇两级行政部门的事权、责权等进行高强度的行政管理体制改革，普遍减少执法层次，通过压缩环节和流程再造，使之行为更加高效、透明、公平、公正。基层综合行政执法中常见的扯皮推诿现象得到避免，"加法"效用开始凸显，工作能力和工作成果实现了同步提升，原本的各执法部门的单兵作战变成了统一执法。

第三节 新乐市综合行政执法的经验及启示

新乐市是河北省辖县级市，由石家庄市代管，总面积约 525 平方公里，全市辖 1 个街道、8 个镇、2 个乡、1 个民族乡，截至 2020 年 11 月，常住人口约为 47.85 万人。新乐市是石家庄市县级经济文化强市，为河北省重要的经济、文化、政治县市之一，城市建成区面积为 13 平方公里，2015 年被河北省政府评为"省级园林城市"，被中央文明委确定为全国文明城市提名奖。深化综合行政执法体制改革，形成了一套科学有效的执法模式，打造了一支一专多能、精减高效的执法队伍，通过精减机构、减少层级、改进方式，兼顾体制机制，注重分工配套、科学性和针对性。新乐市科学绘制综合行政执法改革路线图，积极探索综合行政执法新模式，加强系统谋划整体推进，逐步构建权责统一、简约高效的执法体系。新乐市积极推动执法力量和重心向基层下沉，提升基层执法效率和监管水平，精准放权赋能，创新执法形式，推进综合行政执法机构的实体化运转，力促执法工作体制升级。

一 精准配置职能，理顺执法的职能体系

2015年4月，石家庄市委、市政府批准新乐市城市管理综合行政执法局为新乐市政府工作部门，市容环境卫生、城市规划、城市绿化、环境保护、住房和城市建设、工商行政管理6个方面法律、法规、规章规定的行政处罚权由新乐市城市管理综合行政执法局集中行使，基本实现了"大城管"工作格局。通过厘清部门、镇街执法边界，理顺条块关系，推动一线执法力量发挥执法职能，切实转变和优化职能，形成执法合力，实现了"条条围着块块转"的运作模式。这一模式在很大程度上解决了执法职能交叉重叠、职能相近或弱化等问题，改变了市容市貌，规范了城区建设秩序，提升了执法效能。2018年，围绕"一支队伍管执法"的目标，新乐市全面梳理并整合全市执法内容和执法方式相近相同的执法事项，进一步推进执法职能划转，市住建局承担的市政维护、照明、排水等运行、维护管理工作职责整体划转至市城市管理综合执法局。综合行政执法机构紧扣明确的职能职责，确保执法项目、执法程序、执法尺度精准化，完善了行政执法与日常监管的衔接机制，将日常监管结果有效运用到行政执法工作中。此外，新乐市完善了综合行政执法的协调工作机制，体制上上下通达，业务上上下贯通，推动执法工作调度、执法力量调配的全市统筹配置执法力量，形成机构职能优化、权责协同的执法体系。

二 科学设置机构，提升执法的行政效能

2015年6月，根据新乐市工作实际和其他地区试点经验，规定城市管理综合行政执法局内设机构为办公室、政策法规科、执法监察科、

市政稽查科等4个行政科室和城市管理监察大队、环境卫生管理中心等2个事业单位。为进一步优化机构设置，提高执法效率和精细化水平。2019年2月21日，以党政机构改革为契机，在系统理顺部门职能的基础上，科学设置内设机构，合理划分各内设机构承担职能，设置了办公室、政策法规科、监督监察科、市政管理科、市容管理科、园林建设管理科、安全生产科等7个科室。住建局所属全额副科级事业单位园林绿化建设维护中心和发改局所属正科级自收自支事业单位市场管理中心成建制划归城市管理综合行政执法局管理，实现了城市管理综合行政执法局内部管理方式由粗放型向精细化的转变，这一执法机构全面统筹全市综合行政执法工作，在部门内部通过优化职责配置，整合职责，形成了分工科学、权责明确、务实高效、运行有序的执法责任体系，为综合行政执法奠定科学的机构编制基础。实行行政执法公示制，公开执法机构职责、执法依据、处罚标准、运行流程和监督途径，增加执法透明度，建立健全执法全过程旧制度、行政执法责任制和责任追究制度，确保严格公正文明执法。

三 统筹编制资源，配强执法的一线力量

新乐市根据城市管理执法工作需要，科学界定执法和管理人员配置比例标准。2015年6月，下发的《新乐市城市管理综合执法局主要职责内设机构和人员编制规定》，城市综合管理行政执法局分配行政编制16名、事业编制44名，企业人员176人，执法力量向基层倾斜，通过调整机构优化执法力量，确保一线执法工作需要。选派业务能力强、综合素质高的执法人员充实基层一线，提高一线执法人员编制比重。在2018年的机构改革中，为进一步做好城市管理和综合行政执法队伍建设编制保障，综合考虑管理和处罚权事项增加、执法重心下移、实施网格化执法等因素，行政编制增加到18名，事业编制增加到99名，企业人员增加到318人，有效解决了执法盲区和力量不足的问题，为构建

"全覆盖、高效能、快响应、常态化"的执法格局提供了编制保障。新乐市整合执法力量，综合考虑事项划转量、执法办案量、部门实际从事执法人员数量等因素，促进人员编制的合理划转，推动职责划转与机构编制的同步实施，整合镇街现有机构和市直部门的延伸派驻机构执法职能、人员、编制等力量和资源，在明确市直部门和镇街责任分工的前提下，优化编制资源配置。

第四节 耒阳市综合行政执法的经验及启示

耒阳市是湖南省辖县级市，由衡阳市代管，总面积约2656平方公里，辖6个街道、19个镇、5个乡，截至2020年11月，常住人口约为114.07万人。2015年9月，耒阳市成为湖南国土资源省直管县经济体制改革试点县（市）。耒阳市以改革试点为契机，推进综合行政执法改革，打造"一支队伍管全部"的执法模式。耒阳市高度重视改革工作，成立了市委、市政府主要领导挂帅的筹备小组，耒阳实现了由分散执法向综合执法的转变，整合了执法资源、明晰执法分工、完善协作机制，扎实有序开展执法工作，成功破解了诸多执法难题，引导规范公平公正执法，推动形成联动配合、齐抓共管的执法格局。

一 整合执法权限，优化执法的运行模式

耒阳市综合行政执法局成立于2016年10月14日，是中央编办综合行政执法体制改革的试点单位，为市政府直接领导的独立的行政机关，2019年调整为耒阳市政府工作部门。该局整合并集中行使全市24个政府部门的1300余项行政处罚权及与之相关的行政调查权和行政强制权，以"党委政府执法尖刀利剑，全市经济发展护航舰队"为基本定位，提高综合行政执法执行力，构建了"横向到边、纵向到底"的执法体系，形成了权责统一、权威高效的行政执法体制。耒阳市厘清了

综合行政执法的权责清单，根治了许多重症顽疾，执法中充分发挥人员优势，集中职权破难题、集中治理聚合力，通过"组合执法""连贯执法"等方式，产生了"执法指头"到"执法拳头"的效应，提升了执法效率。与此同时，耒阳市以部门权责清单为依据，合理划分相关行政主管部门与综合行政执法机构及上下级执法机构之间的职责权限，避免了权责争议，通过明确执法机构职责和权限，切实规范执法行为，强化行政执法属地管理，提升镇街对基层执法力量的统筹协调能力。

二 精减执法机构，整合执法的行政资源

耒阳市综合行政执法局负责统筹协调全县综合执法力量，实现"一支队伍管全部"的运行模式，权责交叉、多头执法、重复执法的问题得到了切实解决。耒阳市综合行政执法局的成立，整合了执法人员和执法资源，执法力量得到增强，执法手段日益多元，实现了从源头到终端全链条行政执法。改革后，耒阳按照中央、省"推进综合执法、建立权责统一、权威高效的行政执法体制"的明确要求，整合执法资源，归并执法机构，推进综合行政执法，在没有新增加编制的前提下，通过优化整合分散的执法资源，充实一线执法力量，取得了"1+1>2"的整合效用。耒阳市按照推进综合行政执法改革的有关要求，坚持问题导向，构建职能明晰、协同高效、机制健全的执法体系，努力把矛盾化解在基层、纠纷调处在基层、纠纷解决在基层，加快推进基层综合行政执法真落地、见实效。目前，划转到耒阳市综合行政执法局的执法人员中，一线执法人员占90%以上，推动"人往基层走、劲往基层使、事在基层办"。与此同时，加强对划转执法人员的培训，通过推行准军事化管理，规范执法人员管理，强化对镇街一线行政执法的监督，加强执法队伍建设，提升专业化水平。

三 优化执法机制，强化执法的协作联动

耒阳市不断优化执法机制，坚持建章立制，完善派驻机构管理、协

作配合机制，通过制定《耒阳市综合行政执法协作管理规定》，合理划分行政监管权与行政执法权的职责权限，实现二者的相互分离与促进，通过"组合执法""连贯执法"等方式，规范执法程序、执法流程、执法文书、执法证件、执法标识，大力推行《行政执法三项制度》，稳步提升执法水平，严格落实监督考核工作，协调解决执法争议，防止缺位、错位、越位现象发生，有效整治急难险重的老大难问题，例如，市综合行政执法局联合街道办事处、规划、国土等职能部门依法依规拆除"钉子户"。耒阳市注重运用人工智能时代的技术手段，拟定了"互联网+综合行政执法"计划，通过信息化手段，实现动态监管和网格化管理。按照"成熟一项、集中一项"的原则，健全协作机制，加强队伍和信息化建设。按照决策权、监督权、执行权，既相互制约又相互协调的要求，转变了监管与执法的方式，实现了政策执行、行政审批、监督检查与行政处罚职能相对独立，将优化执法机构和方式作为推进综合执法的根本保障，实现执法工作高效开展、无缝衔接，探索经费管理、日常考核、执法监督途径，打造资源共享、信息互通、协作通畅的工作格局，推动执法常态长效的形成。

四 破除执法乱象，开展精准的执法活动

由于基层综合行政执法点多、线长、面广，执法环境复杂、执法对象广泛，执法事项纳入综合行政执法后，耒阳市以细致化、合规化、合法化为基本要求，探索精细化执法模式，减少了执法扰民，改善了执法队伍形象，规范了执法行为。为有效培训划转到市综合行政执法局的执法人员，耒阳市制定了《综合行政执法局三年培训纲要》，明确了"时间表"和"路线图"，在提升执法队伍的综合素质上，通过集中培训、专题培训、网络自学、派员参与培训等方式提高执法能力，不断强化内部管理，形成用制度管人、管事、管权的良好机制。与此同时，耒阳市聚焦执法标准化、规范化、精细化建设，用清单化、制度化思维，拉动综合行政执法的新引擎，针对"脏、乱、差、堵"的执法难题，建立健全快速反应机制，调动执法资源集中突破。为巩固执法效果，耒阳市综合行政执法局严格落实"门店三包责任制"，实行"六定"① 网格化管理模式，将综合行政执法工作纳入基层社会治理体系，把与群众生活密切相关、可巡查发现的日常执法事项纳入网格管理，随时掌握网格内的社情民意、风险隐患和矛盾纠纷，抓好完善执法监管网络重点环节，强化共同监管，及时协调联动解决问题，实现了县域内综合行政执法的城乡全覆盖。

第五节 本章小结

作为改革产物的基层综合行政执法，促进了执法理念的重塑与转型，建立了以目标群体为导向的互动式服务型执法模式。基层综合行政执法既实现了全覆盖和无缝隙执法，又提升了行政执法效能。其一，整合了执法职能，破解了执法体制的"条块分割"现象。在具体运转上，明确执法主体资格，界定了综合行政执法职能，规范了行政执法权。规范综合行政执法的领域范围、统一平台、执法重心、职责权限。其二，优化了执法体系，破解了执法力量的"头重脚轻"现象。抓好执法重心下沉工作，"一支队伍管执法"是基层综合行政执法的基本趋势，实现了叠加效应，有效化解了执法力量不足与执法任务繁重之间的矛盾。其三，创新了执法机制，破解了执法模式的"各自为战"现象。只有建立联动机制，才能形成高效有力的执法体系，切实提升基层治理水平和管理服务能力。因此，只有建立主体间科学有效的衔接机制，破解执法力量分散导致的多头多层重复执法，才能实现执法功能的扩展，实现从量变到质变的重塑，形塑更加成熟定型的执法体系，为提出优化路径提供经验借鉴。

---

① 六定，即定岗、定人、定责、定标准、定考核、定奖惩。

第六章
利益均衡之实现方略：基层综合行政执法的优化路径

基层综合行政执法是一个具有中国特色的实践主题和学术命题，如何克服执法过程中利益博弈存在的"阿基里斯之踵"① 是理论研究者和实践者亟待审慎考虑的应然课题。"如果利益相关者能在不损害自身利益的前提下，满足他人的不同利益和需求，那么就会形成合作……这种互利互益行为决定了博弈参与者的收益。"② 根据上文建构的博弈关系特别是对博弈行为机理分析可以看出，不同博弈参与者在利益博弈过程中尚存在着优化的空间。

基层综合行政执法发生于特定行政执法体制之下，亟待形成一种以"利益均衡"为核心取向的优化路径，促进博弈双方合作共赢和优势互补，进一步朝着良法善治的方向发展。因此，笔者认为，欲防范和规避利益博弈面临的现实困境和影响因素，就必须首先达到不同博弈参与者之间的利益均衡状态，为此，亟待采取相应措施完善利益协调机制，最

---

① 阿基里斯（Achilles）是古希腊神话中的勇士。他的母亲在他出生后提着他的脚将他倒浸入冥河之中，由此使他全身刀枪不入，但未被浸入水中的脚跟除外。"阿基里斯之踵"常用来形容事物的致命弱点。

② Donna Wood et al., "Toward a comprehensive theory of collaboration", *Journal of Applied Behavioral Science*, 1991 (27): 139-162.

大限度地平衡不同博弈参与者的利益诉求，推动基层综合行政执法从"博弈失衡"向"博弈均衡"的转变。

第一节　增进基层综合行政执法的价值认同

价值取向决定着不同博弈参与者对执法行为的博弈态度，关乎利益博弈的策略组合及最终结果。共同体是指个体、组织等基于相似的价值认同、目标追求等，自觉形成的相互关联、相互促进且关系稳定的群体。① 在基层综合行政执法中，需要培育利益共同体和责任共同体理念，增进不同博弈参与者的价值认同，调和利益矛盾或冲突，形成良性博弈状态，为利益均衡的实现提供更多可能。

一　培育利益共同体理念，发挥利益均衡的引领作用

利益的实现往往会受到复杂社会关系的制约，当利益相互依赖达到一定程度时，就可以说形成了某种形式的利益共同体。在基层综合行政执法中，由于公共利益和个人利益具有内在的一致性，唯有培育利益共同体理念，发挥利益均衡的引领作用，让不同博弈参与者都有表达自身利益诉求的机会，才能在更大范围内做到决策的科学化和利益协调的有效性。因此，需要从以下两个方面培育利益共同体理念，促进利益博弈的有序开展。

其一，倡导公共利益的优先性，为利益均衡提供前置条件。公共政策核心价值在于对公共利益的维护，② 公共利益具有社会共享性。③ 在基层综合行政执法中，要不断强化执法理念的整合功能，将公共利益作

---

① 郁建兴：《社会治理共同体及其建设路径》，《公共管理评论》2019 年第 3 期。
② 李耀锋：《公共利益：公共政策伦理的核心价值诉求》，《人文杂志》2016 年第 3 期。
③ 彭小兵：《城市房屋拆迁研究：利益博弈与政策设计》，电子工业出版社 2016 年版，第 83 页。

为最高正义来衡量不同博弈参与者的策略选择，建立起把个人自利行为引向公共利益的执法秩序。只有让追求公共利益成为不同博弈参与者的内在自觉，才能增强执法过程的包容性和开放性。面对多样化、多元化的社会发展态势，利益共同体理念的培育，强调个体的良知、责任和信仰，倡导不同博弈参与者在理性精神主导下主动做出有益于公共利益的行为或活动，促使其处在有节制、有敬畏的博弈状态中。由于不同博弈参与者的利益诉求及行动偏好复杂多变，不同博弈行为的背后涉及公共利益与个人利益之间的权衡，因而策略选择处于一种动态变化。但是，利益博弈中的利益矛盾或冲突是能够在一定程度上协调和消解的，增进公共利益优先的价值认同恰是促进良性互动的公共性要求。具体而言，推动W市综合行政执法局、相关行政主管部门、镇街综合行政执法局和行政相对人由注重个人利益的"经济人"向注重公共利益的"道德人"转变，杜绝地方保护主义、部门利益最大化和个人利益极端化等引致执法阻滞现象的不良倾向，最终实现无序竞争向良性竞争的转变。公共利益是所有行政活动的理由和界限所在，[①] 在政策理念上，要强化各级政府部门的"服务"意识、"看齐"意识、"全局"意识。[②] 在基层综合行政执法中，公共利益是矛盾的主要方面，为了公共利益的需要，不同博弈参与者应该从社会整体和大局的角度出发，为公共利益的实现提供相应的协助和支持，促进利益均衡状态的实现。

其二，尊重个人利益的正当性，增强利益博弈的相容性。利益博弈始于个体，关切个人利益是所有理性个体的特征。约翰·罗尔斯（John Rawls）认为，"任何人基于正义不受社会整体利益凌驾其上"。[③] 由于个人利益与公共利益的辩证统一关系，在基层综合行政执法中，合理的

---

① 刘福元：《城管执法场域中的协商机制建构——基于城管、居民和摊贩的三方支点》，《北方法学》2018年第5期。
② 李燕、高慧、尚虎平：《整合性视角下公共政策冲突研究：基于多案例的比较分析》，《中国行政管理》2020年第2期。
③ John Rawls, *A Theory of Justice*, Boston: Harvard University Press, 1971: 3.

个人利益对不同博弈参与者产生积极的激励作用,必须承认个人的正当利益,促进利益均衡状态的实现。相反,如果一味在利益博弈中以公共利益否定个人正当利益,侵害个人基本权利,最终必然会使公共利益受损。埃莉诺·奥斯特罗姆(Elinor Ostrom)指出:"牧人能够达成一个有约束力的合约,承诺实行由他们自己制定的合作策略。而这种合作的前提,就是因为他们具有共同的公共利益,也就是说,他们具有整合的利益,私利和公益得到了合理的划分与界定。"① 培育利益共同体理念,不仅是对公共利益的考量,也是对执法过程中个人利益产生的认同。为实现利益均衡状态,需要倡导理性竞争、平等协商、兼容共赢的博弈行为,而保障个人的正当利益诉求则是尊重个人权利正当性的表现。就具体实践而言,在资源稀缺的约束条件下,为有效解决不同博弈参与者之间的利益矛盾或冲突,需要针对不同的需求溢出确定先后顺序,保障个人利益的正当性得到最大限度的满足。价值取向决定着不同博弈参与者的思维方式,在培育利益共同体理念过程中,促进个人利益的合理满足是公共利益的有力保障,有利于增进不同博弈参与者之间的互信与共识,确保执法合作动力的持久和互惠共赢的稳定。

二 培育责任共同体理念,强化责任担当的导向功能

公共责任可以在政府、市场与社会之间转移,② 培育责任共同体理念是实现基层综合行政执法中伦理价值和伦理规范统一的过程。为促进不同博弈参与者积极承担执法责任,需要进一步增强责任担当意识,避免责任缺失引发的主体责任履行"缺位""错位"现象。在实践中,通过责任共同体理念的引领,强化责任担当对于不同博弈参与者的导向功能,去除可能潜在的不正当利益。

---

① [美]埃莉诺·奥斯特罗姆:《公共事物的治理之道:集体行动制度的演进》,余逊达、陈旭东译,上海三联书店2000年版,第156页。
② 蒋银华、陈湘林:《国家治理体系现代化视域下的政府责任论》,《学术研究》2022年第1期。

第六章 利益均衡之实现方略:基层综合行政执法的优化路径

其一,培育不同执法主体之间的责任共同体理念。叶海卡·德罗尔(Yehezkel Dror)认为,"行政伦理主体的行为经常要在善恶之间、不同道德价值的冲突中选择"。① 由于类似于共同体的社会关系中都强调相同的道德信仰和秩序,② 在当前基层综合行政执法中,W 市综合行政执法局、相关行政主管部门、镇街综合行政执法局之间发生了具有模式化意义的密集互动。这种互动区别于利益共同体的互动,存在于不同执法主体中的责任共同体理念对于主体横向和主体纵向利益博弈均衡的实现至关重要,直接影响到各执法主体的履职尽责状态。从这一意义上讲,利益博弈均衡状态的实现,关键在于培育责任共同体理念。就主体横向利益博弈而言,行政执法权与行政监管权一体相连,应着重培育 W 市综合行政执法局与相关行政主管部门协同执法的责任共同体理念,强化二者在履行部门职能职责、加强部门行业监管、部门间协作配合以及监管与执法衔接等方面的责任担当,激发执法合作的向心力行为。就主体纵向利益博弈而言,在基层综合行政执法中,W 市综合行政执法局和镇街综合行政执法局的责任和使命是执行综合行政执法领域的法律法规,在执法体系上,W 市综合行政执法局与镇街综合行政执法局是具有委托代理权利义务关系的责任共同体,但执法职能的履行离不开二者责任共同体理念的引领,特别是作为代理人的综合行政执法局避免在"有权无责"状态作出有损公共利益的执法行为,促进"县乡一体"执法模式发挥价值和效能。

其二,培育执法主体与行政相对人之间的责任共同体理念。关于这一责任共同体理念的培育,是针对主—客体利益博弈而言的。马克斯·韦伯(Marx Weber)以"主观意义"作为行为研究的基本概念,认为

---

① [以]叶海卡·德罗尔:《逆境中的政策制定》,王满传、尹宝虎、张萍译,上海远东出版社 1996 年版,第 192 页。
② Brint Steven, "Gemeinschaft revisited: rethinking the community concept", *Sociological Theory*, 2001 (1): 1-23.

"如果说只要把行为与主观意义联系起来，行为就是人的一种态度"。①责任共同体理念具有强烈的价值导向作用，推动着主—客体利益博弈的自我革新和良性发展，有助于形成二者之间主动而持续的对话。在培育责任共同体理念过程中，对于镇街综合行政执法局而言，必须严格落实政治性的要求，明确自身的责任与义务，承担起执法行为的政治责任、行政责任和法律责任。在基层综合行政执法中，将利他主义和公共利益导向融入主—客体利益博弈中，充分发挥责任价值伦理对执法人员追求个人利益最大化的规制作用，落实严格规范公正文明执法的总要求。此外，在依法行政的框架内推进人性化执法，不断优化执法方式，特别是为底层群体的生存发展提供必要的公共服务和谋生条件，增强利益协调的有效性。对于行政相对人而言，秉持维护社会公共秩序的责任愿景，通过提升自身法律意义上的公民素养、伦理意义上的道德底线、文化意义上的道德情怀，正当表达自身合理利益诉求，最终实现博弈互惠的妥协和利益让渡的平衡。培育责任共同体理念，需要镇街综合行政执法局与行政相对人在利益博弈中遵循一种双向的、合理的、积极的责任界定，促进个体理性和集体理性的有机糅合，达成主—客体利益博弈的均衡状态，最终解答博弈失衡状态下的人性之谜。

第二节 优化基层综合行政执法的制度设计

新制度是建立在已有制度"丛林"中的，它的形成是一个涉及多方利益调整和资源重新分配的过程。② 现阶段，优化制度设计，对不同博弈参与者的策略选择具有决定性影响，也是促进制度优势转变为执法

---

① ［德］尤尔根·哈贝马斯：《交往行为理论》（第一卷），曹卫东译，上海人民出版社2018年版，第267页。
② 李振：《制度建设中的试验机制：以相对集中行政处罚权制度为案例的研究》，中国社会科学出版社2019年版，第150页。

效能的关键。首先,健全法律制度体系,为执法行为提供根本性的法律依据;其次,优化政府职责体系,厘清不同执法主体的行为边界;再次,健全监督约束制度,促进信息沟通的有效开展。不破则不立,建立一个不同博弈参与者和谐共处、互补协调的制度体系,为基层综合行政执法中利益博弈均衡状态的实现提供了保障。

一 健全法律制度体系,夯实执法行为的法理基础

良法是基础,善治是前提,二者协调发展、有机统一,方能实现真正意义上的法治。[①] 科学立法的目标是促进不同博弈参与者之间统筹、协调与合作,基层综合行政执法中的法治建设不足,制约着主体纵向利益博弈均衡状态的实现。因此,加强法律法规体系的建设,重构综合行政执法现实与法条之间的关系,力求促进不同博弈参与者利益诉求的合理表达和利益博弈的有序开展。

其一,健全综合行政执法的法律体系,维护执法行为的法律秩序。善法良策是社会良好治理和达成善治的需要,是社会走向公平正义与和谐的保障。[②] 综合行政执法取代了原先的相对集中处罚权制度,成为正式法律概念,具有更强的稳定性。[③] 法律与其他社会规范一起为组成社会的所有行为主体提供制度激励,[④] 综合行政执法已经被提升到一个新的战略高度。针对基层综合行政执法中存在的法理性漏洞,迫切需要健全法律制度体系。为此,一方面,明确上位法,维护综合行政执法体制改革所确立的基层综合行政执法的行为秩序,这就需要制定一部全国性的科学有效、配套完备的总括性法律,运用具备针对性和可操作性的法律法规来规范执法行为。在上位法的研制中,以构建多层次、立体式、

---

① 刘汉天、肖冰:《良法善治的推进——以案例指导制度的功能实现为视角》,《南京社会科学》2020 年第 11 期。
② 肖金明:《为全面法治重构政策与法律关系》,《中国行政管理》2013 年第 5 期。
③ 黄海华:《新行政处罚法的若干制度发展》,《中国法律评论》2021 年第 3 期。
④ 丁利:《制度激励、博弈均衡与社会正义》,《中国社会科学》2016 年第 4 期。

全过程的法律制度体系为目标,将一些试点地区在改革实践中大胆创新取得的有益经验用法律的形式固定下来。此外,为加强利益博弈中持续的制度激励,加强对立法的预判和前瞻,严格遵循科学民主的立法要求,根据执法强度与效率的不同,建立梯度合理的行政执法规制体系,搭建综合性法律指标,改变综合行政执法的"借法执法"状态。另一方面,弥合镇街综合行政执法局面临的法理性漏洞,针对一线执法人员的身份困惑可考虑有计划地纳入参公管理,并从立法高度对执法人员的身份予以认定并使之专业化和职业化认定,缓解主体纵向利益博弈中的权责不对等现象。为不同利益群体之间提供相互博弈的平台,使不同博弈参与者都有公平的利益表达权利和手段,[①] 而法律体系的不断完善,为公平、公正、平等的博弈规则提供了补充。

其二,有计划地赋予镇街执法主体资格,推动行政执法权向镇街下移。镇街的执法主体资格缺失是主体纵向利益博弈面临的现实困境,按照属地管理、权责一致的原则,未来可考虑有条件地赋予镇街执法主体资格。由于镇街既不属于"县级以上地方人民政府具有行政执法权的行政机关",也不属于被授权、委托的组织,导致赋予镇街综合行政执法局执法主体资格缺乏法律层面的支撑。可喜的是,2021年正式施行的《行政处罚法》增加规定:"省、自治区、直辖市根据当地实际情况,可以决定基层迫切需要的县级人民政府部门的行政处罚权交由能够有效承接的乡镇人民政府、街道办事处行使,并定期组织评估。"[②] 前期相关的探索和法律制度的完善为行政执法权下放镇街提供了借鉴和依据。但需要注意的是,行政执法权下沉必须以镇街"接得住"为前提。现阶段,并不是所有镇街都具备执法能力、条件和水平,不能不切实际、胡乱下放。在 W 市的实践中,一方面,行政执法权的下放应做到明确

---

① 王庆华:《利益博弈时代公共政策的价值取向》,《吉林大学社会科学学报》2010年第2期。
② 《中华人民共和国行政处罚法(2021年修订版)》,2021年8月20日,http://www.bjtzh.gov.cn/zjxys/c109500/202111/1496133.shtml。

第六章 利益均衡之实现方略：基层综合行政执法的优化路径

下放主体，对镇街作出一定限制，即不是所有镇街都具有足够的承接能力，承接行政执法权的镇街应符合经济较为发达、行政区域广阔、人口比较集中、社会治理水平较高的条件。另一方面，行政执法权限的下放应限定在一定范围内，即满足基层治理迫切需要、符合基层执法特点、能够有效承接的要求，明晰镇街的委托事项，逐步实现由镇街承接执法职能。面对复杂化与多元化的利益矛盾或冲突，有计划地赋予有条件的镇街执法主体资格，改变行政执法权悬浮于较高执法层级状态，有利于缓解主体纵向利益博弈中的权责不对等现象。

二 优化政府职责体系，厘清执法主体的行为边界

在基层综合行政执法中，W市综合行政执法局与相关行政主管部门之间博弈关系的重构，一改改革之前的复杂关系样态，在很大程度上去除了基层执法领域权责重叠、推诿卸责等弊端，有利于规范行政执法行为。但这必然涉及不同执法主体之间职责权限重新配置，职责体系不健全成为执法不作为或乱作为的直接原因。为此，应弥合职责权限的制度漏洞，促进执法职能的有效履行。

其一，明晰行政监管权与行政执法权的权力边界，避免主体横向利益博弈中的职权争议现象。行政机关在法定的职权范围内行使各自的职权，是行政法治原则的基本要求。① 针对行政违法事项，W市综合行政执法局与相关行政主管部门之间联系密切，这就要求细化二者的操作边界，优化综合行政执法职责体系，为此，要建立健全基层综合行政执法中职权争议的裁定机制。针对行政机关之间发生职权和管辖权争议，博弈双方需要进行协商或提请W市综合行政执法联席会协调，对于协调不成的，可提交更高层级争议裁决机构裁定。在这一过程中，需要进一步明确行政执法权与行政监管权的具体内容、范围与权限，形成以权力清单和责任清单为核心的制度化体系，坚持"以事性定权属，以事项配

---

① 刘文静：《"综合执法"的合法性与实效性之质疑》，《检察实践》2003年第6期。

事权"的原则，不断整合事中检查、事后处罚、强制执行等执法环节，避免执法冲突及其对执法资源的消耗。与此同时，对于涉及"三定"方案未予规定的情形，由 W 市政府法制办商请市委编办作出解释或说明。在推进职责权限同步协调的过程中，在主体横向利益博弈相持不下时，由外力加入制定共同遵守的制度规范。由于基层综合行政执法涉及的领域广、内容复杂，在完善行政监管权与行政执法权的权力边界过程中，在明晰主体横向利益博弈中的责任分配和转移关系的同时，要注意平衡灵活性与稳定性、可调整性与权威性的关系，避免因权力边界重叠或模糊给职权争议现象的滋生留下空间。

其二，完善可操作性执法标准，为执法行为提供合理依据。关于基层综合行政执法的执法依据的制定，必须坚持与时俱进，增强预见性、前瞻性。由于法律制度间的架构形态和关系内容的差异，需要形成一种以法律效力为基础、以专业分工为依托的统一体系，依靠综合行政执法体系来回应日益分化的利益诉求，最大限度地避免主体横向利益博弈中的职权争议现象。为此，加强立法与执法贯通，使制定的法规规章切实管用、接地气，为良法善治提供制度支撑。① 现阶段，亟待通过立法明确诸如油烟对大气污染等领域行政处罚的基准，完善可操作性的执法标准，减少 W 市综合行政执法局与相关行政主管部门执法工作矛盾，为一线执法人员自由裁量的空间和空间范围内的行为提供依据。一方面，由于 W 市综合行政执法局的行政执法权来源于相关行政主管部门的职权划转，并且后者具有较强的专业知识和丰富的信息资源，因而在立法中有话语优势，法律规范的内在逻辑在微观执法过程中由后台走向前台。这就需要发挥相关行政主管部门在执法标准制定上的作用，尊重对执法标准制定的意见。另一方面，作为法案出台后的执行部门，W 市综合行政执法局更为关注执法的可操作性和实施成本，如果缺乏执法依据的参照，必然会影响到执法效果。W 市综合行政执法局也应积极参

---

① 李富莹：《深入把握和推进法治政府建设》，《红旗文稿》2021 年第 13 期。

与执法标准的制定,在多重约束下根据自身判断对标准制定提出意见。总之,通过立法与执法的贯通,促进主体横向利益博弈中不同博弈参与者的有机补充,为执法行为选择提供合理依据。

三　健全监督约束制度,促进信息沟通的有效开展

在基层综合行政执法中,W市综合行政执法局对镇街综合行政执法局的监督约束是依托于隶属关系的层级监督,这种监督约束以二者之间的领导和被领导关系为基础。然而,执法行为的特殊性致使镇街综合行政执法局为追求地方利益可能会引发主体纵向利益博弈中的道德风险现象。为此,应健全监督约束制度,促进主体纵向利益博弈中信息沟通的有效开展。

其一,完善信息监督制度,优化执法信息沟通方式。信息是一个组织的"神经",也是不同博弈参与者作出策略选择的前提条件。就主体纵向利益博弈而言,为在不增加行政成本前提下加强对镇街综合行政执法局的监管,W市综合行政执法局必须促进信息资源转化为信息权力,提高自身获取有效信息资源的能力。一方面,制定信息沟通的行政规则,保障信息沟通渠道畅通。为了获取全面、充分、可靠、及时的执法信息,作出正确的行动计划和策略选择,建立一线执法中常态化的信息共享和信息甄别机制,加强执法体系内部信息沟通,构建起和谐统一的博弈信息环境。信息传递的质量直接关系到执法效果,通过沟通对话有利于加强监督约束,决不允许人为制造障碍,导致执法信息沟通阻滞或信息失真现象发生。另一方面,运用现代信息技术,建立"互联网+执法"的信息化体系。W市综合行政执法局对各镇街综合行政执法局的动态管理,要注意运用现代信息技术,通过智慧化集成技术方式掌握数据信息,在降低监督约束成本的前提下,形成集聚信息资源要素的监管模式。在实践中,除了充分发挥执法记录仪的功能,还要建立综合行政执法的大数据中心,将相关的执法信息资源整合在一起,在确保共享合

法化的前提下，运用协同分析技术，整合各镇街综合行政执法局的执法数据并进行分析与处理。针对委托代理关系下利益矛盾或冲突形成的"调节回路"，通过现代信息技术实现对执法信息全方位、多渠道的掌握，加强监督约束以防范道德风险现象，但需要注意的是，必须实现技术设备上的先进和操作的规范。

其二，发挥行政相对人的监督功能，充分掌握执法信息。路灯是最好的警察，阳光是最好的防腐剂。① 在基层综合行政执法中，主体纵向利益博弈与主—客体利益博弈的关系图谱中存在着一个"交点"，即镇街综合行政执法局。随着社会参与意识的增强，目标群体的主体意识和权利意识增强，人不再作为工具而是作为目的被重新认识，② 一方面，镇街综合行政执法局应坚持执法信息公开，及时向社会公开行政执法的现实情况、执法过程以及执法资源的耗费情况等有效信息。在这个过程中，必须将信息公开作为法定义务，保障目标群体的知情权。公民对基层执法人员工作过程信息的监控或评价，可以直接改变其行为态度，③ 在执法过程中，落实行政相对人监督权的前置程序，明确告知权利和执法理由，推动目标群体的社会监督，对不当执法行为形成有效制约。另一方面，畅通W市综合行政执法局与目标群体的沟通渠道，明确第三方参与的渠道和边界。行政相对人进入行政程序后，其自然成为行政活动的参与者、配合者、告诫者、监督者，④ 从某种意义上讲，代理方为行政相对人所提供执法服务的基本情况，是W市综合行政执法局对派出机构执法业务情况掌握的核心，也是影响主体纵向利益博弈的关键。

---

① 孟祥峰：《法律控权论——权力运行的法律控制》，中国方正出版社2009年版，第154页。
② 薛峰：《重提"人性化执法"：概念辨析与理论澄清》，《江苏社会科学》2021年第6期。
③ Fiske Susan, Amy Cuddy and Peter Glick, "Universal dimensions of social cognition: Warmth and competence", *Trends in Cognitive Sciences*, 2007, 11 (2): 77-83.
④ 江必新、戢太雷：《行政相对人协力义务的正当性及制度构建》，《学习与实践》2021年第8期。

为此，应突破利益博弈的双向关系，搭建多主体网络结构，让目标群体成为对镇街综合行政执法局监督约束链条上的"节点"，通过多维沟通，形塑多样化渠道，构建起良性互动的行为秩序。由此，发挥第三方社会监督功能，规避主体纵向利益博弈中潜在的道德风险现象。

第三节 推进基层综合行政执法的主体建设

为规制不同博弈参与者之间可能存在的离心力倾向，还应加强主体建设，消解利益博弈的非合作性，避免无序竞争的博弈状态。首先，加强执法队伍建设，优化执法程序、规范执法行为，提升执法主体的能力水平；其次，加快培育公共精神，提高道德修养，形成社会参与的正向效应；再次，改善信访工作现状增强执法主体的行政权威。当然，只有提升博弈参与者的博弈能力并规范博弈过程，才能实现绩效合法性和形式合法性的辩证统一。

一 加强执法队伍建设，提升执法主体的能力水平

基层综合行政执法实现了"集中职权破难题"，在很大程度上改变了以往的权责交叉、多头执法、推诿扯皮等执法乱象。"天下之事，不难于立法，而难于法之必行。"[①] 执法公信力的取得和执法活动合法性的保障，成为利益博弈行为的内在诉求。为此，W市在推动执法队伍下沉的过程中，应不断加强执法队伍建设，促进行政法律规范的有效实施，取得良好的政治、法律和社会效果。

其一，充实法律人才到镇街一线，提升执法专业化水平。在W市的执法实践中，镇街综合行政执法局负责镇街日常执法活动，并统一指挥和协调派驻队伍和人员，一线执法人员对自由裁量权的运用难题，制

---

① 习近平：《习近平谈治国理政》（第二卷），外文出版社2017年版，第120页。

约着主—客体利益博弈均衡状态的实现。在复杂性条件下，不同利益冲突或矛盾不断涌现，利益均衡的实现需要在既定的法律框架之下运转，就一线执法人员而言，提高执法人员的法律素质是保障自由裁量权科学运用的前提。在现实情境中，重大执法活动中的行政相对人时常会呈现无序状态，如果法律人才缺失，则会加大镇街综合行政执法局与行政相对人的冲突乱象。公共政策的各个要素也需要从外界获取足够的能量和支持，① 为此，在执法队伍建设中，特别是针对执法人员法律知识匮乏导致的自由裁量阻滞现象，根据基层综合行政执法需要，吸纳更多学法懂法的法律人才进入执法队伍，特别是诸如法制员等专业性岗位必须配置法律人才，从而适应新形势下一线执法工作的需要。从某种程度上讲，如果做到任何一项执法行为于法有据，那么就能在很大程度上改变镇街执法人员与个别行政相对人相互对立与斗争的紧张关系。为此，加大法律人才的引进力度，提高一线执法人员的薪资及福利待遇标准，特别是推动法律人才向一线执法队伍倾斜，优化执法队伍的知识结构。法律人才是执法队伍中的中坚力量，在掌握行政法律法规的前提下，兼顾公共利益和个人利益，构建法律秩序下主—客体利益博弈中的并存且互惠的关系，避免主—客体利益博弈中执法人员自由裁量阻滞现象的发生，促进利益博弈均衡状态的实现。

其二，有计划地培训现有执法人员，提升整体执法能力。对于一线执法人员而言，具备一定执法能力是行使行政执法权的基础，也是主—客体利益博弈均衡状态实现的关键。现阶段，就W市综合行政执法局对一线执法人员的培训而言，主要通过岗前培训、集中学习、日常学习等多种方式。为进一步提升一线执法人员的执法能力，一方面，应进一步加强对现有执法人员的法律知识培训，开展法律业务知识学习，不断提高执法人员法律知识水平，并将学习法律法规作为一项长期任务。由

---

① 欧阳景根：《作为政策分析框架的政策基因、政策环境和政策诊疗》，《中国行政管理》2019年第11期。

于在执法情境模糊性较高时,碍于行政相对人可能存在的非理性特点,一线执法人员解释事件的动机,这就要求依靠法律知识的掌握,实现行政相对人对执法决定从认同到承认再到遵从的过程,并确保执法行为依据法定程序有序进行。另一方面,培训行为引导与控制方法,提升执法能力水平。执法职能的履行不能排斥行政相对人追求个人利益的权利,为此,需要将谈判、协商、沟通、交流作为法定方式贯穿于执法过程,通过倾听、妥协、克制、对话弱化对抗与冲突的色调。特别是执法主体必须承认并尊重目标群体的主体地位、自由意志、正当诉求,主动地进行对话,结合规则与个案的实际情况进行推理,助推目标群体对执法行为的配合和支持,使其趋于理性并遵守法治秩序,减少抗争行为。为了改变行政相对人执法参与的行为,需要以利益均衡为指针进行公共沟通,有效化解利益冲突,避免利益冲突带来的矛盾升级,寻求利益博弈的均衡点。

二 加快公共精神培育,形成社会参与的正向效应

在基层综合行政执法中,W 市试图构建以现代政府为主导,基层社会积极参与为基础的执法互动机制。但需要注意的是,在任何社会中,负责任的公共行政都离不开发达的公共精神和良好的行政伦理的滋养。[①] 在面临利益矛盾或冲突情况下,除了规范行政执法程序和行为,还要在培育公共精神上下功夫,克服主—客体利益博弈中执法主体面临的人情困扰现象,形成社会参与的正向效应。

其一,加快社会公共精神的培育,克制行政相对人不当求利行为。公共精神是社会发展的价值指南,对个体自我约束能力有着优良的内在规定。培育社会的公共精神,是促进个人与社会稳定、健康发展的关键。由于个别行政相对人追求个人极端利益,非理性诉求导致了主—客体利益博弈困局的形成。"公共精神是孕育于公共社会之中的位于最深

---

① 韩志明:《街头官僚的行动逻辑与责任控制》,《公共管理学报》2008 年第 1 期。

的基本道德和政治价值层面的以公民和社会为依归的价值取向，它包含民主、平等、自由、秩序、公共利益和负责任等一系列最基本的价值命题。"① 只有降低单向度利益考量，促进博弈双方的理性沟通，才能变恶性的执法阻滞风险为良性的集体行动。为此，应通过加快培育社会的公共精神，促使社会更多地关注公共领域。一方面，在开放的执法活动中宣传和弘扬公共精神，增强社会的公共理性自觉。面对执法中的极端情况，通过社区、居委会以及心理专家等方面的力量做工作，采取引导规范的方式，变堵为疏，及时疏导非理性情绪，促进行政相对人对执法决定的主动践行，而非利用人情关系"俘获"执法人员。在主—客体利益博弈中，为保障公共利益不受侵害，必须引导行政相对人走出专注于一己之私的囹圄，避免对抗情绪日益增多、趋于严重态势的发生。另一方面，鼓励社会组织通过社区公益活动或志愿团体活动传播公共精神，提升社会理性认知与自觉认同。利益受损使行政相对人相对剥夺感加重，减少社会中潜存的不当求利行为对执法人员的"俘获"，化解博弈中存在的徇私、掣肘而导致的执法阻滞现象，从而促进主—客体利益博弈均衡状态的实现。

其二，加快执法人员公共精神的培育，增强对不当求利型人情社会的抵制能力。在基层综合行政执法中，主—客体利益博弈均衡状态的实现必须建立在执法人员遵守法律法规、严格执法的基础上，执法人员行使着行政执法权，处于抗腐蚀的第一线，并且可能成为目标群体获取不当利益的突破口。为形成社会参与的正向效应，同样需要加快执法人员公共精神的培育，除了要求一线执法人员严格落实政治性的要求，提高职业操守和职业道德水准，唤醒公共精神，还应从以下两个方面入手。一方面，坚持人民至上的执法理念，确保执法行为以公共利益为价值取向，增强一线执法人员的政治定力、政治品德、政治能力和政治纪律，

---

① [美]罗伯特·D. 帕特南：《使民主运转起来：现代意大利的公民传统》，王列、赖海榕译，江西人民出版社2001年版，第113页。

第六章　利益均衡之实现方略：基层综合行政执法的优化路径

考虑个案中的具体情况，做到对法律法规的准确解释和适用，符合人民群众对于严格规范公正文明执法的期待和要求。在多元利益平衡为基调的执法中，通过政治理念的引领克服人情社会的困扰，执法行为绝不能掺杂进狭隘的个人利益考量，确保在合理合法范围内与行政相对人进行利益博弈。另一方面，强化一线执法人员的非人格化特征，避免"以情代法""情大于法"的现象出现。为避免消解各种规范与制度获取不当利益行为的发生，必须谨防人性化执法沦为"人情化"执法，以更好地执法尊重人性尊严，[①] 避免人情困扰现象对执法权威的削弱。任何行政权力脱离了公共利益就无法存在，一线执法执员需要从公共利益出发，权衡各种策略选择的成本和收益，作出最优策略选择，避免始于人情困扰的"俘获"行为，最大限度地放大执法效应，建构起主—客体利益博弈中良性的合作伙伴关系。

三　改善信访工作现状，增强执法主体的行政权威

一直以来，信访工作被视为化解社会矛盾的主要方式，这既是简便高效的权利救济，也是范围广泛的权力监督工作。信访制度的作用有目共睹，确系中国独特、独有、独到的民主与治理制度。[②] 在基层综合行政执法中，信访制度是公民监督执法工作的一种制度安排和法定渠道，但个别行政相对人非理性诉求下的不当使用，使主—客体利益博弈中执法主体的行政权威弱化。因此，需要结合 W 市综合行政执法面临信访工作新形势，改善信访工作现状，增强执法主体的行政权威。

其一，探索群众工作补充机制，引入第三方社会力量参与信访工作。在主—客体利益博弈中，针对非理性和现实性因素对信访制度的滥用，现代政府在严格落实"在各项工作各个环节都细心研究群众的利

[①] 李洪雷：《人性化执法不能拿"人情化"——准确把握人性化执法的内涵和边界》，《人民论坛》2019 年第 14 期。

[②] 刘正强：《厚植与补强：信访制度链接超大型国家治理的政治逻辑》，《思想战线》2021 年第 4 期。

益，关心群众疾苦，体察群众情绪"①的政治要求的同时，应全面地、完整地认识信访制度，通过引入第三方力量参与信访工作，推动法律工作者、专家和学者的参与，为具体谋划其优化方案提供方向指引。一方面，借助法律工作者对于 W 市综合行政执法中所面临的执法信访案件进行科学评估，从而进行类型化处理，针对信访事项涉及的疑难焦点问题进行实质性探讨，在听取行政相对人陈述及申辩的基础上，解释执法决定并说明理由。在处理执法信访案件过程中，促进行政相对人学习法律知识、培养法治理念，增强其守法的积极性与参与性，促进主—客体利益博弈中对执法主体行政权威的维护。另一方面，由专家和学者对相关政策的落实、执行以及法律法规的修改提供政策性建议，特别是发挥行政相对人在信访听证、信访监督等方面发挥评估性功能，力求建立行政相对人对执法主体的信任与合作关系，通过扩大二者之间协商和理解减少非必要信访案件。通过第三方的补充性参与机制，在减轻信访工作沉重负担的同时，为主—客体利益博弈提供有序协商、互相交流的机会，从而增进行政相对人对执法行为的认同度，强化执法主体的行政权威。

其二，优化"一票否决制"在执法工作考核中的角色定位，增强执法权威。在主—客体利益博弈中，执法主体与行政相对人在利益冲突情境中相互合作并重视对方的存在，构成一种明晰的双向关系。就现行"一票否决制"的影响而言，从积极的角度考量，这是一种强调工作全局性和责任性的有效方法，在惩戒追责上也具有较强的现实执行力。但是，针对行政相对人信访案件的普适性运用可能与实际需要之间存在距离，为此，完善基层综合行政执法工作考核中的指标体系。一方面，充分考虑综合行政执法领域的适应状况，导入差别化的考核。即使是"一

---

① 中共中央文献研究室编：《论群众路线：重要论述摘编》，中央文献出版社、党建读物出版社 2013 年版，第 93 页。

票否决",也不能"一刀切"。① 根据执法工作实际,畅通不同执法主体之间的政策沟通渠道,促进这一制度与公共政策多元化价值目标的动态协调。针对"一票否决制"可操作性不强、过度依赖行政权力的问题,通过控制分类考核、岗位评价、量化考核指标,设置指标阈值和权重,对特定事项可以考虑将"一票否决"指标设置为减分项指标,运用科学合理的考核方法和工具,全面、系统评价实施效果。另一方面,扩大公民参与,将社会满意度等社会指标纳入绩效评估体系。吸纳公民参与"一票否决制"相关事项的监督,在动态评估中对全部事项进行权重赋值,增加科学性与回应性。在绩效评估体系建设中,要兼顾经济和社会效益,系统评估识别利益冲突、价值冲突和事实冲突,优化执法工作考核。通过对于"一票否决制"的优化,科学观察和评估利益冲突,及时纠正执法偏差,避免执法主体行政权威的弱化。

第四节 加强基层综合行政执法的组织协调

基层综合行政执法既有横向的综合,也有纵向的综合,表现为纵横综合形成的网格化、立体化执法模式。② 不同执法主体之间的有效协作,在很大程度上对应到不同执法主体之间的组织协调。针对不同执法主体之间利益博弈的现实困境,就要从推进执法协调联动增强执法主体的博弈能力,到优化执法资源配置保障执法主体的良性运转,再到完善激励相容机制促进执法主体的协同参与三个方面探索进路,回应如何实现从博弈失衡到博弈均衡的目标。

一 推进执法协调联动,增强执法主体的博弈能力

由于 W 市综合行政执法局具有不同于其他政府职能机构的组织体

---

① 曹现强:《让"一票否决"有力度有意义》,《人民论坛》2018 年第 27 期。
② 刘青、杨东升:《严格执法:政府是如何执行法律的》,法律出版社 2017 年版,第 9 页。

系、运行规范和结构性要素，W 市综合行政执法局与相关行政主管部门的执法合作，在反复的讨价还价的过程中达到利益均衡，但为了实现自身利益最大化，不同执法主体也可能会筑起关卡和壁垒。因此，加强利益协调，增强不同执法主体之间的理解与信任，推动执法协调联动，促进基层综合行政执法的有效运作。

其一，完善监管执法衔接机制，促进相关行政主管部门的协同执法。就 W 市的实践而言，综合行政执法是一个由系列机构功能板块前后衔接而成的政策过程，在主体横向利益博弈中，通过将不同执法主体统摄于执法体系之中，形成面对复杂问题时如齿轮般联动的协同执法。一方面，健全相关行政主管部门协同 W 市综合行政执法局执法的协调机制。在现行综合行政执法的协调机制的基础上进一步细化规则，填补规则漏洞，增强协调配合机制的约束力。加快转变相关行政主管部门以"罚"代"管"的传统监管思维，促进专业性与职能转变呈正相关的同向增长关系，① 此外，协同政府致力于解决部门主义引发的任何部门各自为政、拒不配合的问题领域，② 应通过规则约束来提高行政主管部门的技术检验检测机构与 W 市综合行政执法局的协同性，形成监管与执法之间网络化、一体化、统一化的衔接流程。另一方面，强化地方政府党政领导的协调功能，推进部门协调联动。由于专业化分工的存在，组织内部的不同部门各自占有一定的专业化技能与行动资源，承担组织分配的职责与任务。③ 就这一方面的探索而言，笔者所调研的 Y 镇综合行政执法局探索出了部门联动的执法模式，具体由该镇主管政法的党委副书记牵头，理顺执法行为中不同执法主体的权责关系，升级结构功能，

---

① Tom Christensen and Per Lgreid, "The challenge of coordination in central government organizations: The norwegian case", *Public Organization Review*, 2008 (8): 101.

② Kavanagh Dennis and David Richards, "Departmentalism and joined-up government", *Parliamentary Affairs*, 2001, 54 (1): 1-18.

③ 胡业飞：《组织内协调机制选择与议事协调机构生存逻辑——一个组织理论的解释》，《公共管理学报》2018 年第 3 期。

第六章 利益均衡之实现方略：基层综合行政执法的优化路径

促进不同执法主体间的功能整合，推动乡镇各职能站所协同执法，取得了良好执法效果。在监管执法衔接机制构建中，通过有序整合各方力量，确保相关行政主管部门的衔接到位，发挥执法合力，规避部门合作的负外部性现象。

其二，建立健全行政违法案件整改追踪机制，优化综合行政执法效果。从目标层面来看，推进基层综合行政执法是为了顺应经济社会发展的需要而调整原有执法结构，但是，如果作出执法决定之后，行政违法案件得不到持续整改，执法主体与行政相对人处于反复持续的"猫捉老鼠"游戏中，就会使社会公共秩序持续遭到破坏。因此，这就需要健全行政违法案件整改追踪机制，确保案件整改追踪中监管与执法的衔接，提高执法资源利用效率。一方面，明确W市综合行政执法局与相关行政主管部门的共同参与，确立行政违法案件整改追踪的主体。在一定程度上讲，不同博弈参与者的利益对比、预期和变化决定了对抗性的程度，不同执法主体之间协调和合作意识增强是达成利益博弈均衡的潜在要求与愿望。在基层综合行政执法中，监管与执法的有效衔接是确保执法权威的体制性优势，当W市综合行政执法局与相关行政主管部门之间发生利益冲突或矛盾时，针对缺乏约束的违法案件整改追踪，需要通过机制建设，避免二者之间协商交流遭遇阻滞现象的发生，确保执法职能的有效履行。另一方面，严格依据具体的工作流程、处理条件、标准、措施等推进行政违法案件整改追踪机制。在这个过程中，完善正式或非正式的博弈规则，实现执法的效率与公平，推进标准化建设，实现同一事项执法规范统一。① 通过构建新型的策略性合作关系，增强执法公信力和执行力，促使博弈效果得到最大化发挥。因此，针对利益驱动的执法主体，需要衡量和评定其违规成本和收益，通过优化运行机制，确保执法所需要素得到规范合理的配置。

---

① 张来明、刘理晖：《新中国社会治理的理论与实践》，《管理世界》2022年第1期。

二 优化执法资源配置，保障执法主体的良性运转

基层综合行政执法依靠特定主体并依托既有行政体制，执法过程需要建构并运用执法关系网络。① 在这个关系网络中，执法资源是执法主体能力水平提升的前提条件。在主体纵向利益博弈中，为消解逆向选择现象，需要以执法资源配置为逻辑起点，推动执法资源与执法重心的同步下放，为镇街综合行政执法局的执法工作提供运行保障。

其一，有计划地设置地市层面执法机构，为基层综合行政执法提供资源补充。在现行的条块关系下，政府间行政资源的分配是行政管理的基础。②"条"除了是工作规划、业务指导部门，还具有资源分配以及监管等方面的权力，机构改革旨在为"条块分割"向"条抓块统"的转变提供组织载体。由于W市综合行政执法局缺少地市层面归口管理的主管部门，制约了与地市层面的交流与沟通。在深化改革阶段，有计划地完善地市、县区、街镇三个层级的综合行政执法机构，合理地划分不同层级综合行政执法机构的事权，明确各个层级执法机构的权力和责任。从政策执行效能视角来看，推动执法重心下移，离不开执法资源的优化配置，只有推动人力、物力、财力等资源向一线下沉，才能为执法行为提供保障。此外，当W市综合行政执法局与相关行政主管部门陷入博弈困局时，同样需要地市层面归口管理部门的协调，有效引导不同执法主体选择有利于利益均衡的行为。总之，既要看到自上而下的体制依托，又要重视自下而上的行为表现，还要做出上下结合和内外结合的过程评价。③ 在科学合理的组织结构及其运行机制下，确保不同执法主体之间有序且高效的协商交流，有助于执法资源的合理利用。通过设置

---

① 甘霆浩：《基层执法过程中的个体能力及关系网络》，《江汉论坛》2021年第1期。
② 贺颖、吕冰洋：《行政性分权与地区市场分割——基于地级市的研究》，《经济学报》2019年第4期。
③ 杨志军：《地方治理中的政策接续：基于一项省级旅游优惠政策过程的分析》，《江苏社会科学》2021年第4期。

第六章 利益均衡之实现方略：基层综合行政执法的优化路径

地市层面的执法机构，强化治理要素的衔接配合，在促进地市层面执法资源向基层下沉的同时，优化基层综合行政执法中不同执法主体之间的互动关系。对于镇街综合行政执法局而言，获得了充足的执法资源，必将增强其满足镇街范围内居民执法服务需求的执行力，避免因资源约束而导致的逆向选择现象。

其二，推进县域内执法资源的统筹协调，为镇街综合行政执法良性运转提供保障。执法资源包括执法体制内外的治理资源，并且是一种相互交融和互动的关系。"代理人在所设计的机制下积极性选择委托人，希望他选择的行动的效用不小于其他行动的效用。"[1] 为克服 W 市各镇街综合行政执法局面临的执法资源约束，需要从执法体制内外两个方面进行执法资源的统筹调配。一方面，通过科学评估，实现各镇街之间执法资源的统筹协调。为此，W 市综合行政执法局必须有效整合并充分运用现有各种直接或间接执法资源，针对各镇街执法资源配套不健全，强化专业分工和上下级组织间的资源流动，将包括人力、物力、财力在内的执法要素合并，完整配置给各镇街综合行政执法局。另一方面，加强部门间资源集聚，打造基层跨部门动态资源池。跨部门动态资源池通过资源的动态集聚将分工下的各部门资源机动整合，[2] 成为综合行政执法体制外的资源补充。为确保一线执法资源充足，需要强化镇街综合行政执法局与职能站所的协调，建立针对特定违法案件的资源聚集机制，加强资源利用的动态性和针对性，将执法资源聚集在一线执法现场，通过部门间的统筹调配，不断分配、调整执法资源。在这个过程中，坚持协同高效的目标取向，打破复杂的隶属关系，按照执法标准和操作方式，破除部门分工的资源约束，提升执法资源的使用效率，发挥基层治

---

[1] Bengt Holmstrom and Paul Milgrom, "Multitask principal-agent analyses: Incentive contracts, asset ownership, and job design", *Journal of Law, Economics, Organization*, 1991（07）: 24-52.

[2] 刘太刚、刘邦宇：《需求溢出理论与基层治理创新——以北京市"街乡吹哨、部门报到"的实践为例》，《理论探索》2021 年第 1 期。

理体系的整体性功能。为不同镇街综合行政执法局提供必要的执法资源补充，随之而来的是，主体纵向利益博弈中的逆向选择现象得到了缓解。

三 完善激励相容机制，促进执法主体的协同参与

在主体纵向利益博弈中，W市综合行政执法局和相关行政主管部门都会寻求自身最大利益，当博弈处于负值时利益博弈失衡。激励相容是实现公共利益与个人利益统一的有效方式，为促进不同执法主体个人决策行为发生直接或间接的良性互动，防范和化解部门利益本位驱动引起的"信息孤岛"现象，可考虑从正激励和负激励两个方面进一步完善激励相容机制。

其一，构建W市综合行政执法局和相关行政主管部门利益补偿机制，发挥正激励对实现政策目标的引领作用。利益补偿是破解主体横向利益博弈中"信息孤岛"现象的关键，鉴于行政执法权划转之后，相关行政主管部门的部门利益受损，对承担违法案件"定性"等执法职责带有抵触情绪，通过利益补偿的正激励提高其协同配合执法的积极性。每一个人的权利所服从的公共利益乃是一种每个人都能分享的利益，[①] 在具体运作中，按照不同行政主管部门参与执法的工作量，由市财政统一返补部门经费。此外，在基层综合行政执法中，处于执法"上游"的相关行政主管部门，应当在规定时间内，将移送案件及其办理的相关信息录入共享平台，加强对执法信息的管理，严格遵守共享信息的职责，推动移送、受理、监督的网上运作，提高衔接工作效率。W市综合行政执法局也应及时向相关行政主管部门反馈执法情况，通过加强双向沟通，打破"信息孤岛"。这一正激励的关键在于让利益补偿成为推动相关行政主管部门协同配合执法的"激励约束因子"，弥补部门利益受损情况。在主体横向利益博弈中，推动按照自身目标行事的博弈参

---

① [英]霍布豪斯：《自由主义》，朱曾汶译，商务印书馆1996年版，第62页。

与者达到预设目标,扩大其需求偏好的满足激励,调和不同执法主体之间的利益矛盾或冲突,提升正向激励效能。总之,完善 W 市综合行政执法局与相关行政主管部门的正激励机制,从激励错配走向激励相容,使部门合作得以形成或维持。通过调动相关行政主管部门协同配合执法的积极性和主动性,形成担当作为、合作发展的博弈氛围,促进利益博弈均衡状态的实现。

其二,完善协同执法的责任追究机制,发挥负激励对不当行为的约束功能。在结构上,W 市综合行政执法局与相关行政主管部门的利益诉求分化以及政策协同机制运行不畅,导致了执法行为的结构张力,影响到部门协同执法合力的形成。博弈既可能会给各方主体带来收益,实现激励相容,也可能在一方获益的同时另一方受损,造成激励扭曲。① 协同执法责任追究机制的完善,需要按照法律法规或"三定"规定,有效化解旧有策略选择。决策科学的一个基本出发点是,决策者需要相应的信息和能力做决策。② 在主体横向利益博弈中,通过建立执法信息共享的责任追究机制,在明确共享规则、分管领导、联络人员及共享信息清单的前提下,通过制度明确职位、岗位的责任和权限,解决执法中的"信息孤岛"现象,充分发挥数据的价值,提高信息资源利用效率。作为一种逆向激励,责任追究机制使相关行政主管部门"为了不受制裁,行动者'必须'承担'义务','绝对不'违反'禁令',在'允许的'范围内采取行动"。③ 对于相关行政主管部门而言,为促使其认识、吸收和内化正确的行政监管思维,形成引导其思想和行为的习惯力量,需要打通部门间的信息渠道,促进主体横向利益博弈的均衡。在责任追究机制建设中,必须充分考虑相关行政主管部门的行动偏好和效用函数的特征,将激励与约束功能整合在指标体系和实施行为之中,寻求

---

① 翁孙哲:《博弈、激励和生态损害救济研究》,《理论月刊》2018 年第 11 期。
② 陈玲:《产业政策决策如何迎面"深度不确定性"》,《探索与争鸣》2017 年第 2 期。
③ [美] 埃利诺·奥斯特罗姆等:《规则、博弈与公共池塘资源》,王巧玲、任睿译,陕西出版集团、陕西人民出版社 2011 年版,第 40 页。

最佳激励强度和最优激励方式，最大限度地激励与约束博弈行为，使其不偏离应有的利益博弈轨道。

第五节 本章小结

结合本书所建构的理论分析框架，依据前文对初始条件、博弈关系、博弈机理三个部分的研究，本书实现了对基层综合行政执法中利益博弈行为逻辑的深度剖析。良法善治是我国依法行政的基本要求，只有促进基层综合行政执法中的利益博弈从失衡向均衡的转变，形成更加符合基层实际、更为完备的执法模式，才能推进基层综合行政执法的高效、有序运转。本章基于利益博弈的现实困境和影响因素，立足于利益均衡的核心取向，提出基层综合行政执法的优化路径，解决不同类型利益博弈所衍生出来的问题。

作为一种典型的公共政策执行行为，基层综合行政执法随着历史与政策环境的变化不断推进。为推进基层综合行政执法的优化，其一，增进基层综合行政执法的价值认同，培育利益共同体理念和责任共同体理念，促进不同博弈参与者形成相互促进且关系稳定的群体；其二，优化基层综合行政执法的制度设计，健全法律制度体系，优化政府职责体系，健全监督约束制度，建立一个不同博弈参与者和谐共处、互补协调的制度体系；其三，推进基层综合行政执法的主体建设，加强执法队伍建设，加快公共精神培育，完善信访工作现状，消解不同博弈参与者之间利益博弈的非合作性，避免无序竞争的博弈状态；其四，加强基层综合行政执法的组织协调，推动执法协调联动，优化执法资源配置，完善激励相容机制，促进不同执法主体之间的良性互动和相互促进。

研究结论与未来展望

基层综合行政执法是一种经过整体性重构之后的执法模式,这一执法模式整合了原本属于不同行政主管部门的行政执法权,克服了多头多层重复执法现象,在行政执法体制优化和执法行为规范上成效显著。但是,为什么现阶段的执法过程中仍然会遭遇梗阻,这就为基层综合行政执法的优化预留了较大的空间。本书将这一议题纳入公共政策的研究范畴,基于利益相关者理论以及博弈论的思想和方法,建构起"初始条件—博弈关系—博弈机理—利益均衡"的理论分析框架,以全国综合行政执法体制改革的县级试点 W 市为案例进行了深入研究。在探究基层综合行政执法中利益生成的前提下,剖析了不同利益相关者之间的博弈关系及其行为机理,并提出了基层综合行政执法的优化路径。在系统的研究下,本书主要得出了以下三个基本结论:

第一,基层综合行政执法的利益博弈源于多元利益状态导致的利益矛盾或冲突。基层综合行政执法中的利益是不同利益相关者理性决策的基础,也是主观感知的需要满足和客观存在的利益诉求的有机结合,体现为多元利益状态。这一利益的生成有着既定的情境,并且有独特的历史演化规律和基本特征。在多元利益状态之下,形成了复杂的利益矛盾或冲突,不同的利益相关者围绕利益展开了博弈。基层综合行政执法中的利益生成是对初始条件的构建,对待这一议题的积极态度在于充分尊重不同利益相关者共存的执法格局，通过化解复杂多样的利益矛盾或冲突，弥合不同利益相关者利益诉求之间的缝隙，最终形成执法合力。

第二，基层综合行政执法因涵盖内容丰富，需要实现不同利益相关者之间的良性博弈。本书的研究显示，从博弈关系上看，基层综合行政执法中的不同利益相关者具有各自的功能定位与行为规律，通过博弈关系的类型学分析发现，基层综合行政执法中的博弈关系主要分为主体横向博弈关系、主体纵向博弈关系、主—客体博弈关系，这三种类型的博弈关系构成了利益博弈的关系脉络。从博弈机理上看，通过对基层综合行政执法中利益博弈行为机理的分析，本书刻画了主体横向、主体纵向、主—客体利益博弈的关键细节和清晰图谱。研究发现，不同博弈参与者以自利性决策方式实现自身利益最大化，都试图争取和扩大自身收益份额，其策略选择会随着不同博弈情景发生变化，在利益博弈过程中面临着诸多现实困境和影响因素，制约着利益博弈均衡状态的实现。

第三，为了实现基层综合行政执法预先设定的政策目标，应当遵循利益均衡的核心取向，找准路径优化的方向与着力点。当博弈中缺乏规则，不同执法主体的合理行政和目标群体的合理诉求，必然会被不合理行政和不合理诉求所吞噬。由于利益博弈贯穿于基层综合行政执法之中，利益均衡状态的实现应是将不同博弈参与者纳入良性博弈的行为规则之中，抑制不合理的策略选择。基层综合行政执法的优化，需要推进相关规则的逐步完善，并且要确保政策供给的有效性，因此，本书在剖析基层综合行政执法中利益博弈行为逻辑的前提下，提出增进价值认同、优化制度设计、推进主体建设和加强组织协调四个方面的优化路径，推动基层综合行政执法中不同博弈参与者之间权责利的协调匹配，实现利益博弈的均衡状态，进一步提升行政执法效能。

在得出上述结论的同时，笔者也深感未来进一步围绕基层综合行政执法这一议题展开深入研究的必要性与重要性。公共行政的责任就是通过提高组织和管理技术、改进和优化决策程序以及理性化行政行为来最大化政策执行效率。① 在推进国家治理体系和治理能力现代化进程中，离不开基层综合行政执法的有序推进和高质量发展，基层综合行政执法的研究应当引起全面深化改革阶段的足够重视。从本质上讲，基层综合行政执法是一种公共政策的执行行为，本书从公共政策执行的博弈分析视角来探讨这一议题。随着深化综合行政执法改革和依法行政的稳步推进，必须有效吸纳利益博弈的合理成分，实现不同博弈参与者之间的有效衔接，这就需要发挥利益博弈的积极效能并规避其消极影响。政策科学是一个跨学科、综合性和应用性的研究领域，政策科学研究能够为基层综合行政执法实践服务，运用政策科学的研究途径进一步深化研究更是具有广阔的空间。由于笔者的时间、精力和水平的限制，本书无论是研究方法抑或研究设计都预留了一定的提升空间，比如拓展样本范围，选择更多的典型案例进行比较分析，更加充分地获取不同案例中博弈参与者的态度观点，了解不同博弈参与者的行为特征，运用利益相关者理论以及博弈论的思想和方法进行更为深入的学理分析。本书只是对这一议题的一项初步探究，展望未来，还需要继续探讨基层综合行政执法深层次的运行规律，不断增强改革的系统性、整体性、协同性，描摹出基层综合行政执法的现代化图景。

---

① 陈天祥、黄宝强：《沉寂与复兴：公共行政中的公共利益理论》，《中山大学学报》（社会科学版）2019年第4期。

参考文献

一 中文著作

《马克思主义文艺理论研究》编辑部编：《马克思恩格斯论人性和人道主义》，光明日报出版社1982年版。

邓小平：《邓小平文选》（第三卷），人民出版社2001年版。

习近平：《习近平谈治国理政》（第二卷），外文出版社2017年版。

北京大学哲学系外国哲学史教研室编译：《十八世纪法国哲学》，商务印书馆1963年版。

本书编写组编写：《相对集中行政处罚权工作读本》，中国法制出版社2003年版。

陈建成、谢屹主编：《中国林业市场论》，人民日报出版社2016年版。

陈庆云：《公共政策分析》，中国经济出版社1996年版。

陈新民：《宪法基本权利之基本理论》（上），（台北）三民书局1992年版。

陈悦等：《引文空间分析原理与应用：CiteSpace实用指南》，科学出版社2014年版。

陈振明主编：《政策科学：公共政策分析导论》（第二版），中国人民大学出版社2003年版。

参考文献

程臻宇：《中国地方政府竞争研究》，山东大学出版社 2011 年版。

辞海编辑委员会编纂：《辞海》，上海辞书出版社 1999 年版。

邓伟志主编：《社会学辞典》，上海辞书出版社 2009 年版。

丁煌：《政策执行阻滞机制及其防治对策》，人民出版社 2002 年版。

董保民、王运通、郭桂霞：《合作博弈论——解与成本分摊》，中国市场出版社 2008 年版。

方世荣：《论行政相对人》，中国政法大学出版社 2000 年版。

关保英：《执法与行政处罚的行政权重构》，法律出版社 2004 年版。

胡宁生：《现代公共政策研究》，中国社会科学出版社 2000 年版。

黄亚钧、姜纬：《微观经济学教程》，复旦大学出版社 1995 年版。

姜明安主编：《行政执法研究》，北京大学出版社 2004 年版。

兰秉洁、刁田丁主编：《政策学》，中国统计出版社 1994 年版。

李淮春主编：《马克思主义哲学全书》，中国人民大学出版社 1996 年版。

李亚：《利益博弈政策实验方法：理论与应用》，北京大学出版社 2011 年版。

李允杰、丘昌泰：《政策执行与评估》，台北空中大学出版社 2000 年版。

李振：《制度建设中的试验机制：以相对集中行政处罚权制度为案例的研究》，中国社会科学出版社 2019 年版。

刘平：《行政执法原理与技巧》，世纪出版集团、上海人民出版社 2015 年版。

刘青、杨东升：《严格执法：政府是如何执行法律的》，法律出版社 2017 年版。

卢岚、刘开明编著：《中国企业社会责任标准实施指南》，化学工业出版社 2007 年版。

罗豪才、湛中乐主编：《行政法学（第二版）》，北京大学出版社 2006 年版。

孟祥峰：《法律控权论——权力运行的法律控制》，中国方正出版社

2009年版。

彭小兵：《城市房屋拆迁研究：利益博弈与政策设计》，电子工业出版社2016年版。

彭宗超、马奔、刘涛雄：《合作博弈与和谐治理：中国合和式民主研究》，清华大学出版社2013年版。

孙光：《现代政策科学》，浙江教育出版社1998年版。

孙立平：《博弈：断裂社会的利益冲突与和谐》，社会科学文献出版社2006年版。

田文利：《非强制性行政行为及法治化路径研究》，知识产权出版社2008年版。

王海明：《伦理学原理》（第三版），北京大学出版社2009年版。

王伟光：《利益论》，人民出版社2001年版。

肖金明：《法治行政的逻辑》，中国政法大学出版社2004年版。

谢识予编著：《经济博弈论》，复旦大学出版社1997年版。

熊文钊主编：《城管论衡：综合行政执法体制研究》，法律出版社2012年版。

杨解君、蔺耀昌主编：《行政执法研究——理念引导与方式、制度创新》，中国方正出版社2006年版。

杨瑞龙、周业安：《企业的利益相关者理论及其应用》，经济科学出版社2000年版。

应松年主编：《行政法学新论》，中国方正出版社2004年版。

袁晓勐：《城市管理综合执法》，转引自潘家华、牛凤瑞、魏后凯主编《中国城市发展报告No.2》，社会科学文献出版社2009年版。

张金马主编：《政策科学导论》，中国人民大学出版社1992年版。

张维迎：《博弈论与信息经济学》，上海三联书店、世纪出版集团、上海人民出版社2004年版。

张卓元主编：《政治经济学大辞典》，经济科学出版社1998年版。

赵凯农、李兆光：《公共政策——如何贯彻执行》，天津人民出版社 2003 年版。

郑新立主编：《现代政策研究全书》，中国经济出版社 1991 年版。

中共中央文献研究室编：《论群众路线：重要论述摘编》，中央文献出版社、党建读物出版社 2013 年版。

中国大百科全书总编辑委员会《哲学》编辑委员会、中国大百科全书出版社编辑部编：《中国大百科全书·哲学（Ⅱ）》，中国大百科全书出版社 1987 年版。

［波］彼得·什托姆普卡：《信任：一种社会学理论》，程胜利译，中华书局 2005 年版。

［德］汉斯·J. 沃尔夫、［德］奥托·巴霍夫、［德］罗尔夫·施托贝尔：《行政法（第 1 卷）》，高家伟译，商务印书馆 2002 年版。

［德］尤尔根·哈贝马斯：《交往行为理论》（第一卷），曹卫东译，上海人民出版社 2018 年版。

［法］保尔·霍尔巴赫：《自然的体系（上卷）》，管士滨译，商务印书馆 1964 年版。

［加］马丁·J. 奥斯本、［美］阿里尔·鲁宾斯坦：《博弈论教程》，魏玉根译，中国社会科学出版社 2000 年版。

［美］V. 奥斯特罗姆、［美］D. 菲尼、［美］H. 皮希特编：《制度分析与发展的反思——问题与抉择》，王诚等译，商务印书馆 1992 年版。

［美］埃莉诺·奥斯特罗姆：《公共事物的治理之道：集体行动制度的演进》，余逊达、陈旭东译，上海三联书店 2000 年版。

［美］埃利诺·奥斯特罗姆等：《规则、博弈与公共池塘资源》，王巧玲、任睿译，陕西出版集团、陕西人民出版社 2011 年版。

［美］爱德华·弗里曼：《战略管理——利益相关者方法》，王彦华、梁豪译，上海世纪出版股份有限公司、译文出版社 2006 年版。

［美］爱德华·弗里曼、［美］杰弗里·哈里森等：《利益相关者理论现

状与展望》，盛亚、李靖华译，知识产权出版社 2013 年版。

［美］戴维·M. 克雷普斯：《博弈论与经济模型》，邓方译，商务印书馆 2006 年版。

［美］格若赫姆·罗珀：《博弈论导引及其应用》，柯华庆、闫静怡译，中国政法大学出版社 2005 年版。

［美］赫伯特·金迪斯：《理性的边界——博弈论与各门行为科学的统一》，董志强译，格致出版社、上海三联书店、上海人民出版社 2011 年版。

［美］加布里埃尔·A. 阿尔蒙德、小 G. 宾厄姆·鲍威尔：《比较政治学——体系、过程和政策》，曹沛霖等译，上海译文出版社 1987 年版。

［美］杰伊·沙夫里茨等编：《公共政策经典》，彭望云译，北京大学出版社 2008 年版。

［美］肯尼思·F. 沃伦：《政治体制中的行政法》（第三版），王丛虎等译，中国人民大学出版社 2005 年版。

［美］罗伯特·D. 帕特南：《使民主运转起来：现代意大利的公民传统》，王列、赖海榕译，江西人民出版社 2001 年版。

［美］罗伯特·K. 殷：《案例研究：设计与方法》（第 4 版），周海涛、李永贤、李虔译，重庆大学出版社 2010 年版。

［美］罗伯特·艾克斯罗德：《对策中的制胜之道——合作的进化》，吴坚忠译，上海人民出版社 1996 年版。

［美］马克·格兰诺维特：《镶嵌：社会网与经济行动》，罗家德等译，社会科学文献出版社 2015 年版。

［美］伊戈尔·安索夫：《新公司战略》，曹德骏、范映红、袁松阳译，西南财经大学出版社 2009 年版。

［美］詹姆斯·威尔逊：《官僚机构：政府机构的作为及其原因》，孙艳等译，生活·读书·新知三联书店 2006 年版。

［美］珍妮特·V. 登哈特、［美］罗伯特·B. 登哈特：《新公共服务——服务，而不是掌舵》，丁煌译，中国人民大学出版社2010年版。

［美］朱·弗登伯格、让·梯若尔：《博弈论》，黄涛等译，中国人民大学出版社2010年版。

［日］盐野宏：《行政法》，杨建顺译，法律出版社1999年版。

［以］叶海卡·德罗尔：《逆境中的政策制定》，王满传、尹宝虎、张萍译，上海远东出版社1996年版。

［英］H. K. 科尔巴奇：《政策》，张毅等译，吉林人民出版社2005年版。

［英］戴维·M. 沃克：《牛津法律大辞典》，李双元等译，法律出版社2003年版。

［英］霍布豪斯：《自由主义》，朱曾汶译，商务印书馆1996年版。

［英］约翰·洛克：《政府论（下篇）》，瞿菊农、叶启芳译，商务印书馆1964年版。

二　中文期刊

曹龙虎、段然：《地方政府创新扩散过程中的利益契合度问题——基于H省X市2个综合行政执法改革案例的比较分析》，《江苏社会科学》2017年第5期。

曹现强：《让"一票否决"有力度有意义》，《人民论坛》2018年第27期。

陈柏峰：《城管执法冲突的社会情境——以〈城管来了〉为文本展开》，《法学家》2013年第6期。

陈柏峰：《乡村基层执法的空间制约与机制再造》，《法学研究》2020年第2期。

陈柏峰：《乡镇执法权的配置：现状与改革》，《求索》2020年第1期。

陈玲：《产业政策决策如何迎面"深度不确定性"》，《探索与争鸣》2017年第2期。

陈那波、卢施羽：《场域转换中的默契互动——中国"城管"的自由裁量行为及其逻辑》，《管理世界》2013年第10期。

陈世香、邹胜男：《地方政府公共文化政策执行阻滞的生成逻辑——基于制度环境三维度理论框架的分析》，《上海行政学院学报》2019年第3期。

陈硕：《"硬指标"的"软约束"：干部考核"一票否决制"的生成与变异》，《四川大学学报》（哲学社会科学版）2020年第1期。

陈天祥、黄宝强：《沉寂与复兴：公共行政中的公共利益理论》，《中山大学学报》（社会科学版）2019年第4期。

陈文：《政务服务"信息孤岛"现象的成因与消解》，《中国行政管理》2016年第7期。

陈毅：《基于政策的中央与地方政府间合作博弈分析——一种博弈分析的视角》，《同济大学学报》（社会科学版）2010年第3期。

陈振明：《西方政策执行研究运动的兴起》，《江苏社会科学》2001年第6期。

陈振明、吴勇锋：《中国公共政策执行的实践优势与制度逻辑》，《科学社会主义》2021年第4期。

陈震聆：《公共政策与政府治理能力》，《学术论坛》2015年第9期。

程琥：《综合行政执法体制改革的价值冲突与整合》，《行政法学研究》2021年第2期。

程金华：《法律人才与中国"新文治"》，《中国法律评论》202年第1期。

储荷婷：《图书馆情报学主要研究方法：了解、选择及使用》，《图书情报工作》2019年第1期。

崔晶：《"运动式应对"：基层环境治理中政策执行的策略选择——基于

华北地区 Y 小镇的案例研究》，《公共管理学报》2020 年第 4 期。

崔晶：《基层治理中的政策"适应性执行"——基于 Y 区和 H 镇的案例分析》，《公共管理学报》2022 年第 1 期。

崔晶：《基层治理中政策的搁置与模糊执行分析——一个非正式制度的视角》，《中国行政管理》2020 年第 1 期。

崔卓兰、卢护锋：《试论我国行政监管制度的重构》，《学术研究》2009 年第 6 期。

邓小兵：《跨部门与跨区域环境资源行政执法机制的整合与协调》，《甘肃社会科学》2018 年第 2 期。

狄金华：《"权力—利益"与行动伦理：基层政府政策动员的多重逻辑——基于农地确权政策执行的案例分析》，《社会学研究》2019 年第 4 期。

狄英娜：《"街乡吹哨、部门报到"——强化党建引领基层治理，促进城市精细化管理的北京实践》，《红旗文稿》2018 年第 23 期。

丁方达：《我国城市管理执法体制改革新探——基于胡德科层制控制理论的分析》，《理论与改革》2019 年第 1 期。

丁煌：《利益分析：研究政策执行问题的基本方法论原则》，《广东行政学院学报》2004 年第 3 期。

丁煌、陈晓方：《整体性政府视角下市县政府职责体系构建研究——以汕头市濠江区行政体制改革为例》，《中国行政管理》2017 年第 8 期。

丁煌、方堃：《基于整体性治理的综合行政执法体制改革研究》，《领导科学论坛》2016 年第 1 期。

丁煌、李晓飞：《公共政策执行过程中道德风险的成因及规避机制研究——基于利益博弈的视角》，《北京行政学院学报》2010 年第 4 期。

丁煌、李新阁：《干部考核作用下基层政府政策执行力的动力机制及其优化——以 A 省 B 市生态环保政策执行与考核为例》，《行政论坛》2019 年第 5 期。

丁煌、李雪松：《整体性治理视角下综合行政执法改革的深化之道》，《南京社会科学》2020年第12期。

丁煌、梁满艳：《地方政府公共政策执行力测评指标设计——基于地方政府合法性的视角》，《江苏行政学院学报》2014年第4期。

丁煌、汪霞：《地方政府政策执行力的动力机制及其模型构建——以协同学理论为视角》，《中国行政管理》2014年第3期。

丁煌、杨代福：《政策网络、博弈与政策执行：以我国房价宏观调控政策为例》，《学海》2008年第6期。

丁煌、周丽婷：《地方政府公共政策执行力的提升——基于多中心治理视角的思考》，《江苏行政学院学报》2013年第3期。

丁利：《制度激励、博弈均衡与社会正义》，《中国社会科学》2016年第4期。

丁宁宁、刘曼曼：《我国公共政策执行过程的修正型框架：基于多元协调的视角》，《贵州社会科学》2014年第9期。

董石桃、戴芬园：《地域比较、政策构建与创业激励——长株潭自主创新示范区创业激励政策分析》，《科技进步与对策》2017年第4期。

杜春林、张新文：《农村公共服务项目为何呈现出"碎片化"现象？——基于棉县农田水利项目的考察》，《南京农业大学学报》（社会科学版）2017年第3期。

冯静、杨志云：《利益视角下的公共政策过程分析》，《中国行政管理》2009年第1期。

甘霆浩：《基层执法过程中的个体能力及关系网络》，《江汉论坛》2021年第1期。

高建华：《影响公共政策有效执行主体因素分析》，《河北学刊》2007年第6期。

高楠、梁平汉：《为什么政府机构越来越膨胀？——部门利益分化的视角》，《经济研究》2015年第9期。

高晓霞：《日本大学生就业促进政策及其执行研究——基于公共政策过程视角的分析》，《江海学刊》2009 年第 6 期。

龚廷泰、戴锐：《社会利益关系中政府的角色定位与行为定阈》，《江苏社会科学》2001 年第 6 期。

关保英：《大行政执法的概念及精神解读》，《江西社会科学》2020 年第 9 期。

关保英：《行政相对人介入行政行为的法治保障》，《法学》2018 年第 12 期。

郭鹏、杨晓琴：《博弈论与纳什均衡》，《哈尔滨师范大学自然科学学报》2006 年第 4 期。

韩万渠：《基层官员的身份困境与乡村治理中的政策执行变异》，《中国行政管理》2016 年第 9 期。

韩志明：《街头官僚的行动逻辑与责任控制》，《公共管理学报》2008 年第 1 期。

韩志明：《利益表达、资源动员与议程设置——对于"闹大"现象的描述性分析》，《公共管理学报》2012 年第 2 期。

韩志明、孟宪斌：《从冲突迈向合作：城管与摊贩关系的演进及其反思》，《公共管理与政策评论》2018 年第 3 期。

何爱平：《发展的政治经济学：一个理论分析框架》，《经济学家》2013 年第 5 期。

何雄浪、朱旭光：《我国公共政策执行偏误及其矫正探析》，《科技管理研究》2009 年第 7 期。

何艳玲、钱蕾：《"部门代表性竞争"：对公共服务供给碎片化的一种解释》，《中国行政管理》2018 年第 10 期。

贺东航、孔繁斌：《公共政策执行的中国经验》，《中国社会科学》2011 年第 5 期。

贺颖、吕冰洋：《行政性分权与地区市场分割——基于地级市的研究》，

《经济学报》2019年第4期。

洪远朋：《中国社会利益关系的系统理论思考》，《探索与争鸣》2011年第2期。

胡皇印：《让基层执法权在制度的笼子里高效运行》，《中国党政干部论坛》2014年第12期。

胡仙芝：《综合行政执法体制改革的实践探索与对策建议——基于成都、嘉兴的调研分析》，《中国行政管理》2016年第7期。

胡业飞：《组织内协调机制选择与议事协调机构生存逻辑——一个组织理论的解释》，《公共管理学报》2018年第3期。

黄海华：《新行政处罚法的若干制度发展》，《中国法律评论》2021年第3期。

黄溶冰：《府际治理、合作博弈与制度创新》，《经济学动态》2009年第1期。

黄小勇：《决策科学化民主化的冲突、困境及操作策略》，《政治学研究》2013年第4期。

霍海燕：《当前我国政策执行中的问题与对策》，《理论探讨》2004年第4期。

霍海燕、师青伟：《变量演化及现实困境：公共政策制定的有效性》，《河南社会科学》2021年第2期。

江必新、戢太雷：《行政相对人协力义务的正当性及制度构建》，《学习与实践》2021年第8期。

蒋俊明：《利益协调视域下公众参与型公共政策机制建构》，《政治学研究》2013年第2期。

蒋银华、陈湘林：《国家治理体系现代化视域下的政府责任论》，《学术研究》2022年第1期。

金国坤：《基层行政执法体制改革与〈行政处罚法〉的修改》，《行政法学研究》2020年第2期。

金国坤：《行政执法机关间协调配合机制研究》，《行政法学研究》2016年第5期。

景跃进：《演化中的利益协调机制：挑战与前景》，《江苏行政学院学报》2011年第4期。

孔爱国、邵平：《利益的内涵、关系与度量》，《复旦学报》（社会科学版）2007年第4期。

孔凡义：《补充民主政制：人民信访制度的再阐释》，《学海》2020年第5期。

李成贵：《政策执行：一个需要纳入学术视野的问题》，《国家行政学院学报》2000年第3期。

李春生、韩志明：《基层行政中的规则重构：可控自主性的生成及其操作逻辑——基于D市场监督管理局罚款执法的考察》，《公共管理学报》2021年第3期。

李富莹：《深入把握和推进法治政府建设》，《红旗文稿》2021年第13期。

李国旗：《综合行政执法的理论困惑与反思》，《天津市政法管理干部学院学报》2008年第2期。

李洪雷：《论我国行政处罚制度的完善——兼评〈中华人民共和国行政处罚法（修订草案）〉》，《法商研究》2020年第6期。

李洪雷：《人性化执法不能拿"人情化"——准确把握人性化执法的内涵和边界》，《人民论坛》2019年第14期。

李利军：《城管行政强制权研究——兼对〈行政强制法〉的立法建议》，《中国行政管理》2009年第12期。

李利平、吕同舟：《省以下地方政府纵向职责配置的新趋势及配置模式探索——基于对五个领域综合行政执法改革的观察》，《行政管理改革》2020年第11期。

李利文：《执法堕距：政策执行在基层缘何容易走样？——基于D村违

法建设综合整治案例的研究》，《中国行政管理》2021年第8期。

李齐、李松玉：《治理主体行动逻辑的"四维分析框架"——兼论乡村治理中乡镇政府行动逻辑演变及趋向》，《政治学研究》2020年第4期。

李强：《"局队合一"：综合行政执法改革方向和实现路径——基于J省R市综合行政执法体制改革试点实践的思考》，《中国行政管理》2019年第8期。

李雪松：《社会治理共同体的再定位：一个"嵌入型发展"的逻辑命题》，《内蒙古社会科学》2020年第4期。

李雪松：《政策工具何以反映政策价值：一项溯源性分析——基于H省W市综合行政执法模式的经验证据》，《求实》2019年第6期。

李雪松：《中国基层综合行政执法的改革逻辑：一个"嵌入性"的新议题》，《学习与实践》2020年第10期。

李亚：《一种面向利益分析的政策研究方法》，《中国行政管理》2011年第4期。

李燕、高慧、尚虎平：《整合性视角下公共政策冲突研究：基于多案例的比较分析》，《中国行政管理》2020年第2期。

李耀锋：《公共利益：公共政策伦理的核心价值诉求》，《人文杂志》2016年第3期。

梁甜甜：《多元环境治理体系中政府和企业的主体定位及其功能——以利益均衡为视角》，《当代法学》2018年第5期。

林坚、乔治洋：《博弈论视角下市县级"多规合一"研究》，《中国土地科学》2017年第5期。

林越坚、刘青青：《检察机关行政执法监督的法律经济学重述》，《国家检察官学院学报》2017年第5期。

刘福元：《城管事权的法理构筑——从相对集中处罚权到大城管立法》，《法学论坛》2017年第3期。

刘福元：《城管执法场域中的协商机制建构——基于城管、居民和摊贩的三方支点》，《北方法学》2018年第5期。

刘国乾：《效能导向的综合执法改革原理与操作》，《法学家》2020年第6期。

刘汉天、肖冰：《良法善治的推进——以案例指导制度的功能实现为视角》，《南京社会科学》2020年第11期。

刘红建、李响：《利益分析范式下的群众体育政策执行探析》，《南京体育学院学报》（社会科学版）2014年第5期。

刘磊：《执法吸纳政治：对城管执法的一个解释框架》，《政治学研究》2015年第6期。

刘培俊：《行政执法的博弈分析——兼论行政法研究中的方法论问题》，《河北法学》2007年第4期。

刘太刚、刘邦宇：《需求溢出理论与基层治理创新——以北京市"街乡吹哨、部门报到"的实践为例》，《理论探索》2021年第1期。

刘维寅：《深化综合行政执法体制改革全面推进综合行政执法》，《机构与行政》2016年第5期。

刘文静：《"综合执法"的合法性与实效性之质疑》，《检察实践》2003年第6期。

刘小康：《论公共政策执行力及其影响因素》，《新视野》2013年第5期。

刘晓京：《对行政综合执法模式的几点思考》，《中央政法管理干部学院学报》2001年第1期。

刘杨：《农村产业扶贫的实践机制与优化路径——政策生态的视角》，《人文杂志》2019年第10期。

刘杨：《执法能力的损耗与重建——以基层食药监执法为经验样本》，《法学研究》2019年第1期。

刘正强：《厚植与补强：信访制度链接超大型国家治理的政治逻辑》，

《思想战线》2021年第4期。

刘祖云：《政府与企业：利益博弈与道德博弈》，《江苏社会科学》2006年第5期。

卢护锋：《行政执法权重心下移的制度逻辑及其理论展开》，《行政法学研究》2020年第5期。

逯鹰：《探索扁平高效"局队合一"执法体制 打造综合行政执法改革新模式》，《中国机构改革与管理》2021年第6期。

吕普生、吕忠：《中国基层执法中的相机选择：从策略赋权到话语使用》，《中国行政管理》2020年第2期。

吕普生、张梦慧：《执法召集制："吹哨报到"机制如何使综合执法运转起来》，《河南社会科学》2021年第2期。

马国顺、蔡红：《不完全信息下Cournot-Bertrand多维博弈模型及其均衡》，《管理评论》2014年第4期。

马怀德：《城市管理执法体制问题与改革重点》，《行政管理改革》2016年第5期。

马怀德：《健全综合权威规范的行政执法体制》，《中国党政干部论坛》2013年第12期。

毛劲歌、庞观清：《公共政策过程中政策主体的伦理建设途径研究》，《中国行政管理》2015年第7期。

毛劲歌、周莹：《信息失真对公共政策执行的影响及其对策分析》，《中国行政管理》2011年第6期。

宁国良、刘辉：《成本—效益分析：公共政策执行力研究的新视角》，《中国行政管理》2010年第6期。

宁国良、刘文吉：《基于利益分析视角的政党政策与公共政策比较研究》，《求索》2006年第12期。

欧阳景根：《作为政策分析框架的政策基因、政策环境和政策诊疗》，《中国行政管理》2019年第11期。

彭勃、张振洋：《公共政策失败问题研究——基于利益平衡和政策支持度的分析》，《国家行政学院学报》2015 年第 1 期。

彭劲松：《社会主义初级阶段利益关系的分析方法》，《探索》1999 年第 6 期。

彭忠益、粟多树：《政策认同：基于我国社会利益多元化视角的分析》，《学术论坛》2015 年第 1 期。

戚万学：《论公共精神的培育》，《教育研究》2017 年第 11 期。

齐宝鑫、武亚军：《战略管理视角下利益相关者理论的回顾与发展前瞻》，《工业技术经济》2018 年第 2 期。

钱津：《纳什均衡的内在张力及其消解》，《深圳大学学报》（人文社会科学版）2019 年第 2 期。

钱再见：《公共政策执行的风险因素分析》，《江苏社会科学》2001 年第 6 期。

青锋：《行政执法体制改革的图景与理论分析》，《法治论丛（上海政法学院学报）》2007 年第 1 期。

阙海宝、陈志琼：《独立学院转设产权及利益关系分析——基于公共政策的执行博弈理论模式》，《现代教育管理》2020 年第 3 期。

任勇：《基层"政策变形"的根源与矫治》，《人民论坛》2019 年第 2 期。

阮博：《危机情态下公共政策执行的困境及其破解》，《东北大学学报》（社会科学版）2013 年第 2 期。

施建辉：《行政执法中的协商与和解》，《行政法学研究》2006 年第 3 期。

施雪华、蔡义和：《利益均衡合作博弈模型与社会秩序稳定》，《北京师范大学学报》（社会科学版）2020 年第 4 期。

司林波：《基于公共政策过程的政府公信力生成机理研究》，《行政论坛》2013 年第 6 期。

宋雄伟：《论中国公共政策执行研究的"整合式"视角》，《天津社会科学》2015年第4期。

苏英、赵晓冬、周高仪：《房地产调控政策执行中地方政府行为的博弈分析》，《中央财经大学学报》2013年第6期。

孙科技：《基于委托代理理论的"双一流"政策执行优化路径探索》，《高教探索》2019年第11期。

孙立平：《利益关系形成与社会结构变迁》，《社会》2008年第3期。

孙岩、张备：《如何破解环境政策执行"运动式"困境？——基于组态的研究》，《科研管理》2022年第6期。

孙云峰：《公共政策执行者的身份矛盾与理性失衡》，《学海》2013年第4期。

孙云霄：《政治多元化与利益整合：基于印尼疫情防控政策的分析》，《南洋问题研究》2020年第4期。

谭英俊：《新时期提升地方政府政策执行力的新思路——基于社会主义协商民主的视角》，《吉首大学学报》（社会科学版）2014年第3期。

谭宗泽、杨抒见：《综合行政执法运行保障机制建构》，《重庆社会科学》2019年第10期。

陶振：《大都市管理综合执法的体制变迁与治理逻辑——以上海为例》，《上海行政学院学报》2017年第1期。

汪伟全：《地方政府竞争中的机会主义行为之研究——基于博弈分析的视角》，《经济体制改革》2007年第3期。

汪霞：《破解公共政策执行中"关系强嵌入"迷局》，《湖北大学学报》（哲学社会科学版）2016年第5期。

王春城：《公共政策客体层次论及其对政策绩效评估的规定》，《江苏社会科学》2019年第1期。

王丛虎、刘卿斐：《城市管理综合行政执法模式与适用研究——基于基层高绩效执法组织的构建》，《中国行政管理》2017年第12期。

参考文献

王佃利、付冷冷:《行动者网络理论视角下的公共政策过程分析》,《东岳论丛》2021年第3期。

王敬波:《相对集中行政处罚权改革研究》,《中国法学》2015年第4期。

王刊良、王嵩:《非对称信息下讨价还价的动态博弈:以三阶段讨价还价为例》,《系统工程理论与实践》2010年第9期。

王乐夫:《中国基层纵横涵义与基层管理制度类型浅析》,《中山大学学报》(社会科学版)2002年第1期。

王明:《理解课程改革中的"教师阻抗"——公共政策执行的视角》,《教育理论与实践》2017年第25期。

王清:《行政执法中的部门博弈:一项类型学分析》,《政治学研究》2015年第2期。

王庆华:《利益博弈时代公共政策的价值取向》,《吉林大学社会科学学报》2010年第2期。

王身余:《从"影响"、"参与"到"共同治理"——利益相关者理论发展的历史跨越及其启示》,《湘潭大学学报》(哲学社会科学版)2008年第6期。

王余生:《横向政府间公共政策执行的博弈分析——基于集体行动逻辑的视角》,《北京理工大学学报》(社会科学版)2017年第2期。

魏程琳:《"准街头官僚"的失范与治理——以城管部门协管员为例》,《北京工业大学学报》(社会科学版)2018年第2期。

魏良益、李后强:《从博弈论谈成渝地区双城经济圈》,《经济体制改革》2020年第4期。

温雪梅:《制度安排与关系网络:理解区域环境府际协作治理的一个分析框架》,《公共管理与政策评论》2020年第4期。

翁孙哲:《博弈、激励和生态损害救济研究》,《理论月刊》2018年第11期。

吴金群、王丹：《我国城管综合执法冲突的类型及管理策略——基于街头官僚理论的视角》，《城乡规划》2017 年第 4 期。

吴锦旗、陆秋林、秦广东：《公共政策执行过程中的障碍性因素分析》，《湖北社会科学》2008 年第 3 期。

吴明华、顾建光：《公共政策执行梗阻及其纠正》，《理论探讨》2013 年第 5 期。

吴晓蓉：《论行政相对人的德性》，《求索》2012 年第 4 期。

夏德峰：《综合行政执法改革的难题及其破解》，《中国行政管理》2016 年第 6 期。

夏正林、何典：《我国乡镇政府执法权配置研究》，《江淮论坛》2019 年第 6 期。

肖金明：《为全面法治重构政策与法律关系》，《中国行政管理》2013 年第 5 期。

肖金明：《行政执法体制改革三大取向的结合》，《人民论坛》2017 年第 10 期。

谢寄博、王思锋：《中国共产党保证执法的实践逻辑——以行政执法体制改革为视角》，《西北大学学报》（哲学社会科学版）2021 年第 5 期。

熊文钊、刘华：《社会秩序局：综合行政执法管理体制的完善途径——基于对北京城管的调查》，《北京行政学院学报》2009 年第 2 期。

徐建牛、施高键：《相机执行：一个基于情境理性的基层政府政策执行分析框架》，《公共行政评论》2021 年第 6 期。

薛峰：《重提"人性化执法"：概念辨析与理论澄清》，《江苏社会科学》2021 年第 6 期。

薛亮、汤乐毅：《公共政策传递过程中科层损耗的博弈分析及启示》，《江西社会科学》2009 年第 8 期。

闫岩、毛鑫：《失真的镜像——对优酷视频中"城管 vs. 商贩"冲突的内容分析》，《新闻与传播研究》2015 年第 2 期。

杨丹：《综合行政执法改革的理念、法治功能与法律限制》，《四川大学学报》（哲学社会科学版）2020 年第 4 期。

杨冠琼、刘雯雯：《国家治理的博弈论研究途径与理论洞见》，《中国行政管理》2017 年第 6 期。

杨解君、蔺耀昌：《综合视野下的行政执法——传统认知的反思与校正》，《江苏社会科学》2006 年第 6 期。

杨李：《地方政府公共政策执行的制约因素及其对策》，《西北大学学报》（哲学社会科学版）2003 年第 3 期。

杨小军：《深入推进城管执法体制改革研究》，《行政法学研究》2016 年第 5 期。

杨杨、于水：《城市综合行政执法柔性治理失灵：发生逻辑与矫正策略》，《城市发展研究》2020 年第 2 期。

杨跃：《教师教育课程改革的困境及其突围——基于委托—代理理论的分析》，《湖南师范大学教育科学学报》2017 年第 2 期。

杨志军：《地方治理中的政策接续：基于一项省级旅游优惠政策过程的分析》，《江苏社会科学》2021 年第 4 期。

姚建宗：《论法律的规范实践及其实践理性原则》，《江汉论坛》2022 年第 1 期。

易法敏、文晓巍：《新经济社会学中的嵌入理论研究评述》，《经济学动态》2009 年第 8 期。

印子：《突破执法合作困境的治理模式辨析——基于"三非两违"治理经验样本的分析》，《法商研究》2020 年第 2 期。

郁建兴：《社会治理共同体及其建设路径》，《公共管理评论》2019 年第 3 期。

郁建兴、朱心怡：《"互联网+"时代政府的市场监管职能及其履行》，《中国行政管理》2017 年第 6 期。

袁明宝:《扶贫吸纳治理:精准扶贫政策执行中的悬浮与基层治理困境》,《南京农业大学学报》(社会科学版)2018年第3期。

岳书光:《城管执法冲突何以形成——基于嵌入式执法的分析》,《中国行政管理》2017年第5期。

岳宇君、胡汉辉:《科技型中小企业支持政策传导机制及博弈分析》,《科学学与科学技术管理》2017年第4期。

臧乃康:《区域公共治理资源共建共享的优化配置》,《南通大学学报》(社会科学版)2017年第2期。

曾纪茂、周向红:《城市管理综合执法体制的分类与比较》,《中国行政管理》2019年第2期。

张丙宣:《城郊结合部综合执法体制改革:一个理论分析框架》,《中国行政管理》2017年第5期。

张步峰、熊文钊:《城市管理综合行政执法的现状、问题及对策》,《中国行政管理》2014年第7期。

张长立:《网络社群对公共政策执行的积极影响及优化策略》,《社会科学辑刊》2020年第6期。

张国庆、王华:《公共精神与公共利益:新时期中国构建服务型政府的价值依归》,《天津社会科学》2010年第1期。

张康之:《论主体多元化条件下的社会治理》,《中国人民大学学报》2014年第2期。

张来明、刘理晖:《新中国社会治理的理论与实践》,《管理世界》2022年第1期。

张润丽:《公共政策利益关系分析及对地勘政策的启示》,《理论月刊》2017年第2期。

张思军、王立平:《当前我国利益矛盾的演变趋势及应对策略》,《西南民族大学学报》(人文社会科学版)2014年第3期。

张小明、曾凡飞:《"大城管"模式下城市综合执法联动机制研究——

以贵阳市为例》,《中国行政管理》2010年第8期。

赵政:《论思想政治教育利益的生成与社会环境创设》,《河南社会科学》2020年第11期。

郑才法:《深化县域行政执法体制改革的对策与建议》,《中国行政管理》2015年第10期。

郑杭生:《抓住社会资源和机会公平配置这个关键——党的十八大报告社会建设论述解读》,《求是》2013年第7期。

郑士鹏:《公共精神培育与社会责任建构——学习伟大抗疫精神启思》,《中国特色社会主义研究》2020年第Z1期。

周碧华:《公共政策执行中的激励扭曲问题研究》,《华侨大学学报》(哲学社会科学版)2022年第1期。

周彬:《部门利益、管制俘获和大部制改革——政府机构改革的背景、约束和逻辑》,《河南大学学报》(社会科学版)2018年第6期。

周国雄:《地方政府政策执行主观偏差行为的博弈分析》,《社会科学》2007年第8期。

周仁标:《论地方政府政策执行的困境与路径优化》,《政治学研究》2014年第3期。

周滔、杨庆媛、丰雷:《土地出让市场的博弈分析:利益背景与政府行为过程》,《中国土地科学》2006年第4期。

周雪光、练宏:《中国政府的治理模式:一个"控制权"理论》,《社会学研究》2012年第5期。

周悦丽:《整体政府视角下的京津冀区域执法协同机制研究》,《首都师范大学学报》(社会科学版)2017年第4期。

朱明仕:《社会政策的有效性分析:利益表达与公众参与》,《社会科学战线》2017年第5期。

朱亚鹏、李斯旸:《目标群体社会建构与政策设计框架:发展与述评》,《中山大学学报》(社会科学版)2017年第5期。

庄国波：《公共政策执行难的原因及对策分析》，《理论探讨》2005 年第 6 期。

［美］雷·布鲁利、刘易斯·芒：《对街头商贩的观察与评论》，《城市发展研究》1996 年第 5 期。

［英］ Ronald C. Brown、马志毅：《中美巡警制度的比较研究》，《中外法学》1996 年第 2 期。

［德］沃尔夫冈·施波恩、陈伟：《怎样理解博弈论》，《哲学分析》2019 年第 3 期。

三 报纸

《法律的生命力在于实施》，《人民日报》2015 年 2 月 9 日第 9 版。

《打通政务信息孤岛》，《学习时报》2015 年 5 月 25 日第 A6 版。

《记者对话中国首批城管队员：十年执法 十年争议》，《北京晨报》2008 年 1 月 4 日第 A9 版。

《中共中央关于深化党和国家机构改革的决定》，《人民日报》2018 年 3 月 4 日第 1 版。

《中共中央关于坚持和完善中国特色社会主义制度 推进国家治理体系和治理能力现代化若干重大问题的决定》，《人民日报》2019 年 11 月 6 日第 1 版。

《中共中央 国务院关于加强基层治理体系和治理能力现代化建设的意见》，《人民日报》2021 年 7 月 12 日第 1 版。

四 电子文献

《"自由裁量权"过大的五大危害》，http：//sft.hlj.gov.cn/web/service/administration-enforce-discretion-detail/841.html。

《国务院办公厅关于继续做好相对集中行政处罚权试点工作的通知》，2021 年 9 月 4 日，中国政府网，http：//www.gov.cn/gongbao/content/2000/content_60489.htm。

《国务院关于进一步推进相对集中行政处罚权工作的决定》，2021年4月29日，中华人民共和国中央人民政府网，http://www.gov.cn/Gongbao/content/2002/content_61756.htm。

《国务院关于印发国家人口发展规划（2016—2030年）的通知》，2021年4月7日，中华人民共和国中央人民政府网，http://www.gov.cn/zhengce/content/2017-01/25/content_5163309.htm。

《中共中央 国务院印发〈法治政府建设实施纲要（2021—2025）〉》，中华人民共和国中央人民政府网，http://www.gov.cn/xinwen/2021-08/11/content_5630802.htm。

《中共中央办公厅 国务院办公厅印发〈关于推进基层整合审批服务执法力量的实施意见〉》，中华人民共和国中央人民政府网，http://www.gov.cn/gongbao/content/2019/content_5366473.htm。

《中共中央办公厅 国务院办公厅印发〈关于深入推进经济发达镇行政管理体制改革的指导意见〉》，中华人民共和国中央人民政府网，http://www.gov.cn/zhengce/2016-12/19/content_5150208.htm。

《中华人民共和国2021年国民经济和社会发展统计公报》，2021年4月7日，中华人民共和国中央人民政府网，http://www.gov.cn/shuju/2022-02/28/content_5676015.htm。

《中华人民共和国行政处罚法（2021年修订版）》，http://www.bjtzh.gov.cn/zjxys/c109500/202111/1496133.shtml。

五 英文文献

Aaron Pothierand Andrew Millward, "Valuing trees on city-centre institutional land: An opportunity for urban forest managemenx", *Journal of Environmental Planning&Management*, 2013, 56 (9): 1380-1402.

Akhondzadeh-Noughabi and Elham, "A new model for effective urban management: A case study of urban systems in Iran", *Cities*, 2013 (31): 394-403.

Alcadipani Rafael et al., "Street-level bureaucrats under COVID-19: Police officers' responses in constrained settings", *Administrative Theory & Praxis*, 2020, 42 (3): 394-403.

Aldrich Rebecca and Debbie Rudman, "Occupational therapists as street-level bureaucrats: Leveraging the political nature of everyday practice", *Canadian Journal of Occupational Therapy*, 2020 (37): 137-143.

Archie Carroll et al., "Business & Society: Ethics and stakeholder management", *Cincinnati: South Western College Publishing*, 1996: 78.

Assadi Anahita and Martin Lundin, "Street-level bureaucrats, rule-following and tenure: How assessment tools are used at the front line of the public sector", *Public Administration*, 2018, 96 (1): 1-17.

Bardach Eugene, *The Implementation Game: What Happens after a Bill Becomes a Law*, Cambridge: The MIT Press, 1977.

Bengt Holmstromand Paul Milgrom, "Multitask principal-agent analyses: Incentive contracts, asset ownership, and job design", *Journal of Law, Economics, Organization*, 1991 (7): 24-52.

Beyer Janice et al., *The Implementing Organization: Exploring the Black Box in Research in Public Policy*, *Organizational Theory and Public Policy*, London: Sage Publications, 1983.

Bhatia Monish, "The permission to be cruel: Street-level bureaucrats and harms against people seeking asylum", *Critical Criminology*, 2020, 28 (2): 277-292.

Borzel Tanja, "Organizing Babylon-On the Different Conceptions of Policy Networks", *Public Administration*, 1998, 76 (2): 253-274.

Brint Steven, "Gemeinschaft revisited: rethinking the community concept",

Sociological Theory, 2001 (1): 1-23.

Brugha Ruairí and Zsuzsa Varvasovszky, "Stakeholder analysis: a review", *Health Policy and Planning*, 2000, 15 (3): 239-246.

Bryson John, "What to do when stakeholders matter: Stakeholder identification and analysis techniques", *Public Management Review*, 2004, 1 (6): 21-53.

Bryson, J. M., "The Policy Process and Organization Form", *Policy Studies Journal*, 1984, 12 (3): 445-463.

Bullock Justin, "Artificial intelligence, discretion and bureaucracy", *The American Review of Public Administration*, 2019, 49 (7): 1-11.

Christensen Tom, Lægreid Per and Arne Kjell, *Organization Theory and the Public Sector: Instrument, Cultureand Myth*, London: Routledge, 2007.

Cline Kurt, "Defining the Implementation Problem: Organizational Management versus Cooperation", *Journal of Public Administration Research and Theory*, 2000, 10 (3): 551-572.

Cohen Nissim and Neomi Aviram, "Street-level bureaucrats and policy entrepreneurship: When implementers challenge policy design", *Public Administration*, 2021, 99 (3): 427-438.

Dai Ning, Taiyang Zhong and Steffanie Scott, "From overt opposition to covert cooperation: Governance of street food vending in Nanjing, China", *Urban Forum, Springer Netherl-ands*, 2019, 30 (4): 499-518.

David Easton, *The Political System*, New York: knof, 1953.

David Wheeler and Sillanpa Maria, "Including the stakeholders: The business case", *Long Range Planning*, 1998, 31 (2): 201-210.

Deleon Peter, "The Missing Link Revisted: Contemporary Implementation Research", *Policy Studies Review*, 1999, 16 (3/4): 311-339.

Derthick Mazmania, *New Towns in Town*, Washington, D.C.: Brookings,

1972.

Donna Wood et al. , "Toward a comprehensive theory of collaboration", *Journal of Applied Behavioral Science*, 1991 (27): 139-162.

Douglass North, *Institutions, Institutional Change and Economic Performance*, Cambridge: Cambridge University Press, 1990.

Dunsire, A. , "Implementation Theory and Bureaucracy", In Younis, T. E. D. , *Implementation in Public Policy*, Brookfield: Gower, 1990.

Dwyer Peter and Monica Minnegal, "Theorizing social change", *Journal of the Royal Anthropological Institute*, 2010, 16 (3): 629-645.

Edward Freeman, *Strategic Management: A Stakeholder Approach*, Boston: Pitman, 1984.

Elmore Richard, "Organizational Models of Social Program Implementation", *Public Policy*, 1978, 26 (2): 185-228.

Erkal Nisvan and Daniel Piccinin, "Cooperative R&D under uncertainty with free entry", *International Journal of Industrial Organization*, 2010, 28 (1): 74-85.

Fiske Susan, Amy Cuddy and Peter Glick, "Universal dimensions of social cognition: Warmth and competence", *Trends in Cognitive Sciences*, 2007, 11 (2): 77-83.

Fudenberg Drew and Jean Tirole, *Game Theory*, Cambridge: The MIT Press, 1991.

Gary Becker, *Crime and Punishment: An Economic Approach*, The Economic Dimensions of Crime, Palgrave Macmillan London, 1968.

Gassner Drorit and Anat Gofen, "Street-level management: A clientele-agent perspective on implementation", *Journal of Public Administration Research and Theory*, 2018, 28 (4): 551-568.

Goggin Malcolm et al. , "Studying the Dynamics of Public Policy Implementation: A Third generation Approach", In Palumbo D. J. & Calista D. J. Eds. , *Implementation and the Policy Process: Opening Up the Black Box*, Westport: Greenwood Press, 1990.

Goggin Malcolm, "The 'Too Few Cases/Too Many Variables' Problem in Implementation Research", *Western Political Wuarterlyolitical Quarterly*, 1986, 39 (2): 328-347.

Goodsell Charles, "Client evaluation of three welfare programs: A comparison of three welfare programs", *Administration & Society*, 1980, 12 (2): 123-136.

Grantham Andrew, "How Networks Explain Unintended Policy Implementation Outcomes: The Case of UK Rail Privatization", *Public Administration*, 2001, 79 (4): 851-870.

Guthrie Douglas, "The declining significance of guanxi in China's economic transition", *The China Quarterly*, 1998 (154): 254-282.

Hand Laura, "Producing a vision of the self-governing mother: A study of street-level bureaucrat behavior in coproductive interactions", *Administration & Society*, 2018, 50 (8): 1148-1174.

Harris Milton and Artur Raviv, "The design of securities", *Journal of Financial Economics*, 1989, 24 (2): 255-287.

Harsanyi J. C. , *Handbook of Game Theory With Economic Applications*, Netherlands: North Holland, 1992.

Heilmann Sebastian, "From local experiments to national policy: The origins of China's distinctive policy process", *The China Journal*, 2008 (59): 1-30.

Hjern Benny&Poter David, "Implementation Structures: A New Unit of Adminstrative Analysis", *Organization Studies*, 1981, 2 (3): 211-227.

Hurwicz Leonid, "Institutions as families of game forms", *The Japanese Eco-*

nomic Review, 1996, 47 (2): 113-132.

Jensen Michael, "Value maximization, stakeholder theory and the corporate objective", Business Ethics Quarterly, 2002, 12 (2): 235-256.

Jennifer Nou, "Intraagency coordination", Harvard Law Review, 2015, 2 (129): 422.

Jensen M. C., "The evidence speaks loud and clear", Harvard Business Review, 1989, 67 (6): 186-188.

Johannessen Lars, "Negotiated discretion: Redressing the neglect of negotiation in 'Street-Level Bureaucracy'", Symbolic Interaction, 2019, 42 (4): 513-538.

John Bryson et al., "The design and implementation of cross-sector collaborations: Propositions form the literature", Public Administration Review, 2006 (66): 44-55.

John Harsanyi, "Games with incomplete information played by 'bayesian' players", Management Scienence, 1967 (14): 159-182.

John Rawls, A Theory of Justice, Boston: Harvard University Press, 1971.

Johns Gary, "Advances in the treatment of context in organizational research", Annual Review of Organizational Psychology and Organizational Behavior, 2018 (5): 21-46.

Julia Roloff, "Learning from multi-stakeholder Networks: Issue-focused stakeholder Management", Journal of Business Ethics, 2008, 82 (1): 233-250.

Kavanagh Dennis and David Richards, "Departmentalism and joined-up government", Parliamentary Affairs, 2001, 54 (1): 1-18.

Keulemans Shelena and Steven Walle, "Street-level bureaucrats' attitude toward clients: A study of work group influence in the Dutch and Belgian tax administration", Public Performance & Management Review, 2020,

43（2）：334-362.

Kjellberg Francesco, Conflict of interest, corruption or (Simply) scandals?", *Crime Law and Social Change*, 1995, 22（4）：339-360.

Klijin Erik Hans, "Analyzing and Managing Policy Processes in Complex Networks: A Theoretical Examinztion of Concept Policy Network and Its Problems", *Administration & Society*, 1996, 28（2）：90-119.

Kooiman Jan, "Exploring the concept of governability", *Journal of Comparative Policy Analysis: Research and Practice*, 2008, 10（20）：171-190.

Kooiman Jan et al., "Interactive governance and governability", *The Journal of Transdisciplinary Environmental Studies*, 2008（7）：29-50.

Lawrence Paul and Jay Lorsch, *Organization and Environment: Managing Differentiation and Integration*, Boston: Graduate School of Business Administration, 1967.

Lester, J. P. &Stewart, J. Jr., *Public Policy: An Evolutionary Approach*, Beijin: China Renmin University Press, 2004.

Lieberthal Kenneth and Michel Oksenberg, *Policy Making in China*, Princeton: Princeton University Press, 2020.

Lorentzen Peter, Pierre Landry and John Yasuda, "Undermining authoritarian innovation: the power of China's industrial giants", *The Journal of Politics*, 2014（76）：182-194.

Lotta Spanghero and Eduardo Marques, "How social networks affect policy implementation: An analysis of street-level bureaucrats' performance regarding a health policy", *Social Policy & Administration*, 2020, 54（3）：345-360.

Loyens Kim and Jeroen Maesschalck, "Toward a theoretical framework for ethical decision making of street-level bureaucracy: existing models reconsidered", *Administration & Society*, 2010, 42（1）：66-100.

Lvor Jennings, *The Law and the Constitution*, London: University of London Press, 1959.

Mandell Myrna, "Application of Network Analysis to the Implementation of a Complex Project", *Human Relations*, 1984, 37 (8): 659-679.

Manyika James et al., *Big Data: The next frontier for innovation competition and productivity*, McKinsey Global Institute, 2011.

Max Clarkson, "A stakeholder framework for analyzing and evaluating corporate social performance", *Academy of Management Review*, 1995, 20 (1): 92-117.

Mazmanian, D. A. & Sabatier, P. A., *Implementation and Public Policy*, Chicago: Scott Foresman and Company, 1983.

Menzel Donald, "An interorganization Apporach to Policy Implementation", *Public Administration Quarterly*, 1987, 11 (1): 3-16.

Meyers Marcia, "Street-level Bureaucrats and the Implementation of Public Policy", B. Guy Peters & Jon Pierre, *Handbook of Public Administration*, London: Sage, 2003.

Michael Lipsky, *Street - level Bureaucracy: Dilemmas of the Individual in Public Service*, New York Russell Sage Foundation, 1980.

Michael Lipsky, "Street-level bureaucracy and the analysis of urban reform", *Urban Affairs Review*, 1971, 6 (4): 391-409.

MichaelLipsky, *Toward A Theory of Street-level Bureaucracy Institute for Research on Poverty*, University of Wisconsin, 1969.

Miller George, "Professionals in bureaucracy", *American Sociological Review*, 1967 (32): 755-768.

Ronald Mitchell, Bradley Agle and Donna Wood, "Toward theory of stakeholder identification and salience: Defining the principle of who and what really counts", *Academy of Management Review*, 1997, 22 (4):

853-886.

Mitnick B. M. & Backoff, R. W., "The Incentive Relation in Implementation", In Edwards III, G. C. ed., *Public Policy and Implementation*, London: JAI Press Inc, 1984.

Montjoy Robert & O'Toole Laurence, "Toward a Theory of Policy Implementation: An Organzational Perspective", *Public Administration Review*, 1979, 39 (5): 465-476.

Murphy Mark and Paul Skillen, "Exposure to the law: Accountability and its impact on street-level bureaucracy", *Social Policy and Society*, 2016, 17 (1): 1-12.

Nisar Azfar and Ayesha Masood, "Dealing with disgust: Street-level bureaucrats as agents of kafkaesque bureaucracy", *Organization*, 2020, 27 (6): 882-899.

Norman W. and Mac Donald C., "Conflict of Interest", In Brenkert, G. G. Brenkert & T. L. Beauchamp, eds., *The Oxford Handbook of Business Ethics*, Oxford, New York: Oxford University Press, 2010.

OECD, *The OECD Report on Regulatory Reform: Synthesis*, Paris, 1997.

Ostrom Elinor, "Institutional Rational Choice: An Assessment of the Institutional Analysis and Development Framework", In Sabatier, P. A. Ed., *Theories of the Policy Process*, Boulder: Westview, 1999.

O'Toole Jr et al., Laurence et al., *Managing Implementation Process in Networks, Managing Complex Networks: Strategies for the Public Sector*, London: Sage Publications, 1997.

O'Toole Jr et al., "Interorganizational Policy Implementation: A Theoretical Perspective", *Public Administration Review*, 1984, 44 (6): 491-503.

O'Toole Jr et al., "Treating Networks Seriously: Pratical and Research Based Agendas in Public Administration", *Public Administration Review*,

1997, 57 (1): 45-52.

Palumbo, D. J. & Calista, D. J. Eds., *Implementation and the Policy Process: Opening Up the Balck Box*, Westport: Greenwood Press, 1990.

Pan Anminf and Li Wenhui, "Study on the theory of the urban resources system", *Lanzhou Academic Journal*, 2009 (9): 14.

Perc Matjaž et al., "Evolutionary dynamics of group interactions on structured populations: A review", *Journal of The Royal Society Interface*, 2013, 10 (80): 1-17.

Piore Michael, "Beyond markets: sociology, street-level bureaucracy and the management of the public Sector", *Regulation and Governance*, 2011, 5 (1): 145-164.

Pivoras Saulius and Mindaugas Kaselis, "The impact of client status on street-level bureaucrats' identity and informal accountability", *Public Integrity*, 2019, 21 (2): 182-194.

Pollitt Christopher, "Joined-up government: A survey", *Political Studies Review*, 2003, 1 (1): 34-49.

Pressmain Jeffrey & Aaron Wildavsky, *Implementation: How Great Expectaion in Washington are Dashed in Okaland*, Berkeley: University of California Press, 1973.

Ravenscraft David, "Ownership and control: Rethinking corporate governance for the twenty-first century", *Southern Economic Journal*, 1996, 34 (4): 1971-1972.

Reinhard Selten, "Spieltheoretische Behandlung Eines Oligopolmodells Mit Nachfagetraytheit", *Zeitschrift fur Die gesamate Staatswissenschaft*, 1965 (12): 301- 324.

Ronald Mitchell, Agle bradley and donna wood, "Toward a theory of stakeholder identification and salience: Defining the principle of who and what really counts", *Academy of Management Review*, 1997, 22 (4): 853–886.

Ruan Ji, *Guanxi, Social Capital and School Choice in China: The Rise of Ritual Capital*, London: Palgrave Macmillan, 2017.

Satyamurti Carole, *Occupational Survival: The Case of the Local Authority Social Worker*, Blackwell, 1981.

Sautter E. T., Leisen B., "Managing stakeholders: a tourism planning model", *Annals of Tourism Research*, 1999, 26 (2): 312–328.

Schofield Jill, "Time for a Revival? Public Policy Implementation: A Review of the Literature and an Agenda for Future Research", *International Journal of Management Review*, 2001, 3 (3): 245–263.

Scott Patrick, "Assessing determinants of bureaucratic discretion: An experiment in streetlevel decision making", *Journal of Public Administration Research and Theory*, 1997, 7 (1): 35–58.

Scott Susanne and Vicki Lane, "A stakeholder approach to organizational identity", *Academy of Management Review*, 2000, 25 (1): 43–62.

Shipan, Charles R. and Craig Volden, "The mechanisms of policy diffusion", *American Journal of Political Science*, 2008, 52 (4): 840–857.

Simmons Annette, "Turf wars at work", *Strategic Finance*, 2002, 84 (2): 51.

Sisodia Rajendra, David Wolfe and Jagdish Sheth, *Firms of Endearment: How World Class Companies Profit from Passion and Purpose*, NJ: Wharton School Publishing, 2007.

Soltani Arezoo, Prem Lall Sankhayan and Ole Hofstad, "Playing forest governance games: State-village conflict in Iran", *Forest Policy and Economics*, 2016 (73): 251–261.

Spillane James et al., "Policy Implementation and Cognition: Reframing and Refocusing Implementation Research", *Review of Educational Research*, 2002, 72 (3): 387-431.

Stark Andrew, *Conflict of Interest in American Public Life*, Cambridge Mass: Harvard University Press, 2000.

Stigler George, "The optimum enforcement of laws", *Journal of Political Economy*, 1970, 78 (3): 526-536.

Syal Reetika, Margit van Wessel and Sarbeswar Sahoo, "Collaboration, co-optation or navigation? the role of civil society in disaster governance in India", *International Journal of Voluntary and Nonprofit Organizations*, 2021 (32): 795-808.

Thanakvaro Thyl and De Lopez, "Stakeholder management for conservation projects: A case study of ream national park, cambodia", *Environmental Management*, 2001, 28 (1): 47-60.

Thompson, J. D., *Organization in Action*, New York: McGrawhill, 1967.

Tom Christensenand Per Lgreid, "The challenge of coordination in central government organizations: The norwegian case", *Public Organization Review*, 2008 (8): 101.

Van Meter et al., "The Policy Implementation Process: A Conceptual Framework", *Administration & Society*, 1975, 6 (4): 445-468.

Vinzant Coble, Janet Denhardt and Lane Crothers, *Street-level Leadership: Discretion and Legitimacy in Front-line Public Service*, Georgetown University Press, 1998.

Walker Richard, Claudia Avellaneda and Frances Berry, "Exploring the diffusion of innovation among high and low innovative localities: A test of the berry and berry model", *Public Management Review*, 2011, 13 (1): 95-125.

Wasserman Harry, "The professional social worker in a bureaucracy", *So-

cial Work, 1971, 161 (16): 89-95.

Weaver Kent, "The politics of blame avoidance", *Journal of Public Policy*, 1986, 6 (4): 371-398.

Yanow Dvora, "Tacking the Implementation Problem: Epistemological Issues in Implementation Research", IN Palumbo, D. J. & Calista, D. J. Eds., *Implementation and the Policy Process: Opening Up the Balck Box*, Westport: Greenwood Press, 1990.

Yanow Dvora, "The Communication of Policy Meanings: Implementation as Interpretation and Text", *Policy Sciences*, 1993, 26 (1): 41-61.

Yanow Dvora, "Toward a Policy Culture Approach to Implementation", *Policy Studies Review*, 1987, 7 (1): 103-115.

Zhang Liwei, Zhao Ji and Dong Weiwei, "Street-level bureaucrats as policy entrepreneurs: Action strategies for flexible community governance in China", *Public Administration*, 2021, 99 (3): 469-483.

Zhou Xueguang et al., "A behavioral model of 'muddling through' in the Chinese bureaucracy: The case of environmental protection", *The China Journal*, 2013 (70): 120-147.

附录　访谈提纲

访谈提纲 1

（适用于 W 市委编办，访谈内容不限于本提纲）

1. 请您详细介绍一下贵单位综合行政执法机构（或执法队伍）的基本情况（包括成立背景、组织架构、职责权限、人员构成、编制情况等）以及贵单位执法的成功经验和模式。

2. 请问贵单位推进基层综合行政执法的初衷是什么？自改革以来，基层综合行政执法的实施情况如何。请具体介绍一些改革的成绩和不足。

3. 请问您认为基层综合行政执法中市综合行政执法局、相关行政主管部门、镇街综合行政执法局执法冲突或执法合作的原因是什么？

4. 请问在贵单位综合行政执法改革中，市综合行政执法局与相关行政主管部门之间存在着怎样的业务关系？行政执法权与行政监管权边界划分的标准是什么？对于当前的边界划分，您有没有什么进一步完善的建议？

5. 您是怎么看待镇街综合行政执法局这一执法主体的？市综合行政执法局与镇街综合行政执法局之间存在怎样的权责关系？在具体运行中镇街综合行政执法局与市综合行政执法局存在哪些利益冲突？请举例

说明。

6. 请问当贵单位市综合行政执法局与相关行政主管部门以及镇街综合行政执法局之间存在利益矛盾或冲突导致执法阻滞时是如何调解的？请举例说明。

7. 请您介绍一下贵单位目前在综合行政执法中存在哪些问题？您认为问题的原因是什么？请结合贵单位改革的实际情况予以说明。针对这些问题，请您就如何进一步优化基层综合行政执法谈一下对策建议。

访谈提纲 2

（适用于 W 市综合行政执法局，访谈内容不限于本提纲）

1. 请您详细介绍一下自 1996 年相对集中行政处罚权改革以来，贵单位综合行政执法机构和执法队伍的历史变迁以及在不同阶段执法活动的基本特征。

2. 请您具体介绍一下当前贵单位的基本情况（包括组织架构、职责权限、执法队伍、执法主体资格、人员构成、编制情况等）以及贵单位执法的成功经验和模式。

3. 请问在基层综合行政执法中，贵单位一般会与哪些行政主管部门产生业务关系？贵单位与相关行政主管部门之间面临哪些利益冲突？贵单位的利益诉求及行动偏好是什么？请结合执法工作中的案例加以说明。

4. 请问在基层综合行政执法中，贵单位与镇街综合行政执法局之间面临哪些利益冲突？贵单位的利益诉求及行动偏好是什么？请结合执法工作中的案例加以说明。

5. 请问在基层综合行政执法中，镇街综合行政执法局与贵单位是否有讨价还价的情况，在发生利益冲突时，镇街综合行政执法局的利益诉求是否得到充分考虑？

6. 请问在基层综合行政执法中，贵单位是否有遇到相关行政主管部门不配合执法的情况，对待这种情况又是如何处理的？请结合执法工作中的案例加以说明。

7. 请问如果行政相对人对执法决定不认同，有哪些渠道维护自身合法权益？目前是否有执法群众满意情况摸底？

8. 请您介绍一下贵单位目前在综合行政执法中存在哪些问题？您认为问题的原因是什么？针对这些问题，请您就如何推进基层综合行政执法的优化谈一下对策建议。

访 谈 提 纲 3

（适用于 W 市住房和城乡建设局、生态环境局 W 分局，
访谈内容不限于本提纲）

1. 请问在综合行政执法改革之后，贵单位一般会与综合行政执法局产生哪些业务关系交集？怎么处理与综合行政执法局之间的利益矛盾或冲突关系？请结合贵单位履行行政监管权的实际情况加以说明。

2. 请您介绍一下基层综合行政执法改革之后贵单位行政监管权和行政执法权之间职责权限的变化及其对实际工作开展带来的影响有哪些？贵单位与综合行政执法局的职责权限边界划分的标准是什么？对于当前的边界划分，您有没有什么进一步完善的建议？

3. 请问贵单位是怎么进行乡镇或街道的业务领域的日常监管的？发现违法情况是如何与综合行政执法局对接的？在基层综合行政执法中，贵单位的利益诉求及行动偏好是什么？请结合工作实例介绍一下。

4. 请问贵单位如何看待综合行政执法的？综合行政执法局在执法中是否考虑到你们的利益诉求？请结合工作实例介绍一下。

5. 请您介绍一下贵单位在与综合行政执法局执法合作的基本情况，请结合工作实例谈谈协同执法的基本流程。

6. 请问贵单位在与综合行政执法局执法合作中面临哪些难题？您

认为基层综合行政执法中不同执法主体之间执法冲突和执法合作的原因是什么？请结合工作实例予以说明。

7. 请您介绍一下贵单位目前在综合行政执法中存在哪些问题？您认为问题的原因是什么？请结合贵单位的实际情况予以说明。针对这些问题，请您就如何推进基层综合行政执法的优化谈一下对策建议。

访谈提纲 4

（适用于镇街综合行政执法局，访谈内容不限于本提纲）

1. 请您详细介绍一下自 1996 年相对集中行政处罚权改革以来，乡镇或街道综合行政执法机构和执法队伍的历史变迁，以及在不同阶段执法活动的基本特征。

2. 请您具体介绍一下当前贵单位的基本情况（包括组织架构、职责权限、执法队伍、执法主体资格、人员构成、编制情况等）以及贵单位执法的成功经验和模式。

3. 请问贵单位目前承接了市综合行政执法局的哪些执法权限？目前执法权限下放移交情况如何？日常执法中会与市综合行政执法局产生哪些业务纠葛？请问贵单位在面对执法事件时的利益诉求及行动偏好是什么？请结合执法工作突出领域举例说明。

4. 请您介绍一下镇街综合行政执法局与行政相对人的权利义务关系，具体的法律依据是什么？现在执法中面对行政相对人的抗法情况，镇街综合行政执法局一般是怎么处理的？您认为行政相对人的利益诉求及行动偏好是什么？请举例说明。

5. 请问贵单位在日常执法中是否建立了地方特色的执法机制？执法中的法律依据是否完备，是否存在执法中"无法可依"的情况？

6. 请问贵单位在处理与市综合行政执法局的关系时面临哪些问题？请结合执法工作实际，具体介绍一下希望获得市综合行政执法局哪些方面的支持。

7. 请您介绍一下贵单位目前在综合行政执法中存在哪些问题？您认为存在这些问题的原因是什么？请结合工作实例说明。针对基层综合行政执法中存在的问题，请您围绕如何推进基层综合行政执法的优化，谈一下您的对策建议？

访谈提纲 5

（适用于行政相对人，访谈内容不限于本提纲）

1. 请问自综合行政执法局成立以来，您是否遭遇过市综合行政执法局和镇街综合行政执法局、相关行政主管部门的多头多层重复执法？请结合自身经历或者身边实例予以说明。

2. 请问自综合行政执法局成立以来，您接受的执法服务是否发生了什么变化？请从执法流程、执法方式、执法力度、执法效率等方面具体谈谈您的看法。

3. 请问您是怎么看待镇街综合行政执法局的这一执法主体的？您认识这一执法主体是否有存在的必要性？请谈谈您对这一新生事物的看法。

4. 请问您是否遭遇过执法不公现象，您会怎么处理这些问题？请结合自身经历或者身边实例谈一谈您对执法不公现象的看法。

5. 请问您是怎么看待强力或暴力抗法情况的？您认为抗法群体在执法中的利益诉求及行动偏好是什么？请结合自身经历或者身边实例予以说明。

6. 请问您认为目前基层综合行政执法中存在哪些问题？针对目前存在的问题，请您围绕如何进一步推进基层综合行政执法优化谈一下对策建议？